Buch

Ein Revolutionär taucht unter und hält sich vierzig Jahre in Mexiko versteckt. Durch sozialkritische Abenteuerromane wird er weltberühmt. Doch alles, was man von ihm weiß, sind sein Pseudonym und die Nummer seines Postfachs in Tampico.

Ein Reporter bricht auf, um diesen Mann zu stellen. Seine Suche führt ihn um die halbe Welt: durch die Archive dreier Kontinente, durch den brasilianischen Busch, in die Kneipen von New Orleans und in die Kathedralen von Chicago, durch die Prärien von Texas und in die Hütten der mexikanischen Wald-Maya.

Die Jagd wird zum Duell zweier Männer. Der Reporter gewinnt dieses Duell. Er entdeckt einen Schriftsteller, der mehr Abenteuer erlebt hat als alle seine Romanfiguren.

Autor

Gerd Heidemann, Jahrgang 1931, ist seit 1953 Reporter beim Stern. Bekannt wurde Heidemann vor allem durch seine großen Kriegsreportagen aus Israel, Biafra und dem Kongo. Heidemanns Jagd nach B. Traven endete nicht mit dem Auftrag seiner Redaktion: B. Traven wurde für ihn zu einer beherrschenden Figur.

Gerd Heidemann

POSTLAGERND TAMPICO

Die abenteuerliche Suche nach B. Traven

Wilhelm Goldmann Verlag

Made in Germany · 7/83 · 1. Auflage · 1110
Genehmigte Taschenbuchausgabe
© 1977 by Blanvalet Verlag GmbH, München
Umschlaggestaltung: Atelier Adolf & Angelika Bachmann, München
Umschlagfoto: Studio Schmatz, München
Druck: Elsnerdruck GmbH, Berlin
Verlagsnummer: 6604 · Herstellung: Gisela Ernst
ISBN 3-442-06604-2

Das Telefon klingelt, als ich's am wenigsten brauchen kann. Ich habe alle Hände voll zu tun. Die Phantasie-Insel, die ich aus Kork, Gips, Karton und Styropor bastele, nimmt langsam Formen an. Ich stelle den frisch angerührten Gips weg und greife ärgerlich zum Hörer. Es meldet sich die Sekretärin meines Chefredakteurs. »Ich habe Urlaub!« sage ich, ehe sie Luft holen kann. Aber was nutzt das? Kurz darauf ist Henri Nannen selber am Apparat.

»Kennen Sie B. Traven?«

»Meinen Sie den Schriftsteller, den niemand kennt?«

»Ja, den meine ich. Der Mann hat siebzehn Bücher geschrieben, ist in dreißig Weltsprachen übersetzt – aber alles, was man von ihm weiß, ist sein Pseudonym und seine Postfachnummer in Mexiko. Nicht mal seine Verleger kennen ihn. Vierzig Jahre Versteckspiel. Er ist der meistgesuchte Mann in der Geschichte der Weltliteratur.«

»Zweifellos«, antworte ich. »Soll ich ihn, wenn mein Urlaub beendet ist, in Mexiko suchen?«

Mein Chefredakteur bleibt ungerührt.

»Wo sind Sie jetzt?«

»In meiner Wohnung.«

Fast hätte ich gesagt: »Auf meiner Insel.«

»Schön. Dann kommen Sie am besten gleich mal rüber.«

Mit einem wehmütigen Blick nehme ich Abschied von meinem Phantasieeiland.

Blödsinn! denke ich, während ich mich durch den Hamburger City-Verkehr quäle. Seit vierzig Jahren ist dieser B. Traven unsichtbar, und ausgerechnet wenn ich Urlaub mache, muß er plötzlich ganz schnell gefunden werden. Ich bin Reporter. Und ehrlich gesagt: Schriftsteller interessieren mich herzlich wenig. Lieber bin ich Söldnern und Mafiabossen, Attentätern und Terroristen auf der Spur.

Kein reizvoller Auftrag also.

Immerhin – der Herr sitzt wahrscheinlich in Mexiko. Und Mexiko reizt mich schon.

Zehn Minuten später folgt der nächste Tiefschlag.

»Mexiko?«

Mein Chef lehnt sich zurück und lächelt. »Wer redet denn von Mexiko? Hier –« er reicht mir einen Zettel mit einer Adresse. »Fahren Sie erstmal nach Iserbrook. Gestern war jemand da und hat uns die Anschrift von einer Frau gebracht, die angeblich mit Traven verheiratet war.«

»Iserbrook?« Ich bin schwer enttäuscht. Iserbrook! Ein Hamburger Vorstadtviertel. Keine drei Minuten von meiner Wohnung entfernt.

Mißmutig drehe ich den Zettel zwischen meinen Fingern hin und her. »Dafür werde ich aus meinem Urlaub gescheucht?«

»Ja, ja. Iserbrook. Und bitte hängen Sie nicht so viel Zeit dran. Höchstens einen Monat.«

Normalerweise brauche ich für eine Reportage zwei bis drei Wochen, und genauso will ich es mit dieser Traven-Geschichte halten. Das nehme ich mir vor, während ich zu meinem Wagen zurückgehe. Ich erledige meine Arbeit immer möglichst schnell und gründlich, um bald wieder faul sein zu können.

Außerdem gibt es wirklich spannendere Geschichten. Zwar habe ich diesmal einen *Mann ohne Gesicht* aufzustöbern. Das ist nicht ganz einfach. Trotzdem finde ich das Ganze vorläufig nicht besonders kompliziert. In unserer gutkontrollierten, gutregistrierten, überverwalteten Welt verschwindet niemand so leicht. Wozu gibt es Verkehrsregister, Standesämter, Finanzämter, Strafregister, Totenscheine?

Freilich, über Traven ist viel gerätselt worden. Aber *unauffindbar?* Unauffindbar ist er bestimmt nicht. Vermutlich hat es noch niemand richtig probiert. Literaturredakteure haben dafür nicht die richtigen Leute.

Während ich den Wagen anlasse, versuche ich, für diesen Traven ein bißchen Sympathie zu empfinden. Da ist einer, denke ich mir, der seiner Frau davongelaufen ist, ein neues Leben in der Wildnis begonnen und weltberühmte Romane geschrieben hat. Und nun hat seine Alte Wind davon bekommen und will an den Tantiemen mitverdienen.

Eigentlich kann ich ihn ganz gut verstehen. Dieses Alles-hin-Werfen, Untertauchen und Ein-ganz-neues-Leben-Anfangen, das habe ich auch schon oft genug vorgehabt.

Wenige Minuten vom Redaktionsgebäude entfernt halte ich beim alten Hennings, meinem Buchhändler, der mir schon oft interessante Fachliteratur für meine Reportagen verschafft hat.

»Tach!« sagt er und lächelt mich durch seine Hornbrille an. »Was soll's denn diesmal sein?«

»Diesmal Traven.«

»Herzliches Beileid. Da brauchen Sie erst gar nicht anzufangen.«

»Und wieso?«

»An dem Fall haben sich schon ganz andere als Sie die Zähne ausgebissen, Time-Life-Reporter, Detektive, Steuerfahnder. Alles vergeblich. Der Mann ist zu schlau.«

»Abwarten.«

»Außerdem kommen Sie zu spät. Die Spuren sind längst verwischt. Als Traven sich 1925 mit seinem ersten Manuskript aus Tampico meldete, da hätten Sie ihn vielleicht noch gefaßt. Später, als Dutzende von Globetrottern in den Hotelbars erzählten, sie seien Traven auf der Spur, war es zu spät. Der Fuchs hatte sich in seinen Bau zurückgezogen. Traven ist endgültig zu einem Mysterium geworden in unserer so gründlich erforschten Welt.«

»Es gibt also nur Vermutungen?«

»Jawohl, Vermutungen. Davon allerdings jede Menge. Da gibt's Leute, die schwören drauf, daß er ein Neger ist. Andere behaupten, er ist ein Leprakranker. Jahrzehntelang hieß es, daß hinter dem Pseudonym Jack London stecke, der in Mexiko versuchte, der amerikanischen Steuerfahndung zu entgehen. Noch andere sagen, er sei eine Frau oder ein ehemaliger Stalinagent oder ein vergammelter Hohenzollernprinz.«

»Und Sie? An welche Version glauben Sie?«

»Ich halte mich da an einen meiner Lieblingsautoren,

den *rasenden Reporter* Egon Erwin Kisch, der behauptet, Traven sei in Wirklichkeit der Münchner Anarchist Ret Marut. Bewiesen hat er's freilich nie. Immerhin – wer Maruts Schriften und Travens Romane vergleicht, der findet schon eine Menge Ähnlichkeiten.«

»Wo und wann hat man diesen Marut das letzte Mal gesehen?«

»1919. Ehe ihn die Regierung wegen Hochverrats erschießen lassen konnte, ist er bei Nacht und Nebel ins Ausland geflüchtet. Warum nicht nach Mexiko?«

Ich überlege, ob ich ihm von der Frau erzählen soll, die mit Traven verheiratet gewesen sein will.

Aber ich beschließe, vorsichtig zu sein, und lenke das Gespräch auf Travens Bücher. Hennings hat einiges da. Außerdem verspricht er mir, andere Titel, die nicht mehr lieferbar sind, in Antiquariaten aufzutreiben.

»Sie sind also nach wie vor fest entschlossen, das Unmögliche zu versuchen?« fragt er.

Ich nicke.

»So, so. Hm, hm.« Er fährt sich durch sein kurzes graues Haar und lächelt mich an, aus halbgeschlossenen Augen. »Da passen Sie mal gut auf sich auf. Traven hat nämlich in diversen Zeitungen einen Fluch ausgesprochen gegen alle, die seinem Geheimnis auf der Spur sind. Tatsächlich ist es einigen davon ziemlich böse ergangen. Einer ist bei Acapulco ertrunken, als er glaubte, schon kurz vor der Lösung zu sein. Ein anderer mußte seine Traven-Jagd im Krankenhaus beschließen und starb an einer geheimnisvollen Krankheit. Ein Postbeamter, der Briefe unterschlug, die angeblich von Traven stammen, kam ins Gefängnis, lief kurz nach seiner Entlassung in einen Lastwagen und vegetiert heute als Krüppel dahin. Und ein Berliner Redakteur, der die Story seines Lebens witterte, wurde unter mysteriösen Umständen mit zerschmettertem Kopf auf einer Straßenkreuzung in Mexico City gefunden.«

Ich nehme mein Bücherpaket. »Gott sei Dank bin ich nicht abergläubisch.«

Hennings hält mir die Tür auf. »Also dann: alles Gute!«

Ich habe schon eine halbe Stunde zugehört, aber die alte Frau, die mir in ihrer winzigen Wohnung in Iserbrook gegenübersitzt und so steif und fest daran glaubt, daß ihr davongelaufener Verflossener in Mexiko untergetaucht und B. Traven geworden ist, kann mich zunächst wenig überzeugen.

Schön, sie will ihn *in seinen Büchern wiedererkannt haben*. Was bedeutet das schon? Es gibt, wie mir Hennings erzählte, Hunderte von Frauen, die auf diese Weise in B. Traven ihren verschwundenen Sohn, Bruder, Verlobten, Vater oder Gatten *wiedererkannten*.

Ich nehme meinen Kugelschreiber und schreibe. »Ihr Name ist also Hedwig Meier, und Sie waren in erster Ehe mit dem Mann verheiratet, der sich später B. Traven nannte...«

»Ja, ich bin ganz sicher.«

»Wie hieß er damals? Ich meine: zu Ihrer Zeit.«

»August Bibeljé.«

Ich nippe von dem Kaffee, den sie vor mich hingestellt hat. Mittlerweile hat sich die alte Frau mit der Krankenkassenbrille auf der fleischigen Nase etwas beruhigt. Ihre Finger kreisen nicht mehr hektisch auf der Tischdecke. Ich bitte sie, ihre Geschichte noch einmal anzufangen. Im mecklenburgischen Grabow, wo Bibeljés merkwürdiger Weg seinen Anfang nahm.

Grabow im Sommer 1903. Seit einigen Tagen ist im Haus des Zigarrenfabrikanten Bibeljé, der zu den angesehensten Bürgern dieser kleinen Stadt gehört, aufsehenerregender Besuch: der älteste Sohn August, der sich in der Uniform des 124. Grenadierregiments präsentiert. Seine ungewöhnlich rasche Beförderung zum Gefreiten hat seinen Vater veranlaßt, ihm zweihundert Mark zu schenken. Die ganze Familie ist stolz auf ihn. Besonders seine Eltern sind glücklich, denn bislang hat der hoffnungsvolle junge Mann noch nicht allzuviel Rühmliches vollbracht, obwohl er im Gymnasium der Nachbarstadt L. als Genie galt und lange Zeit Klassenprimus war. Zugleich mit seinen Talenten hatten sich aber auch einige bedenkliche Charaktereigenschaften gezeigt. Die Schularbeiten machte er grundsätzlich während der Bahnfahrt in die Schulstadt. Vom Apotheker von Grabow ließ er sich das Schnapsbrennen beibringen und betrank sich nächtelang in liederlicher Gesellschaft. Kein Mädchen war vor ihm sicher. Und wenn er manchmal schon morgens um drei Uhr aufstand, dann nicht, um zu lernen, sondern um mit Vaters Flinte in der Umgebung zu wildern.

Das *Enfant terrible* von Grabow. Aber nun ist es damit vorbei. Halb Grabow gratuliert dem Zigarrenfabrikanten zum bekehrten Sohn. Eltern mannbarer Töchter beziehen den schlanken, feschen jungen Mann mit dem eleganten rotblonden Schnurrbart in ihre Erwägungen ein.

Bis zu dem Tag, an dem Vater Bibeljé einen Brief aus der Garnisonsstadt Schwerin bekommt. Aschfahl legt er ihn aus der Hand und greift nach der Tischglocke.

Das Dienstmädchen erscheint.

»August soll kommen!« sagt der alte Bibeljé, ohne aufzusehen.

Der Unterton in seiner Stimme ist unverkennbar. Es muß etwas Fürchterliches geschehen sein. Eine fieberhafte Suche nach dem Helden von Grabow setzt ein. Aber wo soll man ihn suchen? Er hat unzählige Wiedersehensschlucke mit alten Freunden zu trinken und unzählige Liebschaften zu erneuern.

Schließlich treibt man seinen Freund Karl auf, der vorsichtig andeutet, er wisse eventuell, wo August zu finden sei. Wo, das wolle er nicht sagen. Aber er könne ihn ja holen. Ja, ja, er werde sich beeilen.

Drei Minuten später poltert Karl eine schmale Holzstiege hinauf und reißt eine Kammertür auf. Es ist alles so, wie er sich's gedacht hat: August und Mieke Rüster feiern Wiedersehen im Bett.

»August, sofort anziehen und nach Hause! Dein Alter tobt!«

Mieke kichert. Die beiden nehmen ihm die Störung nicht weiter übel; dazu haben sie viel zuviel zu tun.

»Komm rein, mach die Tür zu und setz dich«, murmelt Bibeljé und vergräbt seinen Kopf wieder an Miekes praller Brust.

»Mensch, August, so hör doch! Bei euch ist Windstärke zwölf. Dein Vater haut dich kurz und klein, wenn du nicht sofort nach Hause kommst!« Karl bückt sich, sammelt Unterhose, Uniformjacke und Uniformhose vom Boden auf und wirft sie aufs Bett.

Träge wälzt Bibeljé sich zur Seite. »Was soll das? Du

siehst doch, daß ich zu tun habe! Was ist eigentlich los?«

»Was Genaues weiß ich auch nicht – irgendwas mit einem Brief aus Schwerin.«

»Ach das? Das hat Zeit!« Er dreht sich wieder zu Mieke. »Sag ihm, ich käme in einer Stunde.«

Als Bibeljé heimkommt, wird er ins Speisezimmer geschickt. Sein Vater erwartet ihn. Auf dem Tisch liegen nur zwei Gedecke.

»Deine Mutter und deine Geschwister«, eröffnet der Alte das Gespräch, »haben es vorgezogen, die Mahlzeit in ihren Zimmern einzunehmen. Sie wollen der Möglichkeit vorbeugen, dir begegnen zu müssen.«

August setzt sich an seinen Platz und steckt sich gleichmütig die Serviette in den Kragen. Das Essen wird aufgetragen. Der Alte wartet, bis die Angestellte wieder draußen ist, dann zieht er den Brief aus der Tasche.

»Ich habe Nachricht von Bekannten aus Schwerin, daß von deiner Beförderung nichts bekannt ist. Daß du die Gefreitenknöpfe hier in Grabow zu Unrecht trägst. – Was hast du dazu zu sagen?«

August kaut schweigend mit gesammeltem Ernst und bedient sich aus der Weinkaraffe. Vater Bibeljé rührt keinen Bissen an.

»Ich nehme also dein Schweigen als Eingeständnis.«

August kaut und schluckt. »Ich wollte euch eine Freude machen –«

». . . und mir zweihundert Mark aus der Tasche holen. Deine Mutter hat sich eingeschlossen. Deine Brüder und Schwestern wagen sich nicht mehr auf die Straße. Wie konnte es nur soweit mit dir kommen! Du – der Enkel eines Grabower Senators!«

August betrachtet sein leeres Weinglas, so, als ob er über die Worte seines Vaters nachdächte. Dann nimmt er es langsam, beißt – immer noch nachdenklich – ein Stück vom Rand, kaut und schluckt. Ein neues Kunststück, das er in einer Schweriner Kneipe gelernt hat.

Kopfschüttelnd schaut der Alte zu. Niedergeschlagenheit läßt seine Stimme rauh werden. »Du bist jetzt achtzehn. Leider ist es mir nicht gelungen, aus dir einen anständigen Menschen zu machen. Scher dich zum Teufel!«

August läßt ein zweites Stück Glas im Mund verschwinden und denkt nach. Der Alte tunkt seinen Löffel in die Suppe.

»Was wirst du tun, wenn sie dich mit Schimpf und Schande aus dem Regiment jagen?«

Der junge Bibeljé spuckt die Splitter in seine Serviette und sagt: »Ich möchte nach Hamburg. Am liebsten zur See.«

Sechs Jahre später sitzt August Bibeljé, braungebrannt, eleganter weißer Sommeranzug, im Salon seiner mütterlichen Freundin Frau Vietzen, die in Hamburg ein gastfreies Haus führt. Die attraktive, etwas redselige Dame ist außer sich vor Freude. Herr Vietzen beschränkt sich aufs Zuhören.

»Nein, diese Überraschung! Der liebe, liebe Herr Bibeljé! Seit wann sind Sie wieder in Hamburg?«

»Seit heute. Soeben gelandet mit der *Ypiranga*. Mein erster Weg führte natürlich sofort zu Ihnen!«

»Hören Sie auf, Sie Schmeichler! Erzählen Sie lieber, wie Ihnen Brasilien gefallen hat.«

»Kolossal, ganz kolossal. Ein Land für mich, beste

Frau Vietzen. Übrigens werde ich bald wieder dorthin zurückkehren – als Verwalter einer der größten Haziendas von Südamerika.«

Die Dame des Hauses zeigt sich beeindruckt. Daß er sich die Rückreise als Steward verdient hatte, verschweigt Bibeljé. Immerhin hat er während der Rückreise der *Ypiranga* nach Hamburg den schwerreichen brasilianischen Großgrundbesitzer Dr. Eneas Pontes kennengelernt, der ihn als Reisebegleiter für eine ausgedehnte Europatour engagierte und ihm auch in Aussicht stellte, ihn wieder mit nach Brasilien zu nehmen.

In Paris wollen sie wieder zusammentreffen. Aber vorher hat Bibeljé noch einiges in Hamburg zu erledigen. Diese Stadt hatte sich ihm von ihrer unfreundlichsten Seite gezeigt; mehrfach war er in verschiedenen Berufen gescheitert, mehrfach drohte ihm ein Dasein im Obdachlosenheim.

Heute freilich sieht das anders aus: Er besitzt elegante Garderobe, elegantes Gepäck, und in seiner Tasche knistern eintausend Mark. Vorschuß von Dr. Pontes.

»Siehst du?« Frau Vietzen wendet sich strahlend zu ihrem Mann. »Habe ich nicht immer gesagt, aus meinem Untermieter wird noch mal etwas ganz Besonderes?«

»Ja, ja«, antwortet der Hausherr grämlich, »das hast du immer gesagt. Immer.«

Für Frau Vietzen ist es eine Stunde des Triumphes. Hingerissen durch Bibeljés Charme und Konversationstalent, hat sie ihm ihr Haus offengehalten, auch als es ihm sehr schlecht ging und er wie ein Clochard herumlief. »Ein Genie in Lumpen, aber ein Genie!« pflegte sie zu sagen. Stets bekam er ein warmes Essen bei ihr und Rotwein, soviel er wollte. Gelegentlich unterstützte sie ihn auch mit kleinen Geldbeträgen.

Seinen unmoralischen Lebenswandel, seine Schulden und Frauengeschichten überging sie mit den Worten: »Er wird seinen Weg finden!«

Und dieses Übermaß an Vertrauen bewirkte bei dem verschlossenen, einzelgängerischen Luftikus eine Zuneigung und Offenheit, wie er sie sonst nicht auszuteilen bereit war.

Seine lange Abwesenheit hat der alten Vertraulichkeit nicht geschadet. Bibeljé schlürft genießerisch seinen Lieblingswein und spricht über seine Zukunftspläne.

»In Brasilien kann man reich werden, sehr reich. Fünf bis sechs Jahre – und man hat ein Vermögen beisammen, das einen für den Rest seines Lebens sorgenfrei macht. Allerdings, ich brauche eine Frau dazu.«

»Und wie soll die aussehen?« fragt Frau Vietzen mit mütterlicher Neugier.

Bibeljé setzt sein Weinglas zurück auf das spitzendeckengezierte Beistelltischchen. »Ich denke da an ein gutes, einfaches Mädchen ohne Ansprüche. Ein Mädchen, das arbeiten kann und dem die Arbeit Freude macht.«

»Siehst du? Ich habe es gewußt!« sagt die Dame des Hauses und dreht sich ein zweites Mal triumphierend zu ihrem Mann um. »Der liebe Bibeljé wird noch einmal ganz vernünftig. Ganz, ganz, ganz vernünftig.«

»Ja, ja, du hast es gesagt.«

»Also, mein lieber Bibeljé, ich glaube, ich habe genau das Richtige für Sie . . .«

»Nämlich?«

»Meine liebe, brave, tüchtige Hedwig.«

»Wie bitte?«

»Mein Dienstmädchen. Ein Goldschatz, ein wahrer Goldschatz.«

»Na, hör mal!« protestiert der Hausherr. »Du willst unsere Hedwig aus dem Haus geben?«

»Ja, ich weiß«, schneidet ihm seine Frau das Wort ab, »so etwas wie Hedwig kriegen wir nie wieder. Aber für unseren Freund Bibeljé müssen wir was tun. Das siehst du doch ein? Oder willst du etwa seinem Glück im Wege stehn?«

Der alte Vietzen stopft sich brummelnd eine neue Pfeife.

Bibeljé zeigt Interesse. »Wie alt ist sie denn?«

»Zwanzig.«

»Aus Hamburg?«

»Nein, aus Berlin.«

»Vater?«

»Fuhrmann.«

»Also Kutscher. Hat sie Ersparnisse?«

»Ja, ich glaube. Aber sicher nicht sehr viel. Besonders hübsch ist sie auch nicht. Ihre Nase ist ein bißchen groß geraten. Aber sie hat wunderschönes langes braunes Haar.«

»Das ist nicht so wichtig.«

Als die kleine patente Hedwig den geschätzten Freund des Hauses zum erstenmal sieht, ist sie keineswegs beeindruckt. Für den damaligen Geschmack ist er alles andere als eine Schönheit. Viel zu dünn. Er hat auffallend schlechte, faulige Zähne und muß mit einem besonders hohen Kragen eine Menge kleiner Furunkelnarben im Nacken verdecken. Schön findet sie nur seine schmalen *vornehmen* Hände und sein blondes Haar mit dem rötlichen Schimmer.

Interessant ist auch die Narbe, die er zwischen den Augenbrauen hat. Die hat er angeblich im Kampf mit südamerikanischen Aufständischen davongetragen.

Ein aufregender Mann! Unter seinem Jackett trägt er einen Dolch und eine geladene Pistole. Und wie er erzählen kann! Von Überfällen auf Plantagen, von Duellen und Eifersuchtsaffären, von Mädchen, um die zwei Dutzend Männer mit dem Revolver kämpfen, von Festen, die vierzehn Tage und Nächte dauern, und immer wieder vom großen Geld.

Eines Tages packt er sie am Schürzenband, dreht sie herum und küßt sie. Die Ohrfeige, die er sich dafür einhandelt, trifft ihn so unerwartet, daß er zur Küchenbank taumelt und sich benommen danebensetzt. Seine großen blauen Augen starren fassungslos auf das kleine energiegeladene Persönchen, das ihn, den sieggewohnten Schwerenöter, da eben ausgetrickst hat und noch dazu die Frechheit besitzt, ihn auszulachen.

Erst nach einigen Sekunden gelingt es ihm mitzulachen. Seit diesem Moment ist ihre Verbindung so gut wie beschlossen.

Zwei Tage später macht er Hedwig einen Heiratsantrag. Frau Vietzen tut ein übriges, das zögernde Mädchen zu überreden: »Liebe kleine Hedwig, das Glück klopft bei Ihnen an. Danken Sie dem Himmel! Ein Mann aus allerbester Familie, im siebzehnten Jahrhundert aus Frankreich eingewandert. Großvater Senator...«

»Aber, bin ich denn die Richtige für ihn...?«

»Absolut, mein Kind. Er hat ein wildes, abenteuerliches Dasein hinter sich; jetzt sucht er ein schlichtes, arbeitsames, ruhiges Leben. Alles, wonach er sich sehnt, werden Sie, meine liebe kleine Hedwig, ihm geben.«

Als es aufs Standesamt geht, ist Bibeljé bereits wieder ein von Gläubigern gejagter Mann. So gibt er vorsichtshalber eine falsche Adresse zu Protokoll. Außerdem läßt er sich weder als Steward noch als Reiseführer noch als Verwalter, sondern als Plantagenbesitzer registrieren.

Auf der Straße fragt ihn seine frisch angetraute Frau: »Bitte, sag mir, warum du dem Beamten solche Lügen erzählt hast?«

Bibeljé ist in Festtagslaune und möchte möglichst schnell in das kleine Lokal, wo ein paar Freunde auf sie warten. »Lügen? Welche Lügen meinst du denn? Die Sache mit der Adresse? – Ist doch völlig unwichtig! Pontes hat aus Paris telegrafiert. In ein paar Wochen sind wir in Brasilien.«

»Aber wenn die Polizei erfährt, daß du gar kein Plantagenbesitzer bist, sondern nur Verwalter? Das ist doch strafbar!«

»Was soll's? Nächstes Jahr sind wir Plantagenbesitzer – und basta!«

Für Bibeljé ist der Himmel mal wieder rosarot. Aber die nächste Zukunft gestaltet sich trübe. Pontes hat andere Reisebekanntschaften geschlossen und läßt seinen Ex-Steward erst einmal auf dem trockenen sitzen. Hedwig muß wieder eine Stellung als Dienstmädchen annehmen. Bibeljé verdient gelegentlich etwas als Fremdenführer im Hamburger Hafen. Statt einer Plantage bietet er seiner jungen Frau nur ein armseliges möbliertes Zimmer, für das er meistens die Miete schuldig bleiben muß.

Sein Optimismus aber ist ungebrochen. Als Parteimitglied der SPD ist er nächtelang unterwegs, hält Reden und debattiert in Parteilokalen bis in die frühen Morgenstunden. Wenn Hedwig ihn dann mit Tränen empfängt, tröstet er sie auf seine Weise: »Wenn du

Glück hast, wirst du eines Tages die Frau eines Reichstagsabgeordneten sein!«

Hedwigs Zutrauen in seine Fähigkeiten aber hat stark gelitten, denn mittlerweile hat sie von einigen trüben Kapiteln aus seiner Vergangenheit erfahren:

Nach seinem Auszug aus Mecklenburg hat er beim Hamburger Zoll versucht, Karriere zu machen, mußte aber schon bald seinen Posten aufgeben. Passive Bestechung und Trunkenheit am Arbeitsplatz.

Bei der Im- und Exportfirma Bromberg unterschlug er dreihundert Mark und ließ sich mehrere Urkundenfälschungen zuschulden kommen.

Als Angestellter der Hamburger »Wach- und Schließgesellschaft« soll er mit Einbrechern zusammengearbeitet haben. Und mittlerweile geht das Gerücht um, er habe als Kassenwart der SPD sogar aus der eigenen Parteikasse fünfzig Mark entwendet.

Oft kommt er nächtelang nicht nach Haus. Hedwig ist verzweifelt und empfindet es fast als Glück, als es eines Tages sicher ist, daß er wieder einmal ins Ausland gegangen ist.

Ohne Abschiedsbrief.

Sie ist die Frau eines Mannes, von dem seine Freunde sagen: »Er ist ein Genie. Schade, daß dieser Mann so verbummelt ist.« Aus der Ferne gefällt er ihr nun wieder. Ihre finanziellen Verhältnisse ordnen sich.

Da kommt eines Tages ein Brief von ihm, aus Paris. Er habe eine gute Stellung gefunden. »Komm her.«

Sie gibt ihre Stellung auf, hebt ihre Ersparnisse ab, packt ihre Habseligkeiten in einen Koffer und fährt los. Das ist im Jahr 1912.

Das Wiedersehen ist bitter: Bibeljé empfängt sie ohne einen Franc in der Tasche. Er hat sich eine scheußliche Geschlechtskrankheit zugezogen. Und er hat keinerlei Aussicht auf Arbeit.

Sie könnte umdrehen, aber sie fühlt sich immer noch als seine Frau, gibt ihm ihre gesamten Ersparnisse und bleibt bei ihm.

Wieder erzählt er von dem gewaltigen Vermögen, das auf sie in Brasilien wartet. Er war, so erzählt er, erneut drüben und hat den Auftrag erhalten, in Europa Spezialisten für den Bau einer Eisenbahnlinie im brasilianischen Staat Alagoas anzuwerben. Aber das Unglück wollte es, daß ihm seine Brieftasche gestohlen wurde.

Hedwig hört ihm zu und glaubt ihm nicht. Alles, was sie von ihm will, ist: daß er seine Zukunftsträume vergißt und wieder eine Arbeit anfängt. Allerdings, es sieht nicht sehr danach aus. In kürzester Zeit hat er ihr Geld verjubelt. Ihr Zimmer wird gekündigt.

Eines Abends, als Hedwig von erfolgloser Arbeitssuche zurückkehrt, erwartet Bibeljé sie vor der Haustür: »Ich habe eine neue Wohnung für uns. Habe unser Gepäck schon rübergeschafft. Komm mit. Es ist ganz in der Nähe.«

Sie laufen zwanzig Minuten, sie laufen eine halbe Stunde, die junge Frau wird unruhig. »Sind wir noch nicht bald da? Ich bin müde.«

Bibeljé beruhigt. »Gleich, gleich. Da hinten, hinter der Kreuzung.«

Zehn Minuten später sagt er: »Jetzt weiß ich's wieder. Wir müssen vier Querstraßen zurück und dann links. Es ist ganz in der Nähe.«

Nach eineinhalb Stunden ist Hedwig am Ende ihrer Beherrschung. Sie ist den ganzen Tag herumgelaufen, um in einer deutschen Familie eine Stelle als Dienstmädchen zu finden. Überall Absagen. Manchmal ist sie wie eine Bettlerin abgefertigt worden. Ihre Füße schmerzen, ihr Kopf dröhnt. Ihre ganze Wut über das chaotische Leben des Mannes an ihrer Seite macht sich Luft in einer wüsten Schimpfkanonade.

Bibeljé reagiert so ruhig wie nach der Ohrfeige und erklärt ihr ohne Beschönigung, daß er ihre Sachen verkauft und das Geld vertrunken und verhurt habe. Das neue Zimmer, von dem er die ganze Zeit geredet hat, existiert nicht.

Hedwig geht auf die erstbeste Pension zu und mietet für sie beide von ihrem letzten Geld ein Bett. Einige Tage dürfen sie dort leben, ohne daß ihnen die Rechnung vorgelegt wird. Dann findet sie eine Anstellung als Waschfrau und kann damit beginnen, die größten Schulden abzuzahlen. Sie leben von Brot, Milch und Feigen.

Eines Tages kommt eine Anweisung über umgerechnet eintausendfünfhundert Mark. Bibeljé behauptet: von der Eisenbahngesellschaft. Wahrscheinlich kommt das Geld aber von seinem Gönner Pontes, der wieder einmal aushilft.

Hedwig bittet darum, einen Teil des Geldes auf die Bank tragen zu dürfen. Bibeljé, in seinem männlichen Stolz gekränkt, verbittet sich ein solches Ansinnen im übelsten Kasernenhofton.

Längst empfindet die junge Frau ein geheimes Grauen vor diesem Mann; längst hat sie den Gedanken von sich gewiesen, mit ihm nach Brasilien zu gehen. Und Bibeljé spürt das. »Wenn du mich verläßt«, droht er manchmal, »gehe ich nach Mexiko, und nie wieder wirst du von mir hören!«

In der Nacht nach dem Geldstreit kommt er nicht nach Hause. Morgens – Hedwig will gerade zur Arbeit gehen – taucht er auf, bleich und verkatert. »Reg dich nicht auf«, sagt er, während er schwer auf die Bettkante sinkt und mühsam seine Schuhe abstreift. »Ich habe alles verjubelt.«

Wenig später schläft er.

Hedwig findet in seinen Taschen noch umgerechnet einhundertsiebzig Mark. Hundert nimmt sie für die Rückreise nach Hamburg, den Rest steckt sie zurück. In fliegender Hast packt sie ein paar Sachen in eine Tasche und läuft zum Bahnhof, immer in der Angst, Bibeljé könnte aufgewacht sein und sie verfolgen.

Im Mai 1913 ist sie wieder in Hamburg.

»Und seitdem haben Sie ihn nie wieder gesehen?«
frage ich. Die alte Frau schüttelt den Kopf. »Nein. Nie wieder.«

»Und seine Eltern?«

»Die bekamen eine Abschrift von seinem Testament, kurz nachdem wir uns getrennt hatten. Darin steht: ›Meine Frau, die mich betrogen, verraten, böswillig verlassen, bestohlen und ins Elend gestoßen hat, erhält: *nichts.*‹ So eine Gemeinheit. Ich habe acht Jahre gewartet, dann wurde die Scheidung ausgesprochen.«

»Haben Sie ein Foto von ihm?«

»Nein. Er ließ sich selten fotografieren. Warum, weiß ich nicht. Das war so ein Tick. Es gab nur wenige Fotos von ihm. Ich kann mich eigentlich nur an drei Bilder erinnern. Das eine Bild zeigte ihn als Soldat in Schwerin, das andere als Zöllner in Hamburg, und das dritte war eine Gruppenaufnahme des Maschinenpersonals der *Ypiranga* 1908. Bevor er sich einmal als Steward eine Rückreise verdient hatte, war er auch schon mal auf demselben Schiff als Kohlentrimmer von Brasilien nach Deutschland zurückgeschippert. Er war auf dem Bild der zweite oder dritte von rechts.«

»Hat er Ihnen jemals was von sich zu lesen gegeben?«
»Wie bitte?«
»Ich meine: Manuskripte, Notizen ...«
»Nein, damals hat er noch keine Bücher geschrieben. Das hätte mir auffallen müssen. Seiner Familie hat er später drei Bücher geschickt und dazu geschrieben, die wären von ihm, obwohl da ein ganz anderer Name drauf stand. Welcher, weiß ich nicht. Ich habe diese Bücher nie gesehen. Aber etwas anderes habe ich gelesen – eine Geschichte aus Brasilien, in der *Deutschen Jägerzeitung*, glaube ich.«
»Und die hat er unter seinem Namen veröffentlicht?«
»Ja. Und später hat er dann durch seine Bücher mit mir geredet.«
»Hat er sie Ihnen geschickt?«
»Nein, ich bin zufällig drauf gestoßen. Ich war Mitglied in dieser Buchgemeinschaft für Arbeiter, in der *Büchergilde*. Und gleich das erste Buch, das ich bekommen habe, war das *Totenschiff*. Von Traven. Wo beschrieben wird, wie einem Kohlentrimmer die Brieftasche mit allen Papieren gestohlen wird. In Antwerpen. August ist dasselbe passiert, auch in Antwerpen. Er hat es seinen Eltern geschrieben, und sie haben ihm Geld geschickt.«
Mit einemmal bin ich hellwach. »Das ist ja wirklich eine sehr merkwürdige Parallele!«
»Ja, und dann, daß die meisten von seinen Romanen in Mexiko spielen ... Dahin wollte er doch, wenn ich ihn verlassen würde. In den Zeitungen habe ich dann gelesen, daß Traven immer nur eine Postfachnummer als Adresse angibt, in Tampico und überall. Das hat

August auch immer so gemacht. Er hat sich immer nur postlagernd schreiben lassen. So'n bißchen Geheimniskrämerei – das hat er sehr gern gehabt. Damit konnte er seine krummen Dinger schön geheimnisvoll machen, nicht wahr. Wenn ich ihn dann darauf ansprach, wußte er von nichts und sagte nur: ›Das, woran man sich nicht erinnert, braucht man ja nicht zu beichten. Weder hier noch anderswo.‹ Das hat er dann ja auch in einem von seinen Büchern so gesagt, und daran habe ich gemerkt, daß er es ist.«

Ich lächle. »Glauben Sie wirklich, daß das ein Beweis ist?«

»Das wohl nicht. Aber da sind hundert andre Sachen...« Sie streicht sich aufgeregt durchs dünne weiße Haar. »Zum Beispiel –«

»Zum Beispiel?«

»Zum Beispiel sagte er manchmal *Lischa* zu mir, wenn er zärtlich war, genauso wie es dann in der Tigergeschichte von Traven steht. Oder wenn er mich ärgern wollte, dann sagte er: ›Erzähl mir mal, wo Südfalen liegt.‹ Oder: ›Sag mal, woran ist eigentlich das Tote Meer gestorben?‹ Das brachte er immer, wenn er mir sagen wollte, daß ich ein dummes armes Luder bin. Und genauso steht das im *Totenschiff.*«

Liebe Hedwig Meier, sage ich zu mir, ich nehme alles zurück. Zuerst habe ich dich für etwas meschugge gehalten. Aber das hier, das scheint ja doch alles ziemlich Hand und Fuß zu haben.

Ich nicke ihr zu. Nur weiter so...

Und da sie in meinen Augen ungeheucheltes Interesse liest, kommen ihr die Beispiele wie am Schnürchen.

»Manchmal hat er mir ein Märchen erzählt – vom Jungen, der auszieht, das Gruseln zu lernen. ›Das ist mein Lieblingsmärchen‹, sagte er jedesmal. Traven sagt dasselbe.«

Ich sehe auf die Uhr und klappe meinen Block zu. »Vielen Dank, Frau Meier. Ich verstehe nur eins nicht: Seit fast vierzig Jahren glauben Sie zu wissen, wer Traven ist. Warum haben Sie so lange geschwiegen?«

»Ja, sehen Sie –« sie beginnt wieder, mit nervösen Fingern über die Tischdecke zu fahren, »– ich hatte bald nach der Scheidung wieder geheiratet, und da wollte ich mein früheres Leben nicht so gern an die Öffentlichkeit bringen. Mein neuer Mann sollte von der ganzen Geschichte nichts wissen. Aber jetzt ist er tot, jetzt ist mir's egal.«

»Ich verstehe.«

»Außerdem gibt es da noch einen anderen Grund: Er ist ja nun ein weltberühmter Schriftsteller und ein reicher Mann geworden, und sicher denkt er nicht mehr oft an mich. Aber er soll wissen, daß es mir sehr schlecht geht. Ich bin herzkrank und fast blind. Ich kriege eine Rente von 178 Mark im Monat. Als Zuckerkranke muß ich sehr viel Gemüse, Obst, Fleisch und so weiter essen. Das ist sehr teuer. Ich meine, der Mann hat so viele Einkünfte, daß er ruhig mal seiner Frau ein bißchen Geld schicken könnte.«

»Haben Sie an ihn geschrieben? An seinen Verlag zum Beispiel?«

»Ja, an den Verlag. Der Verlag hat mir dann die Adresse seines Agenten gegeben – Josef Wieder in Zürich.«

»Wann war das?«

»1951. Ich hatte gerade eine Augenoperation hinter mir und nur noch fünfzehn Prozent Sehkraft. Es ging mir sehr mies. Wieder antwortete damals, Traven läge schwerkrank in einem Schweizer Sanatorium. Er wollte ihm meinen Brief geben, wenn es ihm wieder besser ginge.«

»Hat Traven Ihnen geantwortet?«
»Nein, keine Zeile.«

In den folgenden Tagen versuche ich auf zwei wichtige Fragen die Antworten zu finden. Erstens: Geht aus Travens Büchern hervor, daß er Deutscher ist? Zweitens: Geht aus seinen Büchern hervor, daß er Bibeljé ist?

Die Antwort auf die erste Frage ist die leichtere, denn da hatten auch die Literaturexperten fleißige Vorarbeit geleistet.

Traven stritt in Erklärungen an die Presse des öfteren ab, in Deutschland aufgewachsen und gelebt zu haben, verlegte seine Jugend mal nach den USA, mal nach Kanada, aber interessierte Leser konnte er nicht täuschen. Seine intime Deutschlandkenntnis verriet ihn.

Nicht nur, daß er sich in seinen Büchern immer wieder auf die preußische Beamtenseele und das preußische Schulwesen bezieht – er zitiert zum Beispiel auch *Landarbeiter in Pommern* und *Waldarbeiter im Fichtelgebirge*. Und der Ich-Erzähler seines Buchs *Die Baumwollpflücker* kann sogar zwischen Hochdeutsch und dem Deutsch eines ungarischen Kellners unterscheiden.

Die zweite Frage ist schwieriger zu beantworten.

Aber nachdem ich einen Großteil von Travens sozialkritischen Unterhaltungsromanen gelesen habe, bin ich ziemlich sicher. Sagen wir: achtzigprozentig sicher.

Die beiden Hauptfiguren im *Totenschiff* sind paß- und staatenlos, also genau in der Situation wie Bibeljé nach seinem Erlebnis in Antwerpen. Das Buch erschien in einem Arbeiterverlag, beim SPD-Mitglied August Bibeljé eine sehr verständliche Wahl.

Der Roman spielt auf einem Schiff namens *Yorrike*. Bibeljé fuhr auf der *Ypiranga*. Zufall? Möglich, aber Schiffsnamen, die mit Y beginnen, sind sehr, sehr selten. Das Romanschiff ist ein *Totenschiff,* was in der Seemannssprache bedeutet: an Bord sind lauter *Tote,* Seeleute ohne Papiere. Die Reederei setzt so einen alten Pott ausschließlich für lukrative Schmuggelfahrten ein, und wenn solche Schmuggelfahrten nicht mehr lukrativ sind, wird so ein Schiff auf hoher See versenkt. Versicherungsbetrug.

Von allen diesen Dingen verstand Bibeljé, der einige Zeit Hamburger Zollbeamter war und gewohnheitsmäßig Augen und Ohren offenhielt, eine Menge. Seinen Posten verlor er, weil er bei einer Betrugsaffäre die Hand aufgehalten hatte.

Und dann – die Philosophie in diesen Travenbüchern. Verrät sie nicht den ganzen Bibeljé? Dieser Spott über die mickrige bürgerliche Moral. Dieses Einverständnis mit Deserteuren, Spitzbuben, Taschendieben, Einbrechern und Paßfälschern, die »nicht aus einem Defekt in der Seele, sondern aus einer proletarischen Zwangslage heraus« kriminell werden.

Im Redaktionsarchiv besorge ich mir ein mecklenburgisches Wörterbuch und streiche mir in den Romanen alle mundartlichen Ausdrücke an. Vieles davon könnte natürlich auch einem Berliner Autor bekannt gewesen sein, aber wenn es bei Traven heißt, die Tzotzil-Indianer seien es gewohnt, ihre Kopftücher stets »spick und span rein« zu waschen, dann klingt das doch ganz schön nach Grabow und Schwerin.

BERLIN, BAHNHOF FRIEDRICHSTRASSE, PASSIERSCHEINstelle. Ich will nach Ost-Berlin und muß mich einer umständlichen, zeitraubenden Prozedur unterziehen. In einem Warteraum gebe ich meinen Personalausweis ab und bekomme einen roten Zettel mit der Nummer 2878.

Nach einer halben Stunde wird 2878 per Lautsprecher aufgerufen. Ich muß eine kleine Treppe hinunter und gebe meinen Zettel einem Volkspolizisten, der mir Personalausweis und Passierschein ausfolgt. Damit muß ich durch eine Art Zollkontrolle.

»Fotoapparat?«
»Nein.«
»Sonstige Wertgegenstände?«
»Nein.«
»Wieviel Geld haben Sie bei sich?«
Ich nenne den kleinen Betrag. Er wird auf der Rückseite des Passierscheins notiert, dann muß ich an einem weiteren Grenzpolizisten vorbei, der sich Passierschein und Personalausweis noch einmal genau ansieht, und dann muß ich auch noch in die Wechselstube und Ostmark eintauschen.

Endlich darf ich die S-Bahn-Sperre passieren.

Ich fahre zum Alexanderplatz und von dort mit der U-Bahn bis zur Magdalenenstraße. Es ist sechs Uhr geworden. Ein windiger Januarabend. Ost-Berlin liegt im Dunkeln. Meine Schritte knirschen im Schnee.

Als ich endlich die Pfarrstraße gefunden habe, ist mein Gesicht gefroren. Eine gespenstische Straße, in der nur einige alte Gaslaternen ihr grünbleiches Licht gegen graue trostlose Hausfassaden werfen. Kein einziger parkender Wagen. Nur einmal fährt knatternd mit asthmatischem Motor ein Wartburg an mir vorbei. Sonst herrscht Totenstille, und das an einem Samstag, um sechs Uhr nachmittags!

Ich halte Ausschau nach einem kleinen Fotogeschäft, was in dieser Dunkelheit gar nicht so einfach ist. Endlich, am Ende der Straße, finde ich es.

Eine dicke freundliche Frau öffnet mir die Tür zur danebenliegenden Wohnung. Ein winziges, überheiztes Wohnzimmer, am Tisch ein unrasierter Mann in Hose und Unterhemd. Die Hosenträger hängen ihm links und rechts auf die Schenkel. Ruhig prüfen mich seine gutmütigen Augen.

»Herr Bibeljé?« frage ich.

Er nickt. Also hat die alte Frau Meier sich richtig erinnert. Vor mir sitzt Werner Bibeljé, Augusts Vetter. Ich erkläre den beiden, wer ich bin und woher ich komme, darf mich setzen.

»Viel kann ich Ihnen auch nicht erzählen.« Der Mann kratzt sein Stoppelkinn. »August war in unserer Familie kein Thema, verstehen Sie? Über den sprach man nicht. Er war eben das schwarze Schaf.«

»Haben Sie ein Foto von ihm?«

Er bedauert. Aber es gebe da noch Verwandte in Rostock. Dort könnte möglicherweise noch was aufgehoben worden sein.

»Vielleicht finden sich dort auch noch Briefe und Postkarten von ihm?«

»Vielleicht.« Der Mann im Unterhemd mit den fröhlichen Lachfältchen um die Augen verspricht mir, nach Rostock zu fahren und sich umzusehen.

Das Ergebnis, von dem er mir wenige Tage später erzählt, ist leider negativ: Es haben sich weder Fotos noch Briefe gefunden, auch nicht die drei Bücher, von denen Hedwig Meier sprach. Werner Bibeljé glaubt sich an eine Postkarte aus Mexiko zu erinnern, die 1920 in Grabow eintraf. Aber auch die ist verschollen.

Auch meine Nachforschungen nach der *Ypiranga* verlaufen nicht sehr erfolgreich. Keines der heute noch lebenden Besatzungsmitglieder, die ich ausfindig mache, kann sich an einen Kohlentrimmer oder Steward namens Bibeljé oder an einen Passagier namens Dr. Eneas Pontes erinnern. Keiner der Befragten besitzt das Gruppenbild, und auch die Besitzer verschiedener einschlägiger Fotoarchive müssen passen.

Ich suche also weiterhin einen *Mann ohne Gesicht*.

»Zöllner, sagen Sie?« Buchhändler Hennings ist überrascht. »Traven, ein ehemaliger Zöllner – das ist wirklich mal was Neues! Das haben wir noch nicht in der Sammlung.«

Ich erzähle ihm einiges von dem, was ich inzwischen erfahren habe. Dennoch bleibt er skeptisch. »Ich halte mich da lieber an die sprichwörtlich gute Nase des seligen Egon Erwin Kisch. Machen Sie, was Sie wollen. Mein Tip lautet: hinter B. Traven steckt kein anderer als Ret Marut, den sie in München so gern erschossen hätten.«

»Also gut«, antworte ich, »mit Bibeljé komme ich zur Zeit nicht recht weiter. Schaue ich mir also mal Ihren Ret Marut an.«

Meine ersten Recherchen ergeben zwar, daß auch Marut ein *Mann ohne Gesicht* ist und Fotos von ihm nicht zu existieren scheinen, doch hat er sich immerhin schriftlich geäußert, in seiner eigenen Kampfzeitschrift.

Kampfgenossen haben über ihn geschrieben, Literaturwissenschaftler haben seine Texte analysiert und ein paar biographische Details zusammengetragen.

Der Mann hat Umrisse, wenn auch nur sehr ungewisse. Und während ich versuche, sie schärfer zu zeichnen, mache ich Entdeckungen, die meine bisherige Arbeit in Frage stellen.

Am elften November 1915 erscheint bei der Münchner Meldestelle ein mittelgroßer, schlanker Mann mit hellen Augen und norddeutscher Aussprache, der sich als Engländer ausweist und den Antrag stellt, als Amerikaner registriert zu werden.

England befindet sich mit Deutschland im Krieg, darum werden alle in Deutschland lebenden Engländer amtlich überwacht. Amerikaner nicht.

Der seltsame Antrag wird in wenigen Minuten erledigt. Die Beamten scheinen darauf vorbereitet gewesen zu sein, jedenfalls behandeln sie den Antragsteller mit ungewöhnlicher Höflichkeit. Ein Federstrich, eine kleine Gebühr – und der Engländer Ret Marut, geboren am 25. 2. 1882 in San Franzisko, kann seine in Düsseldorf ausgestellten Papiere wieder einstecken und gehen.

Das ist nicht das einzige Rätsel um diesen Marut. In seinem Ausweis ist er als Schauspieler geführt, aber kein Sterblicher wird ihn in diesen Jahren in München jemals Theater spielen sehen, Tag und Nacht sitzt er in seiner Wohnung, im dritten Stock der Schwabinger Clemensstraße 84, und versucht, an einer klapprigen alten

Schreibmaschine einen großen Traum zu verwirklichen: Schriftsteller zu sein.

Aber die meisten seiner Kurzgeschichten und Humoresken kommen zurück. Selten genug greift eine Provinzzeitung zu. Die Honorare sind erbärmlich.

Manchmal bringt er eine Arbeit bei einer literarischen Zeitschrift unter. Doch nie wird er zu einer ständigen Mitarbeit aufgefordert. Der besonders umworbene politisch-satirische *Simplicissimus* beantwortet nicht einmal seine Briefe.

Geheimnisumwittert ist auch seine verschwiegene einzelgängerische Freundin, die blonde Irene Mermet, etwa einundzwanzig Jahre alt. Ein hübsches Mädchen. Etwas größer als er. Fast täglich besucht sie ihn, bleibt aber nie über Nacht. Sie wohnt ein paar Straßen weiter in der Herzogstraße und betreibt einen eigenen kleinen Verlag, der aber nur Werke Maruts zu publizieren scheint.

Mit ihr zusammen gründet Marut eine eigene Zeitschrift, den zeitkritischen *Ziegelbrenner*. Am 1. September erscheint, ziemlich unbemerkt, das erste Heft.

Wer eine Zeitschrift herausgibt, wer politisiert, sucht die Öffentlichkeit und stellt sich.

Nicht so Marut. Er will Aufsehen erregen, indem er sich versteckt. Zwar steht er im Adreßbuch. Doch fetzt er seinen Lesern hin: »Besuche wolle man unterlassen, es ist nie jemand anzutreffen. Fernsprecher haben wir nicht.«

Er will sich verkriechen und von möglichst vielen gesucht werden. Er will Ruhm, indem er Ruhm ablehnt, sich zurückzieht und eine Philosophie daraus macht.

Er schreibt: »Ich bin . . . völlig namenlos . . . Ich will nichts anderes sein als: Wort!« Er stempelt die Unterschriften unter seine Briefe: »M« für Marut oder »Z« für »Ziegelbrenner«.

Und Irene Mermet hilft ihm nach Kräften bei diesem Versteckspiel, mit dem er um Geltung kämpft. Sie schreibt seine auf Zettel gekritzelten Beiträge für den Setzer ab, liest Korrekturen und schreibt eigene Beiträge, um dem Heft Umfang zu geben, ohne ihren Namen zu nennen.

Eine merkwürdige Zeitschrift, dieser *Ziegelbrenner*. Holprig-stolprig-dilettantisch, aber sicher das Schärfste, was es in den Kriegsjahren in Deutschland zu lesen gibt. Das Schärfste gegen Regierung, Kirche und Kapital. Das Allerschärfste gegen den Krieg.

Marut schreibt alles, was man damals nicht schreiben darf. Er schreibt, daß der Krieg *Kriegsbusineß* ist. Er schreibt, daß Pfarrer und Priester als *Waffensegner* und *Kriegsanleiheprediger* vor Gericht gehören. Er schreibt – als sich die deutsche Niederlage abzuzeichnen beginnt – gegen »nationalistisches und monarchistisches Vergeltungsgegröle«.

»Deutschland wird erst dann das Recht haben zu sagen, Goethe sei ein Deutscher, wenn in ganz Deutschland keine Schußwaffe, keine Handgranate und keine Gasbombe mehr auffindbar ist, es wäre denn im Museum.«

Seine Leserschaft ist winzig, dennoch vermeint der Fünfunddreißigjährige, einen Hauptpart im Welttheater zu spielen. Das Aufsehen, das er in der bürgerlichen Presse und bald auch bei der Obrigkeit erregt, ist groß. Besonders seine Angriffe auf Kampfflieger Manfred Richthofen und Schlachtenlenker Hindenburg sorgen für Wut, Abscheu und Entsetzen. Dennoch wird ihm kein Härchen gekrümmt.

Selbst linke Gesinnungsgenossen finden das sensationell. Gegen Ende des Krieges erhalten viele vaterländische Zeitungen und Zeitschriften keine Papierzuteilung mehr – Hindenburg-Kritiker Marut indes kann nicht klagen.

Die ersten vier Hefte haben den *Ziegelbrenner*-Herausgeber nach einem Bekenntnis sechstausend Goldmark gekostet, ihm aber kaum eine Handvoll Leser gebracht. Woher kam dieses Geld? Woher kommt das Geld zum Weitermachen?

Woher vor allem die völlig unbegreifliche Passivität der Zensurbehörden?

Unter den wenigen Gesinnungsgenossen, die es in dieser Zeit geschafft haben, bis zu Marut vorzudringen, gibt es dafür eine eventuelle Erklärung: Man munkelt, Marut sei ein illegitimer Sproß des Kaiserhauses. Möglicherweise sogar ein Sproß Wilhelms des Zweiten.

Vorsichtige Andeutungen, versteckte Fragen. Doch Marut schweigt.

Ist er zum Schweigen verpflichtet?

Aber warum ist er dann ausgerechnet Schauspieler geworden? Gab es keinen besseren Beruf für einen, der untertauchen will?

Schweigt Marut, weil er seine gesellschaftskritische Haltung, seinen Kampf gegen den Wilhelminischen Staat nicht durch private Motive entwertet sehen möchte? Ist sein Kampf nur der persönliche Racheakt eines Ausgestoßenen?

Hat er das Gerücht, ein Hohenzoller zu sein, selbst in Umlauf gebracht? *Geheimnisvolle Abstammung* ist damals nicht nur auf der Bühne ein beliebtes Thema ...

Anderseits: Die Ähnlichkeit ist nicht zu bestreiten,

vor allem nicht die peinliche Verlegenheit der Behörden. Als die parteilose Zeitschrift *Der Hammer* den »vaterlandslosen Vermieser« Marut und auch die Zensurstelle des Kgl. Bayerischen Kriegsministeriums angreift, antwortet das Ministerium: »Die Papierbewilligung zum Druck des *Ziegelbrenners* bedauert das Kriegsministerium gleichfalls, vermag sie aber nicht zu hindern.«

Fürchtet der Hof, daß Marut den Namen seines Vaters nennt? Ist Marut der Typ des edlen Erpressers, der seine Macht in den Dienst einer guten Sache stellt? Genießt Marut das Rachegefühl, an der Beseitigung eines alten Systems mitzuwirken, dessen Opfer er ist?

Nutzt er die Zeitsituation, die es ihm erspart, persönliche Anklage zu erheben? Nutzt er die Konstellation, die ihm ermöglicht, seinen *Fall* aus dem Spiel zu lassen? Will er den Mann, den er haßt, vernichten, indem er die Zeit, die diesen Mann möglich machte, vernichtet?

Lauter offene Fragen. Aber die wenigen, die Marut damals begegnen, sagen zu allen diesen Fragen insgeheim ja.

Nach Kriegsende steigt die Zahl der *Ziegelbrenner*-Abonnenten. Marut inseriert in den *Münchner Neuesten Nachrichten:* »Schriftsteller sucht Sekretärin«. Unter ungezählten Bewerberinnen wählt er die achtzehnjährige Marta Haecker aus. Sie ist klein, zierlich und blauäugig und genau der Typ, der immer wieder der Faszination des spröden Einzelgängers erliegt. Ein Mädchen wie Irene Mermet – aus kleinkarierten Verhältnissen, auf der Flucht vor dem bürgerlichen Materialismus. Auch Marta Haeckers Vater ist Kaufmann. Auch bei Marta Haecker ist der Entschluß, sich auf einen Schriftsteller einzulassen, ein Befreiungsakt.

Am 7. November 1918 ruft der Schriftsteller Kurt Eisner vor 150000 Teilnehmern einer Versammlung auf der Münchner Theresienwiese die Republik aus. Der König flieht. Zweitausend Soldaten besetzen die öffentlichen Gebäude. Eisner stürmt mit seinen Anhängern das Landtagsgebäude, bildet ein achtköpfiges Kabinett und ernennt sich selbst zum Ministerpräsidenten.

Am nächsten Tag kann er verkünden: »Die Dynastie Wittelsbach ist abgesetzt. Hoch die Republik!« Innerhalb von vierundzwanzig Stunden hat er ganz Bayern erobert, ohne einen Tropfen Blut zu vergießen.

Marut feiert das Ereignis mit einem Sonderdruck: »Die Weltrevolution beginnt«. Diese *Rede des Ziegelbrenners* wird in allen Großstädten auf den Straßen verkauft. Irene Mermet läuft damit durch Schwabing und durch das Münchner Stadtzentrum. In München werden in wenigen Tagen siebentausend dieser Flugblätter verkauft, in Berlin tausend, in Hamburg viertausend.

Der Krieg ist aus, die Republik ausgerufen, die Parteien gehen an die Arbeit, doch Marut weiß nicht recht, wo er sich anschließen soll. Der Umschlag seiner Zeitschrift ist rot, doch rot nennen sich damals ungezählte politische Gruppierungen. Für welches Programm soll er sich entscheiden? Er gesteht seinen Lesern, keine eigene »politische Erkenntnis« zu haben und nur allgemein menschlich urteilen zu können. »Ich kann«, schreibt er, »keiner Partei angehören, weil ich in jeder Parteizugehörigkeit eine Beschränkung meiner persönlichen Freiheit erblicke.«

Sein Kampf gilt den »Entrechteten und Getretenen«, und das Programm seiner Zeitschrift ist groß und vage. Einmal reduziert er es auf zwei Glaubenssätze: »Erstens: Die Idee, daß der Mensch mehr wert ist als der Staat, darf nicht verlorengehen. Zweitens: Wer nicht lügen will, braucht nicht zu lügen. Man kann alles sagen, selbst die Wahrheit, wenn man die Wahrheit über das persönliche Wohlbefinden stellt.«

Marut appelliert an den »Geist der Gerechtigkeit« wie sein Freund und Lehrer Gustav Landauer, dessen sozialphilosophische Bücher er liebt, den er nun als »Volksbeauftragten für Volksaufklärung« in der Regierung Eisner wiedertrifft.

Landauer ist achtundvierzig Jahre alt, ein Mann mit gütigen Augen und Apostelbart, ein Idealist, der auf sein Vermögen verzichtete, um allein mit Wort und Schrift für soziale Gleichstellung zu kämpfen, ein Gegner von Konzernen und Parteien, auch ein Gegner des Klassenkampfes. Ein Befürworter des individuellen Weges. Wenn die Gesellschaft nachhaltig geändert werden soll, so meint er, muß jeder bei sich selber anfangen.

So denkt auch der Anarchist Erich Mühsam – auch er ein Landauer-Schüler und *Ziegelbrenner*-Leser. Seine Zeitschrift *Kain,* die sich schlicht *Zeitschrift für Menschlichkeit* nannte, hatte weniger Glück als der *Ziegelbrenner:* sie wurde im Krieg verboten. Nach Kriegsende macht er nun wieder als Führer einer *Vereinigung Revolutionärer Internationalisten* von sich reden. Auch er sieht sich nicht als Volksführer; seine Vereinigung ist ein kleiner, exklusiver Zirkel; Mitgliederwerbung lehnt er ab.

Ein Denker, Redner, nebenbei Lyriker . . .

Hunderte von Rednern verkünden auf Straßen und Plätzen, in Kneipen und Sälen den Anbruch paradiesischer Zeiten – oder den Untergang des Abendlandes.

Und auch Marut hält die Zeit für gekommen, das Rednerpodium zu besteigen, die Macht des gesprochenen Worts dort einzusetzen, wo die Gewalt des gedruckten *Ziegelbrenner*-Worts nicht hindringt.

Dennoch zögert er. Vor Zuhörer treten hieße: sein Postfachleben aufgeben. Zwar ist er bei Kriegsende in die Kasernen gegangen und hat bei den Soldaten für die neue Republik agitiert, doch konnte er das als Namenloser tun. Zwar hat er Gespräche mit Gesinnungsgenossen wie Mühsam und Landauer geführt, doch konnte er bei denen sicher sein, daß sie seinen Wunsch nach Zurückgezogenheit respektierten. Erst jetzt, mit dem Entschluß, als Redner aufzutreten, wagt er sich wirklich mit Haut und Haar in die Öffentlichkeit. Kein leichter Entschluß, denn der Leichtverletzbare weiß, daß er sich nun auch der Ablehnung stellen muß.

Schließlich fällt ihm eine Möglichkeit ein, maskiert vor sein Publikum zu treten, da zu sein und sich doch nicht zur Schau zu stellen: Als er am 14. Dezember 1918 im Schwabinger *Kunstsaal Steinicke* vor sein Publikum tritt, läßt er das Licht löschen. Nur das Manuskript und seine Hände sind beleuchtet. Die Leute sollen ihm zuhören wie einem Rundfunkkommentator, nichts Schauspielerisches im Gesicht des Redners soll sie ablenken, nur das Wort, nur das Argument soll entscheiden.

So will es der kleine drahtige Mann, der da aus dem Dunkeln zu seinen Zuhörern spricht. Doch er hat sich verrechnet. Nach der ersten Überraschung werden Rufe laut: »Gemeinheit!« »Licht an!« Das Publikum spaltet sich in zwei Gruppen. Die einen wollen zuhören und verlangen »Ruhe!«; die anderen – meist Zwischenrufer, die gekommen sind, um »diese kommunistische Versammlung« zu sprengen – wollen Marut zum Schweigen bringen.

Zischen, Trampeln, Stühlerücken. Brüllendes Gelächter, als Marut sein Revolutionsfanal *Es dämmert der Tag* lesen will. Die folgenden Texte werden durch lautes Gähnen und Schnarchen begleitet. Dann gehen die Störtrupps zum Angriff über: »Verräter«, »Dreckskerl«, »Mach Licht an, du Sau!« Dazwischen Irene Mermets Stimme: »Ruhe! Der Vortragende ist im Recht, daß er den Saal verdunkelt!«

Marut unterbricht seine Lesung und erklärt, daß aus künstlerischen Gründen die Beleuchtung ausgeschaltet worden sei. Im gleichen Moment bricht die Hölle los. Brüllen, Pfeifen, Johlen. Die wenigen Frauen, die sich in diese Versammlung gewagt haben, flüchten schreiend zu den Ausgängen. Die Krakeeler werfen die Stühle durcheinander und versuchen, das Podium zu stürmen. Anhänger Maruts werfen sich ihnen entgegen.

Als das Licht angeht, steht Irene Mermet neben Marut, der fassungslos in die tobende Menge starrt, das Manuskript immer noch in den Händen haltend.

Drohend gereckte Fäuste, haßerfüllte Blicke. »Du Hund!« brüllt einer. »In den Rücken bist du uns gefallen, während wir draußen waren!«

Marut reißt sich zusammen und antwortet mit fester Stimme: »Hätte es nur zweihundert solche Zeitschriften wie den Ziegelbrenner während des Krieges gegeben, so wäre Deutschland heute kein Trümmerhaufen.«

Lauter und anhaltender Beifall von seinen Anhängern. Die ersten Handgreiflichkeiten. Marut und Irene Mermet verlassen den Saal durch den Bühnenausgang.

Die militanten Patrioten drängen und prügeln das Publikum auf die Straße, kehren in den leeren Saal zurück und singen: »Deutschland, Deutschland über alles.«

Marut ist einem Nervenzusammenbruch nahe, zwingt sich aber – vierzehn Tage später – zu einem zweiten Vortragsabend im gleichen Saal. Diesmal spricht Irene Mermet, bevor das Licht ausgeht, einleitende erklärende Worte. Proteste gegen Maruts Versteckspiel bleiben aus.

Er treibt dieses Spiel auch im *Ziegelbrenner* weiter, behauptet, gar nicht selber gelesen zu haben. »Ich hatte«, schreibt er, »in Norddeutschland wichtigere Dinge zu tun, als mitanzuhören, wie meine Sätze vorgelesen werden sollten.«

Erneuter Rückzug ins Postfachleben.

Auch von seinen Lesern distanziert er sich. »Sich von einem Hunde anpissen zu lassen wird mir immer und zu jeder Zeit noch lieber sein und mich ehrenvoller dünken, als von Lesern des *Ziegelbrenners* angepißt zu werden mit Briefen, die nach Löchern in meinem Gewande schnüffeln, um mir auf den Leib zu rücken . . .«

Die politischen Ereignisse zwingen ihn jedoch, seine Anonymität Stück für Stück aufzugeben.

Eisners *Unabhängige Sozialisten* bekommen bei den ersten Wahlen im Januar 1919 nur drei von 180 Mandaten. Als Eisner sich am 21. Februar auf den Weg macht, um im Landtagsgebäude seinen Rücktritt bekanntzugeben, wird er von einem Attentäter, Leutnant Graf Arco-Valley, erschossen.

Im folgenden Monat bildet der Sozialdemokrat Johannes Hoffmann eine neue Regierung, die aber schon zwanzig Tage später von Linksradikalen ins Abseits gedrängt wird. Ernst Toller, die Anarchisten Landauer und Mühsam und der Bauernbund rufen eine Bairische Räterepublik aus. Die Regierung Hoffmann flieht nach Bamberg.

Unter Führung des sechsundzwanzigjährigen Toller soll Bayern erster deutscher *Sowjetstaat* werden. Doch auch Toller ist Schriftsteller, ein politischer Dilettant.

Marut begrüßt die neue Entwicklung. Hoffmanns *kaiserlich-deutsche Sozialdemokraten* waren ihm lau und zu halbherzig bei der Arbeit am roten Freistaat Bayern. »Ich fühle mich«, so bekennt er, »unter der Diktatur des Proletariats – obwohl ich kein Arbeiter bin und nicht zum Proletariat gehöre – so wohl, wie ich mich in meinem ganzen Leben noch unter keiner Regierung gefühlt habe. Denn wo das Proletariat die Regierungsgewalt in Händen hat, da geht der Kapitalismus seiner sicheren Vernichtung entgegen. Und Vernichtung des Kapitalismus heißt: Es kann nie wieder einen Krieg geben! Beseitigung des Kapitalismus heißt: Nie wieder kann ein grausamer General, ein erbarmungsloser Menschenschlächter diktatorische Gewalt ausüben! Zertrümmerung aller kapitalistischen Institutionen heißt: Meine persönliche Freiheit ist gesichert!«

Doch Mühsam und Landauer wollen es bei solchen Solidaritätsbekundungen des *Ziegelbrenners* nicht belassen.

Sie erinnern Marut an seine Agitation gegen die bürgerliche Presse. An seine Forderung: »Die Presse muß so frei von Unternehmergewinnen werden wie die Schule.« An seine These: »Jede Revolution, jede Befreiung des Menschen verfehlt ihren Zweck, wenn nicht zuerst die bürgerliche Presse erbarmungslos vernichtet wird.« An seine Erkenntnis: »Die Presse ist eine der wirksamsten Waffen des revolutionären Proletariats, das um seine Macht kämpft.«

Als die neue Regierung die Presse unter Vorzensur stellt, wird Ret Marut vom Revolutionären Zentralrat zum Presseleiter ernannt. Marut lehnt ab. Auch die Aussicht, Stellvertreter des Volksbeauftragten für Volksaufklärung Landauer zu werden, kann ihn nicht locken.

Er begnügt sich damit, als Zensor die *München-Augsburger Abend-Zeitung* zu kontrollieren.

Den Männern um Toller ist das zuwenig. Weitere Posten werden angeboten. Als Marut ein Revolutionstribunal fordert, wird er zum Vorsitzenden einer Kommission gewählt, die dieses Tribunal vorbereiten soll.

Inzwischen hat sich die Stimmung im Land immer bedrohlicher entwickelt. Es steht schlecht für die Regierung. Es fehlt an Lebensmitteln, Zug- und Straßenverkehr sind fast völlig zum Erliegen gekommen, die Verwaltung droht zusammenzubrechen, in den größeren Städten kommt es zu Unruhen, die Arbeiter und Bauern beginnen sich gegen ihren Arbeiter-und-Bauern-Staat zu wenden. Es zeigt sich, daß dieser Revolution, in Bierkellern und Künstlerlokalen von idealistischen Literaten ausgedacht, das politische Regierungskonzept fehlt.

In dieser Situation packt der dreißigjährige Eugen Leviné das Ruder. Auch er ein Intellektueller, kein Praktiker. Und doch – als in Rußland geschulter Marxist, als Ideologe, ist er den Münchner Salonkommunisten um vieles voraus. Der Begründer der deutschen KP entwirft ein Aktionsprogramm zur Schaffung einer regierbaren Räterepublik und ernennt sich am 13. April

1919 zum Leiter eines Vollzugsrates. Das kommt einer Machtergreifung gleich.

Tags darauf läutet er das Ende des Kapitalismus mit der Verkündung eines zehntägigen Generalstreiks ein. Und Toller, Mühsam, Landauer – obwohl allem Marxismus-Leninismus abhold – folgen dem Aufruf zum Klassenkampf des schmächtigen roten Diktators. Landauer setzt in wenigen Stunden die Enteignung der gesamten bayerischen Presse durch.

Nächster Schritt zum Untergang des idealistischen Philosophen-Freistaats: Leviné bewaffnet die Arbeiter, um sich eine *Rote Armee* zu schaffen. In wenigen Tagen stehen 22 000 Mann unter Waffen. Hoffmann in Bamberg richtet einen Hilferuf an die Berliner Zentralregierung.

Dort entscheidet der sozialdemokratische Reichswehrminister Gustav Noske: »In München ist die Gewalt der gesetzmäßigen bayerischen Regierung wiederherzustellen.« Regierungstruppen werden in Marsch gesetzt.

Der *Ziegelbrenner* warnt: »Maschinengewehre, Handgranaten und Chlorgas sind keine geeigneten Mittel, um das Vordringen des Bolschewismus aufzuhalten. Man kann darüber traurig sein oder empört: aber die Völker der Erde entgehen dem Bolschewismus nicht.«

Am 28. April überschreiten die von Berlin gesandten Freikorps die bayerische Grenze. Zwei Ereignisse bewirken, daß das rote München von diesen Freiwilligen keine Milde erwarten kann: Rotgardisten haben einen antikommunistischen Aufstand bei Dachau niedergekämpft; Rotgardisten haben in München ohne Befehl Geiseln erschossen.

Maruts Forderung: »Keinen Blutstropfen, keinen

Marschschritt, keinen Pfennig für irgendeine militärische Vereinigung, sie mag heißen und sie mag aussehen, wie sie will«, hat sich nur wenige Wochen lang erfüllen lassen, und die rote Regierung, in die er so viel Hoffnungen investierte, bedient sich wieder des »kapitalistischen Grundübels«, der Gewalt.

Als ihn die Nachricht von den Truppenaufmärschen erreicht, hält er gerade in Nürnberg und Umgebung neue Vorträge. Er eilt zurück nach München.

1. Mai 1919.
35 000 Weißgardisten stürmen München. Dort stellen sich nur 8000 Rotarmisten, und auch die bieten nur geringen Widerstand. Der Kampf fordert mehrere hundert Tote; zahlreiche Gefangene werden von den Männern mit den weißen Armbinden niedergeschossen, darunter viele Unschuldige.

In der ehemaligen königlichen Residenz tagen ununterbrochen die Schnellgerichte; bis in die Nacht knattern die Salven der Erschießungskommandos im Englischen Garten. Das ist das Ende der Münchner Revolutionsregierung, die – unter wechselnder Führung – nur ein halbes Jahr überstand.

Kommunist Leviné wird hingerichtet. Mühsam wird zu fünfzehn Jahren Zuchthaus verurteilt, Toller bekommt fünf. Landauer wird am Tag nach der Besetzung im Hof des Stadelheimer Gefängnisses mit Kolbenstößen niedergeschlagen. Einer der Wachsoldaten reißt ihm die Hose herunter, stößt ihm das Gewehr in den After und jagt ein volles Magazin in den Körper des Gefolterten. Der Menschenfreund stirbt einen qualvollen Tod.

Wo ist Ret Marut?

Er wollte immer seinen Tod selbst bestimmen, wollte sich sterbend dahin verkriechen, »wohin ihm niemand zu folgen vermag«. Er will ohne Zuschauer sterben. Doch der 1. Mai 1919 scheint aus seinem Lebens- und Sterbeplan eine jämmerliche Farce zu machen.

An diesem 1. Mai sitzt er im Café *Maria Theresia* in der Augustenstraße, wenige Stunden vor Beginn eines Kongresses revolutionärer und freiheitlich denkender Schriftsteller, und erwartet einige auswärtige Teilnehmer. Zu dieser Zeit weiß er bereits, was die Stunde geschlagen hat.

Die offenen Wagen der Weißgardisten rasen durch die Straßen. Männer mit den weißen Armbinden schießen auf alles, was sich in Fenstern, Türen oder auf Gehsteigen zeigt.

Vor dem Café liegt ein Schwerverletzter. Als das Maschinengewehrfeuer für eine Weile aussetzt, tragen Marut und ein anderer beherzter Gast den Mann hinein. Jemand telefoniert nach einem Arzt, das Café wird geschlossen, die verstörten Gäste hasten an den Hausmauern entlang, immer auf der Suche nach einer Haustür, die noch nicht verschlossen und verbarrikadiert ist.

Auch Marut läuft um sein Leben. Es wird noch immer geschossen. Nach hundert Metern ist seine Flucht zu Ende: Er wird von vorbeifahrenden *Weißen* erkannt und – von zehn auf ihn gezielten Pistolen und Gewehren umgeben – ins Auto gezerrt. Marut wird auf einen Gewehrstapel gestoßen, dann geht die Fahrt weiter.

Die Männer wissen, daß sie einen guten Fang gemacht haben. Vor einem Haus, auf dessen Balkon ein Mann mit Uniform steht, halten sie an, präsentieren den Gefangenen, reißen die Mützen vom Kopf und brüllen:

»Herr General soll leben!« und »Herr General, jetzt haben wir einen, den Allergefährlichsten!«

Der General äußert Befriedigung. Die Fahrt geht weiter zum Kriegsministerium, wo Marut einem ergebnislosen Verhör unterzogen wird. Man gönnt ihm eine halbstündige Pause. Ein Mann mit Browning bewacht ihn.

Dann führt man ihn ins Vorzimmer zum Saal, wo das Feldgericht tagt. Der Vorsitzende dieses Gerichts, ein Leutnant, ist immer dann zu sehen und zu hören, wenn sich die Tür zum Saal öffnet. Und diese Tür öffnet sich oft, denn der schneidige Leutnant braucht pro Fall durchschnittlich drei Minuten. Entlastungszeugen sind unerwünscht. Wer vorgeführt wird, wird als Roter eingestuft. Ist der Fall zweifelhaft, wird der Fall als Zweifelsfall eingeschätzt, aber auch in Zweifelsfällen gilt, sicherheitshalber, der Spruch »schuldig«. »Tod durch Erschießen.«

Jeder, der vom Tisch des zigarettenrauchenden Leutnants zurückkommt, trägt das Todesurteil ins Gesicht geschrieben. Eine qualvolle Stunde vergeht. Schließlich sind nur noch Uniformierte und zwei Männer im Vorzimmer – ein Spartakist und Marut. Marut fragt seine Bewacher, ob er Freunden eine Nachricht zukommen lassen dürfe. Das wird abgelehnt.

Dann wird der Spartakist aufgerufen und von den Uniformierten gepackt. Als er sich die ruppige Behandlung verbittet, kommt es zu einer Auseinandersetzung. Maruts Bewacher ist abgelenkt, Marut stürzt zum Ausgang. Die beiden Soldaten, die hinter der Tür stehen, lassen ihn laufen. – Warum?

Weil in ihnen »einen Augenblick lang ein Funke Menschlichkeit aufstieg?«, wie Marut später vermutet.

Oder weil mittlerweile eine Weisung aus Berlin vorliegt, diesen Ret Marut, der zu Kaisers Zeiten ein Protektionsfall war, auch weiterhin als Sonderfall zu behandeln?

Marut eilt zu Irene Mermet, gibt Anweisungen, was zu verschwinden hat, vereinbart einen Treffpunkt außerhalb Münchens, hastet in die Clemensstraße, verbrennt Papiere und Manuskripte, packt Bücher und Wäsche in einen Koffer, schreibt seiner Sekretärin Marta Haecker einen Brief und fügt einen Scheck bei. Dann verläßt er ungesehen das Haus.

Wenig später betritt Marta Haecker die Wohnung. Die Tür ist offen.

Als sie den Brief gelesen hat, beginnt sie das Arbeitszimmer planmäßig nach Dingen zu durchsuchen, die nicht in die Hände der Polizei fallen dürfen. Dabei entdeckt sie eine Marut-Fotografie jüngsten Datums.

Ein gefährliches Dokument: Maruts Verfolger könnten davon ein äußerst präzises Fahndungsbild anfertigen!

In den angrenzenden Straßen fallen noch vereinzelte Schüsse, unter dem Fenster werden gefangene Arbeiter vorbeigetrieben, jeden Augenblick kann es an der Wohnungstür schellen.

Doch Marta Haecker verliert nicht die Nerven. Sie verbirgt das Foto in ihrem Kleid und vernichtet alles, was Marut schaden könnte.

Sie glaubt, daß es kein Abschied für immer ist.

Doch Marut wird nicht wiederkommen.

Vierundvierzig Jahre später stehe ich vor dem Haus, in dem das geschah. Ein sonniger Oktobertag. Hausfrauen tratschen vor dem Eckgeschäft des Hauses Clemensstraße 84. Zu Maruts Zeiten werden ihre Themen nicht viel anders gewesen sein.

Die Hausfassade ist modernisiert worden. Ich schaue hinauf: ziemlich unwahrscheinlich, daß da noch jemand lebt, der sich an Marut erinnert.

Aber ich habe Glück. Der Hausmeister von damals lebt noch, gerade noch. Er ist sehr krank, empfängt mich matt und tatterig, in einen Bademantel gewickelt, in der Wohnung im dritten Stock, in der Marut einst seinen *Ziegelbrenner* schrieb. Diese Zimmer bewohnt jetzt der alte Hausmeister. Pfliegler heißt er.

Es geht ihm zwar sehr schlecht, aber der Kopf macht noch gut mit. »Der Herr Marut«, erinnert er sich, »das war ein flotter Mensch. Und so freundlich, so was habe ich noch nie gesehen.«

Meistens sei er auf seiner Couch gelegen und habe geschrieben. »Das war sein Beruf, verstehen Sie.«

»Er war ein feiner Herr. Hat auch eine Freundin gehabt, ein nettes Fräulein, blondes Haar. Sie ist alle Tage raufgegangen und wieder heimgegangen.«

Ich bin sicher, daß er Marta Haecker meint. »Können Sie sich an den Namen erinnern?« Nein, das kann er nicht.

»Wie war das, nach Maruts Flucht?«

Pfliegler erzählt, so wie er schon hundertmal erzählt hat: »Auf einmal haben sie hier das Haus umstellt... Ich hab' drüben einen Kriminaler stehn sehn, den ich zufällig gekannt hab'. Der hat hier mit anderen tagelang gelauert. Ich hab' ihn gefragt: ›Was tust denn da?‹ ›Das geht di' nix an‹, sagte er. ›Ah‹, hab' i mir denkt, ›i woaß scho' warum!‹ Weil mir nämlich die Vermieterin vom Herrn Marut gesagt hat: ›Pfliegler, jetzt ist uns unser Zimmerherr durchbrennt. Er ist fort, weil sie ihn sonst geschnappt hätten. Warum, dös woaß i net. Und woher er stammt, dös woaß i a net. Aber i muß sagn, er war ein netter und feiner Mensch.‹ – Und seitdem weiß man nichts mehr. Wo er hin ist, weiß man nicht. Man hat nichts mehr von ihm gehört.«

Einige Zeit später – meine Traven-Recherchen hatten sich herumgesprochen – meldet sich brieflich eine Frau Schubert. Zu Maruts Zeiten hieß sie Marta Haecker.

Ich nutze einen Auftrag, der mich nach München führt, zu einem Abstecher nach Grainau bei Garmisch, wo sie ein winziges Haus bewohnt. Eine zierliche Frau mit blauen Augen und kurzgeschnittenem grauen Haar empfängt mich. Sie hat eine sympathische Ausstrahlung und eine herzliche Stimme. In ihrer Nähe muß man sich wohl fühlen.

Ich schaue mich um. Die Wände des niedrigen Raums voller Bilder. Ihr Mann ist Maler. Gerade auf Italienreise. Auch die Bemalung auf den grünen Schränken stammt von ihm. Den größten Teil des Zimmers nimmt ein Flügel ein, darauf sind Brahms- und Schubertnoten aufgeschlagen. Marta Haecker hat nach ihrer Zeit bei Marut Musik studiert.

Es ist Sommer, ein prachtvoller Tag. So holen wir die Gartenmöbel aus dem Schuppen und wollen unseren Kaffee im Freien trinken. »Marut«, sagt sie und deutet auf einen Tisch im Schuppen. »An dem sind wir oft gesessen.«

Wir trinken Kaffee und reden über Marut. Dabei

fährt sie sich häufig durchs Haar. Das Thema scheint aufregende Erinnerungen zu wecken.

»Wissen Sie noch die Namen von Leuten, an die Sie für ihn Briefe schreiben mußten?«

Sie lacht. Nein, das ist zu lange her. Auch Absender fallen ihr nicht mehr ein.

»Aber Sie haben doch seine Post geöffnet, als er auf der Flucht war?«

»Ja, aber nichts Privates. Nur Bestellungen von Buchhändlern usw.«

»Ich bin für jeden Namen dankbar, für jeden . . .«

Sie streicht sich durchs Haar. »Einmal hab' ich bei ihm ein Schreiben einer Behörde liegen gesehen, in dem es hieß, sein Vater sei Impresario und seine Mutter Tänzerin.« Die Vornamen und den Mädchennamen der Mutter weiß sie nicht mehr.

»Haben Sie den Brief noch, den Marut vor seiner Flucht schrieb?«

Sie ist nicht sicher. Später stellt sich heraus, daß er unter den Sachen ist, die sie auf dem Boden aufgehoben hat.

»Was stand in dem Brief?«

»Ich sollte mir alles bescheinigen lassen, was die Polizei mitnimmt. An eine endgültige Flucht hat er wohl noch nicht gedacht.«

»Der Hausmeister hat mir erzählt, daß die Polizei damals noch tagelang das Haus umstellte.«

». . . aber trotzdem haben sie mich die Wohnung ausräumen lassen.«

Merkwürdigkeiten über Merkwürdigkeiten.

ENDLICH HABE ICH BIBÉLJES JAGDGESCHICHTE AUSFINDIG gemacht. Sie heißt *Ein kleines Jagdabenteuer in Brasilien* und ist 1912 in der *Deutschen Jägerzeitung* erschienen.

Schon beim ersten Überfliegen ist mir klar, daß dieser stelzige, ungelenke Erzähler unmöglich allein der Autor des *Totenschiffs* sein kann. *Ziegelbrenner* und *Totenschiff* dagegen können ihre Verwandtschaft nicht leugnen, und es kann für mich kaum noch Zweifel daran bestehen, daß aus dem politischen Journalisten Ret Marut in Mexiko der politische Unterhaltungsschriftsteller B. Traven wurde.

Aber wie ist Marut an Bibeljés Geschichte vom »Totenschiff«-Heizer gekommen, an die Geschichte, die zweifellos Bibeljé erlebt hat und nicht Marut? – Bibeljé muß sie ihm erzählt haben. Aber wo und wann? Hat Bibeljé vielleicht auch an anderen Travenbüchern mitgewirkt? Bedeutet das »B« vor Travens Namen, daß Traven die Mitwirkung des brillanten Erzählers Bibeljé honorierte, indem er dieses Initial in seinen Namen nahm?

Es steht für mich außer Zweifel, daß die beiden sich

gekannt haben, sonst hätte Traven August Bibeljé nicht so lebensnah und unverwechselbar in der Gestalt des gestrauchelten Stanislaw beschreiben können. Stanislaws Philosophie und Ausdrucksweise ist fast aufs Wort original vom zivilisations- und gesetzesflüchtigen Minigauner Bibeljé.

Wo mag er geblieben sein, der Grabower Senatorenenkel? – Traven mag es wissen. Aber wo ist Traven? Die letzte Spur, die ich habe, führt in die Schweiz. Dort lag er, laut Auskunft seines Agenten, in einem Sanatorium – 1951 – als Hedwig Meier ihren Bittbrief schrieb. Schwer krank.

Ist es wirklich meine letzte Spur? Ich gehe die Liste seiner Lebensäußerungen durch, die sich im Fall Traven auf Veröffentlichungen beschränken. Dabei stelle ich fest, daß sie gegen Ende der vierziger Jahre fast völlig ausbleiben.

1951 aber, im Sanatoriumsjahr, schnellt seine Publikationstätigkeit ruckartig in die Höhe. Eine Art Traven-Pressedienst tritt in die Öffentlichkeit, die *B. T. Mitteilungen,* und macht volle neun Jahre einen gewaltigen Reklamewirbel einzig und allein für B. Traven.

»B. Traven«, heißt es in Nummer eins, »der nach wie vor in gänzlicher Zurückgezogenheit lebt, kann sich gegen ... Lügen nicht wehren. Er hat aber auch kein Interesse an der Verbreitung aller möglichen Versionen über seine Person und seine Nationalität. Wir haben uns aus diesem Grunde ... entschlossen, in zwangloser Folge ein Mitteilungsblatt für unsere Verleger herauszugeben, in dem alles Wissenswerte über B. Traven und seine Bücher bekanntgegeben wird.«

Die Aktivität, die da plötzlich um einen Mann entfal-

tet wird, der, wie brieflich mitgeteilt, schwer krank ist, gibt mir zu denken. Irgendwas ist faul an der Sache ...
Am nächsten Tage fliege ich nach Zürich.

Während des Flugs studiere ich noch einmal den Absatz in den *B. T. Mitteilungen,* der meinen Argwohn weckte – ein wütendes Dementi.

»In Deutschland«, heißt es da in der August-Ausgabe 1951, »zirkuliert zur Zeit das Gerücht, Traven sei vergangenen Herbst in einem Vorort Zürichs verstorben. Es ist auch dies ein typisches Beispiel, wie unverantwortlich solche Gerüchte in Umlauf gesetzt werden. Tatsache ist, daß ein Mitarbeiter Travens in Zürich vor zwei Jahren sehr schwer erkrankte ...«

Sehr merkwürdig. Bislang leugnete Traven standhaft, Mitarbeiter zu haben. Und dann: Warum wird der Mitarbeiter nicht genannt? Das würde dem Dementi doch erst die rechte Glaubwürdigkeit verleihen ...

Warum erwähnt Josef Wieder, Travens Agent und Herausgeber der *B. T. Mitteilungen,* Travens Erkrankung im Brief an Hedwig Meier, aber nicht in dieser offiziellen Entgegnung?

Sollte doch eine ganze Menge dran sein an den Gerüchten, daß Traven tot ist und vier Team-Schreiber fleißig weitere Traven-Romane produziert haben? Sind die *B. T. Mitteilungen* in Zürich als Lebenszeichen Travens herausgegeben worden, um noch zehn Jahre lang Bestseller-Erfolge mit einem sogenannten Spätwerk erzielen zu können? Mit einem Spätwerk, von dem nicht sicher ist, ob es wirklich von Traven stammt?

Zürich muß die Antwort bringen. Die Patientenliste irgendeines Sanatoriums wird das Rätsel lösen.

Die Schlüsselfigur bei meiner Züricher Recherche heißt Josef Wieder. Ich rekapituliere das wenige, was ich von seinem Lebenslauf in Erfahrung bringen konnte. 1939 löste er sich aus dem Schweizer Zweig der *Büchergilde* und übernahm Travens Vertretung in allen nicht englischsprachigen Ländern. 1945 bis 1950 war er zusätzlich als Großhändler für Uhren, Schmuck und Optikartikel tätig.

Als Agent hat er es nicht beim Geschäftlichen bewenden lassen, sondern sich darüber hinaus als wenig skrupelgeplagter Legendenerfinder betätigt. Von ihm stammt die wahrhaft erstaunliche Version, Traven sei zeitlebens nur 26 Tage zur Schule gegangen (»und keinen einzigen mehr«), habe sich schon im Alter von acht Jahren als Waise durch die Welt geschlagen und sei mit zwölf Jahren von Bord eines holländischen Schiffs ausgerissen und in Mexiko eingewandert.

Selbstverständlich gehört zum Wieder-Repertoire auch die Behauptung, Traven dichte, spreche und korrespondiere grundsätzlich nur englisch. Freilich passierte es dem gewandten Manager auch mal, daß er in einem Rundfunkinterview verriet, Traven unterhalte sich mit ihm auf deutsch.

Ich bin sehr gespannt auf diesen Herrn. In Zürich erwartet mich jedoch eine herbe Enttäuschung. Frau Wieder sagt mir am Telefon als erstes, daß ihr Mann schon vor einigen Jahren gestorben ist. Seine Korrespondenz mit Traven hat sie an Travens Agentin in Mexico City geschickt, dazu alle sonstigen schriftlichen Unterlagen und etwa neunhundert Bücher und Broschüren. Sieben Kisten insgesamt.

Alles, was sie noch besitzt, sind bestenfalls zwei, drei Hefte der *B. T. Mitteilungen*. Über Traven kann sie nichts sagen. Sie hat ihn nie gesehen, nie gesprochen. Sie weiß aber, daß er einmal einige Monate in einem Schweizer Sanatorium war. In welchem, kann sie nicht sagen. Vielleicht hat ihr Mann den Namen erwähnt, vielleicht auch nicht.

Leider ist sie etwas in Eile, so fällt das Telefonat sehr kurz aus. Als ich, in meiner Unzufriedenheit, am nächsten Tag wieder anrufe, legt sie wortlos auf. Es gelingt mir auch nicht, andere Personen ausfindig zu machen, die mit Wieder Kontakt hatten. Es hat ganz den Anschein, daß er ein Sonderling war, der nur seine Frau um sich duldete. Er hatte nie eine Sekretärin, von Freunden ganz zu schweigen.

Und dann geht plötzlich gar nichts mehr. Die Züricher Fremdenpolizei teilt mir mit, daß Fremde nur registriert werden, wenn sie länger als drei Monate bleiben. Sie müssen dann eine Aufenthaltsgenehmigung beantragen. Nach zehn Jahren werden diese Unterlagen eingestampft.

Mir ist sehr mies, denn wieder einmal komme ich zu spät. Trotzdem bitte ich den freundlichen Beamten, die Kartei sicherheitshalber einmal durchzusehen. Er tut es, natürlich ohne Erfolg.

Das Büro für Hotelüberwachung, das alle jemals in Zürich gemeldeten Fremden registriert, gibt nur Behörden Auskunft. So bleibt mir nur der lange und mühevolle Weg, die besten Zürcher Sanatorien abzuklappern.

Auch hier ist das Ergebnis negativ. Die meisten Sanatoriumsleiter berufen sich auf ihre ärztliche Schweigepflicht. Und dort, wo ich Einblick in die Verzeichnisse nehmen darf, verzweifle ich fast angesichts der endlosen Namendschungel. Alle Bemühungen sind umsonst.

Und auch in Davos, wo außer Tbc auch Tropenkrankheiten kuriert werden, bleibt die Suche ebenfalls erfolglos.

Ich jage ein Phantom, und das macht mich nervös. Wenn das so weitergeht, werde ich Halluzinationen bekommen und mich von Traven beobachtet fühlen. Schon jetzt sage ich mir manchmal, wenn das Tonband streikt: »Das ist Travens Fluch!« Oder wenn ich höre, daß ein wichtiger Interviewpartner soeben gestorben ist: »Da hat Traven die Hand im Spiel gehabt!«

In Mexico City druckte ein Verleger Traven-Bücher, ohne Honorare zu zahlen. Er beschwört, daß ihm daraufhin eines Tages Traven erschienen sei. Ein bleicher Mann mit Regenmantel und Schlapphut sei vor seinen Schreibtisch getreten, habe ihn wortlos angestarrt und sei wieder gegangen.

Eine andere Meldung, die mir in diesen Tagen durch den Kopf geht, besagt, Traven habe eine von ihm verehrte Schauspielerin um ein Rendezvous gebeten. Treffpunkt: der Strand von Acapulco. Bedingung: Sie müsse unbedingt alleine kommen. Dennoch postierte sie einige Freunde in einem parkenden Wagen, dicht bei der vereinbarten Stelle. Traven blieb aus.

Hollywood-Filmleute durchstreiften monatelang halb Mexiko, um Traven ausfindig zu machen. Als sie unverrichteterdinge heimkehrten, fanden sie einen Brief von ihm vor: »Wenn Sie mit mir Geschäfte machen wollen, tun Sie mir einen Gefallen und schicken Sie Leute, die intelligenter sind. Ich war dreimal mit Ihren Repräsentanten zusammen, und sie hatten nie eine Ahnung davon.«

Weiß ich mehr als diese Leute? Bin ich in einer besseren Situation? Wenn Traven noch lebt, wird ihn diese Frau Wieder längst alarmiert haben. Nun gut, dann weiß er es eben, daß ihm wieder einmal einer auf der Spur ist. Vielleicht wird er nervös und macht einen Fehler.

Im Züricher Büro der *Büchergilde* erfahre ich das übliche: Traven hat dort niemand gesehen oder gesprochen; die Korrespondenz mit ihm wurde vor kurzem vernichtet. Allerdings – ein Hoffnungsschimmer bleibt. Ein Teil der Traven-Briefe befindet sich angeblich im Besitz eines Herrn Stettler, Amtsrichter in Luzern.

Ich rufe ihn an und vereinbare, daß wir uns am nächsten Vormittag treffen.

Als mein Zug in den Luzerner Bahnhof einrollt, erwartet er mich, mit einer Zeitung als Erkennungszeichen, auf dem Bahnsteig. Ein kleiner, schlanker, freundlicher Herr mit einer Aktenmappe. »Ja, ich habe die Briefe«, sagt er, während wir im Wartesaal Platz nehmen, »aber es steht ausdrücklich drin, daß sie keinem Journalisten in die Hände fallen dürfen.«

»Darf ich einen Blick in die Briefe werfen, wenn ich Ihnen erzähle, was ich über Traven herausgefunden habe?«

»Gut, erzählen Sie mir. Ich werde sehen. Ich gebe Ihnen eine Stunde Zeit, dann muß ich wieder ins Gericht.«

Ich hole tief Luft und lege los, erzähle von Anfang an, ohne etwas auszusparen. Rede ununterbrochen sechzig Minuten lang, immer in dieses feine, stille, unbewegliche Richtergesicht hinein, das außer einem leisen liebenswürdigen Lächeln nichts zeigt, was Rückschlüsse erlaubte. Habe ich ihn überzeugt oder nicht? Ich weiß es nicht.

»Und jetzt, Herr Richter«, schließe ich, »fällen Sie bitte Ihr Urteil.«

Das Lächeln schwindet. »Wissen Sie was«, antwortet er, öffnet die Aktenmappe und nimmt ein braunverpacktes Paket heraus, »ich schenke Ihnen die Briefe. Sie haben sie verdient. Insgesamt sind es 125. Ein Teil ist aber vorübergehend bei der *Büchergilde* in Frankfurt.« Er zieht seinen Füllfederhalter aus der Tasche und schreibt auf eine Visitenkarte: »Dem Überbringer dieser Karte sind die Traven-Briefe auszuhändigen.«

Er sieht auf die Uhr. »Ich muß zurück.« Wir erheben uns, und er drückt mir herzlich die Hand. »Weiterhin viel Glück!« Er verschwindet durch die Glastür.

Auf dem Rückflug nach Hamburg mache ich in Frankfurt eine Zwischenlandung und hole mir die restlichen Briefe. Ein guter Fischzug.

Als ich die Pakete an meinem Schreibtisch aufschnüre, geht das Telefon. Die Redaktion will wissen, ob ich mit meiner Geschichte bald fertig bin.

»Nein«, antworte ich in bester Stimmung, »die geht jetzt erst richtig los.«

Tampico 1924. Die höchsten Häuser der Ölstadt am Golf von Mexiko sind zwei Stockwerke hoch. Ein weit auseinandergezogenes Sammelsurium von Villen im Kolonialstil, Indianerhütten, Baracken, Docks, Arbeitersiedlungen, Magazinen. Eine Fähre verbindet das dreckige mit dem sauberen Tampico – die Industrieviertel mit dem Geschäftsviertel, an das sich die besseren Wohngegenden anschließen.

Rauch- und Rußschwaden hängen über dem dreckigen und dem sauberen Tampico, denn vom Erdöl leben sie beide.

Marut und Irene Mermet haben ein winziges Hotelzimmer gefunden, für das sie doppelt soviel zahlen müssen wie für ein großes in München. Wie lange wird ihr Geld reichen? Irenes kleine Erbschaft, die sie mit Mühe aus Deutschland herausbekommen hat, schmilzt zusehends, denn die Preise hierzulande sind horrend.

Ein Liter Trinkwasser kostet so viel wie in München eine Flasche Bier, eine winzige Flasche Bier so viel wie drüben eine Flasche Schnaps, und selbst Orangen und Zitronen werden hier doppelt so teuer gehandelt wie im armseligen Nachkriegsdeutschland.

Dennoch – Marut fühlt sich frei »wie ein entlaufener Negersklave«. Frei von Pässen, Meldepflichten, Behörden, Vaterländern, denn Mexikos Regierung fragt nicht nach Papieren. Deutschland ade!

Marut glaubt, die ganz große Freiheit gefunden zu haben. In sein Tagebuch notiert er: »Es wird in Mexiko nie jemand einfallen, Revolutionäre, ganz gleich, welcher Partei sie angehören, als vaterlandslose Gesellen zu bezeichnen.«

Alle Enttäuschungen vergessen! Ganz neu anfangen. Marut, der politische Träumer, hat den Boden für ein neues Utopia gefunden. Mexiko ist mit einem Schlag für ihn zum Mittelpunkt der Welt geworden.

»Die Weltprodukte«, so notiert er, »um die in diesem Jahrhundert der Kampf geht, sind Gold, Erdöl und Kautschuk. In der Produktion an Erdöl steht Mexiko an zweiter Stelle, und es kann und wird bald an erster Stelle stehen ... Aus diesen Gründen sollte sich niemand in Europa wundern, wenn Mexiko immer mehr und mehr in den Zentralpunkt der Weltgeschichte rückt ... Mexiko ist heute schon – und es wird es in den beiden kommenden Jahrzehnten noch viel mehr sein – der wirtschaftliche und damit auch der politische Brennpunkt der kapitalistischen und imperialistischen Welt-Politik, aber merkwürdigerweise zugleich auch der Brennpunkt der anti-kapitalistischen und anti-imperialistischen Welt-Politik.«

Alle seine Hoffnungen richten sich auf die arbeiterfreundliche Politik der mexikanischen Regierung, die, nach dreihundertjähriger spanischer Kolonialherrschaft und hundertjähriger Diktatur durch autoritäre Präsidenten, einen mutigen Kampf gegen die vereinigte Front amerikanischer Konzerne führt. Diese Konzerne, vor allem Erdölkonzerne, sind die neuen Kolonialherren und haben das Land wirtschaftlich fest in der Hand.

»Es ist nur das Erdöl, und es sind nur die Gold- und Silberminen, um die es geht. Die gegenwärtige mexikanische Regierung wird nur darum in der ganzen Welt gehaßt, weil sie die erste ist, die ... damit begonnen hat, die Besitztitel der ausländischen Kapitalisten auf mexikanischen Boden und auf mexikanische Naturreichtümer einmal genau auf ihre rechtliche Herkunft nachzuprüfen.«

Der von Deutschland enttäuschte Revolutionär setzt auf Mexiko, das sich – trotz Selbständigkeit und Republik – in permanenter Revolution befindet. Alles in diesem Land schreit nach Veränderung, nach Verwirklichung sozialistischer Ideale, denn die Verhältnisse im befreiten Mexiko sind nach wie vor katastrophal.

Tampico bietet dem Neuankömmling dafür eine Unmenge schockierender Beispiele. Die Arbeitslosigkeit ist groß. Das bekommt auch Marut zu spüren. Der Landessprache Spanisch nicht mächtig, ist er als Journalist oder Schauspieler nicht gefragt. Auch als Arbeiter will man ihn nicht, denn die wenigen Stellen, die frei werden, werden verständlicherweise sofort mit Mexikanern besetzt.

So läuft er sich Tag für Tag die Schuhsohlen ab, von Personalbüro zu Personalbüro, und notiert abends als aufmerksamer und wißbegieriger Beobachter seine Eindrücke in sein Tagebuch, im besten *Ziegelbrenner*-Stil:

»Wer holt das Gold, das Silber, das Kupfer, das Blei aus den Minen, die den Fremden gehören? Wer opfert täglich im Durchschnitt hundert seiner Söhne, die unter einem grauenhaften Raubbausystem, unter den elendsten sanitären Verhältnissen oder unter dem Fehlen selbst der primitivsten Schutzvorrichtungen in den Minen, in den Ölfeldern, in den Ölraffinerien für die Fremden die Millionen heranschaffen, die der Fremde im Ausland verausgabt oder vergeudet? Wer pflückt unter der tropischen Sonnenglut die Baumwolle, den Kaffee, die Kakaobohnen? Wer baut in infernalischer Sonnenglut die Straßen und Wege und Eisenbahnen? Wer setzt seinen Körper und seine Gesundheit in den Dschungeln und in den Steppen im Kampfe mit einer erbarmungslosen grauenhaften Insektenpest für einen Peso oder gar nur für fünfzig Centavos täglich ein?

Wer holt die Edelhölzer aus den Urwäldern und verreckt irgendwo in den Tiefen der Urwälder, ungesehen und ungehört infolge eines Unglücksfalles oder infolge des Angriffs wilder Tiere? Wer baut die Kanäle, die Hafenanlagen, die Brücken? Wer fährt die Eisenbahnen, die Straßenbahnen, die Autos, die Ochsenkarren? Wer treibt die Maultierkarawanen, beladen mit den wertvollsten Produkten des Landes, über die eiskalten Höhen der Sierra, über die wasserlosen Wüsten, durch die glühenden Ebenen der Tierra Caliente, durch Flüsse und Sümpfe? Wer verteidigt mit seinem Leben die ihm zum Transport überantworteten Güter und Gelder des Fremden gegen Banditen und Straßenräuber? ... Wer schafft die hundert, die zweihundert, die fünfhundert Prozent auf das Betriebskapital der Fremden heran?

Der mexikanische Proletarier ...«

Marut lernt die Sprache des Landes verstehen und damit auch die Sprache der Armen. Er lernt sie an den Ständen der Straßenhändler; in den schmierigen kleinen Cafés; an den Kaimauern, wo arbeitslose Hafenarbeiter sitzen; in den Parks, wo Bettler auf Touristen lauern; in Bahnhofshallen, Hafenkneipen und Fabrikhöfen.

Dabei entdeckt er sein Herz für die Ärmsten der Armen – für die Indios, deren Emanzipation sehr eng mit der mexikanischen Arbeiterfrage verbunden ist. »Den Indianern war es klar von Anbeginn, daß, wenn die Arbeiter die Revolution gewinnen, dann die Indianerfrage geregelt werden wird . . .« Diese Revolution von 1910, die das Los der Indianer entscheidend verbesserte, war eine rein mexikanische Angelegenheit. Von Bolschewismus wußte man noch nichts, dafür um so mehr von einem Kommunismus, der unter den Indianern seit urdenklichen Jahren Gesetzeskraft hatte – zum Beispiel den Brauch, Ackerland als Gemeinschaftsbesitz zu verwalten: Die Kommune verteilte Land an den einzelnen; nach seinem Tod ging es an die Kommune zurück.

Der mexikanische Kommunismus der Zukunft, schließt Marut deshalb, wird »indianischer Kommunismus« sein, nicht bolschewistischer. Schon jetzt, so notiert er, sei der mexikanische Indianer – anders als der Indianer in den USA – als vollwertiger Bürger anerkannt, obwohl das den Mexikanern spanischer Abstammung nicht ganz leichtfalle. Die Herrenkaste habe aber einsehen müssen, daß der Indio unzähmbar sei.

»Die Azteken hatten Sklaven, offenbar auch die Tolteken und die Mayas. Die Indianer waren also an Sklaven gewöhnt, so dachten die Spanier, und sie wollten diese Sklaverei gleich beibehalten. Es glückte ihnen nicht. Die Indianer ließen sich nicht versklaven, weder durch Geschenke noch durch Roheit. Sie ließen sich zu Tode peitschen, sie verhungerten freiwillig, sie flohen in die Dschungel oder in die Berge und wurden Rebellen. Auf den großen Inseln Kuba und St. Domingo wurden alle Indianer ausgerottet durch die Brutalität der spanischen Pflanzer, die die Indianer zu Sklaven pressen wollten. Man mußte schließlich Negersklaven einführen, um die Pflanzungen zu erhalten und zu bewirtschaften.

Diese Unmöglichkeit, die Indianer zu versklaven, hat es ja zuwege gebracht, daß sich bis zum heutigen Tage indianische Kommunen erhalten konnten.«

So wie früher dem deutschen Proletarier gehört Maruts Sympathie jetzt dem Indio, und er versteigt sich in seiner Begeisterung zu sonderbaren Behauptungen, zum Beispiel: Er habe unter den Indianern nie einen Krüppel oder Bettler gefunden. Und: »Ich hoffe, daß der Indianer in seinem Wesen immerzu Indianer bleibt, weil er nur dann befruchtend auf eine Höherentwicklung der Menschheit wirken kann.«

Immer öfter sagt er Irene Mermet, daß er ins Landesinnere, ins Indianerland, möchte, um den unzivilisierten Ureinwohner kennenzulernen. Eines Tages brechen sie auf.

Zuerst können sie ein Stück mit der Eisenbahn fahren, dann müssen sie Pferde mieten. Einige Tage hält Irene mit, dann müssen sie umkehren. Durst, Hitze, Insekten und die ungewohnte Kost in den Dörfern, die sie auf ihrem Weg zu den entlegenen Indiokommunen passieren, haben die junge Frau bis an die Grenzen eines Zusammenbruchs zermürbt.

Von nun an unternimmt Marut solche Exkursionen allein. Sein Traum ist, einige Monate lang in einer solchen Kommune zu leben; doch schon bald muß er einsehen, daß das für einen Europäer unmöglich ist. Resigniert notiert er nach seiner Rückkehr:

»In einer Indianerkommune zu leben und sich dort

wohl und glücklich zu fühlen setzt voraus, daß man als Indianer in einer solchen Kommune geboren und aufgewachsen ist. Selbst dem indianischen Industriearbeiter in Mexiko würde die Indianerkommune nicht das an Lebensgütern geben, was er heute als Lohnarbeiter in einer Stadt besitzt oder besitzen kann. Die Primitivität des Lebens in einer Indianerkommune erscheint in einem recht idyllischen Lichte, wenn man davon hört. Wenn man in dieser Primitivität aber leben muß, wird für einen zivilisierten Menschen das Leben so arm, so nüchtern, so trocken, so farblos, daß man es nicht für wert hält, dieses Leben zu leben.

Die Arbeit, die der Indianer in seiner Kommune leistet und leisten muß, um am Leben bleiben zu können und seine Familie durchzubringen, ist bei weitem schwerer als das Leben eines schwer arbeitenden Industriearbeiters ... Es gibt keinen Sonntag und keinen Erholungstag. Der Indianer hat tätig zu sein von Sonnenaufgang bis Sonnenuntergang. Sein Leben erscheint nur äußerlich frei und unabhängig, und er selbst glaubt, daß er frei und unabhängig sei. Aber der Industriearbeiter ist bei weitem freier. Der Indianer hat keinen Vorarbeiter über sich, der ihn antreibt. Und dennoch ist er ein Sklave, der Sklave seiner Arbeit, die sein ganzes Leben hindurch auf ihm lastet und ihn nicht eine Stunde freigibt.

Die Primitivität seiner Werkzeuge und sein Konservativismus, alles so zu machen, wie es seine Väter vor tausend Jahren taten, machen seine Arbeit noch schwerer und ihn noch unfreier. Es ist nur die unverwüstliche Robustheit seiner Natur, die bewundernswerte Ausdauer seines Körpers, die ihm die innere Kraft geben, dieses Leben schön zu finden und in diesem Leben all die Glückseligkeit zu gewinnen, die er vom Leben erhofft.«

Ein Indianerleben zu führen, das ist dem politischen Romantiker Marut zwar verwehrt, immerhin ist er zäh genug, zahlreiche Reisen durch Indianergebiete unternehmen zu können. Zuerst ist er Wochen unterwegs, dann Monate.

In dieser Zeit sitzt Irene Mermet allein in dem stickigen Hotelzimmerchen, in Tampico, tippt seine Notizen und Betrachtungen ins reine und – wartet.

Eines Tages hat sie es satt. Alles – das Hotel, das feuchtschwüle Klima von Tampico, die Ungewißheit, wovon sie im nächsten Jahr leben werden, die Schlaflosigkeit, die fremde Sprache und die Einsamkeit, vor allem die Einsamkeit. Ihre Liebe zu Marut ist tot.

Und als er eines Tages, braungebrannt und abgerissen, zurückkehrt, wieder einmal satt und zufrieden durch seine Erlebnisse, aber nicht bereit, mehr als ein paar allgemeine Bemerkungen von sich zu geben, sagt sie ihm mit leiser Stimme, daß sie dieses Leben nicht mehr aushalte.

Marut vertröstet sie. Wenn er erst einmal Arbeit hat, werden sie eine größere Wohnung nehmen. Dann wird alles einfacher.

Sie schüttelt den Kopf. »Daran glaube ich nicht mehr. Seit Monaten warst du nicht mehr auf Arbeitssuche. Im Grunde ist dir das Leben ganz recht, das du jetzt führst. Du sagst, du liebst mich. Wenn das stimmte, würdest du in Tampico bleiben.«

»Laß uns was essen gehen . . .«, antwortet Marut. Er ist müde und wünscht keine Auseinandersetzung. Sie steigen die Treppe hinunter und gehen hinaus in den Lärm und die Hitze.

Zwei Ecken weiter sitzt eine Indianerin, die über einem Blecheimer mit Holzkohle Enchiladas brät, Tortillas, gefüllt mit Schweinefleisch, Gemüse, Kartoffeln, Tomaten, Zwiebeln, Ziegenkäse und mächtig viel rotem Pfeffer.

Marut ißt davon in kürzester Zeit ein halbes Dutzend, wobei ihm die Schärfe der mexikanischen Gewürze die Tränen in die Augen treibt. Irene läßt sich nur ein Glas Kaffee geben.

Eine Gruppe von drei Musikern gesellt sich dazu und unterhält, singend, klimpernd und grinsend, die Passanten, die an dem kleinen Stand ihren Imbiß nehmen. Die beiden sehen ihnen zu. Es fällt kein Wort, aber sie wissen, daß ihre Trennung beschlossene Sache ist. Irene ist nicht bereit, in Mexiko zu bleiben; Marut will bleiben.

Am nächsten Tag packt Irene Mermet ihre Koffer. Sie läßt ihm etwas Geld da, er bemerkt es erst einmal nicht. Dann fahren sie zum Hafen.

Marut ist nun noch ein bißchen ärmer als ohnehin. Bislang lebte er vom Geld seiner Freundin, jetzt muß er selbst welches verdienen. Er entschließt sich, wieder für deutsche Zeitungen und Zeitschriften zu schreiben. Nicht nur, weil er keine andere Arbeit finden kann, sondern weil er auf die Dauer ohne Deutschland nicht leben kann.

Zurückzukehren kommt für ihn nicht in Frage. Er käme mit leeren Händen, müßte mit neuer Verfolgung, bestenfalls mit Mitleid und Erbarmen rechnen. Daran ist keine Sekunde zu denken, zumal er sich gegenwärtig auf einem Gipfelpunkt seines revolutionären Weges dünkt.

Er wird nach Deutschland zurückkehren – in seinen Schriften. Schriften, die der gescheiterten deutschen Linken und dem Leserpublikum den rechten Weg weisen sollen. Freilich nicht mehr im Leitartikel- oder Volksrednerstil wie zu *Ziegelbrenner*-Zeiten.

Damals mußte er sich um Geschäftliches keine Gedanken machen, jetzt muß er ums liebe Brot schreiben. Unterhaltsam, publikumswirksam schreiben. Das bedeutet natürlich auch: den alten Namen ablegen, denn der ist in Deutschland verfemt.

»Wenn man einen Namen hat«, notiert er, »der sich reichlich oft in Polizeiberichten, Gerichtsurteilen und Gefängnislisten vorfindet, so tut man, schon aus Selbsterhaltungstrieb heraus, recht gut, ihn abzuschütteln und nach einem anderen zu suchen, der weniger bekannt und verbraucht ist.

Das fernere Leben ist dann bequemer, so lange, bis man sich wieder vor die Notwendigkeit gestellt sieht, abermals eine Häutung vorzunehmen.«

Fortan steht auf allen Briefen und Manuskriptkuverts, die er nach Deutschland schickt, der Name B. Traven.

Ein schöner Mai-Abend des Jahres 1925 in Berlin. In den Redaktionszimmern des *Vorwärts* gehen die Lichter aus, Lokalredakteur Fritz Karstadt räumt seinen Schreibtisch auf und freut sich auf zu Hause.

Aber da geht die Tür auf: der Ressortchef, schon in Hut und Mantel. »Tut mir leid, Karstadt, muß weg. Können Sie heute mal Spätdienst übernehmen?«

»Schon gut.« Was bleibt ihm übrig?

Karstadt steckt sich eine neue Zigarette an, tritt ans Fenster und sieht mißvergnügt zu, wie unten die lieben Kollegen ihrem Feierabend zustreben. Nach und nach verstummen die Schritte und Stimmen auf den Gängen. Karstadt stellt das Radio auf dem Schreibtisch seines Vorgesetzten an und langweilt sich.

Als sich nach einer Stunde noch immer keines der Telefone gemeldet hat, schnüffelt der Redakteur in seiner tristen Stimmung ein bißchen auf den Schreibtischen herum. Er entdeckt ein ungeöffnetes Manuskriptpaket mit exotischen Briefmarken. Absender: B. Traven, Tampico, Postfach 1208.

Gähnend greift Karstadt nach einer Schere, durchschneidet die Schnur und schlitzt das Packpapier auf. Er beginnt zu blättern. Pfeift vor sich hin. Dann verstummt er.

Er liest. Seite für Seite. Das Radio stört ihn. Er schaltet es aus. Liest weiter.

Als das Telefon scheppert, hebt er ab, kritzelt eilig ein paar Zeilen auf einen Block, hängt ein und liest weiter.

Irgendwann schaut er zur Uhr und merkt, daß er schon eine halbe Stunde zu lange in der Redaktion sitzt. Er schlüpft in seinen Mantel, rollt das Manuskript zusammen und steckt es in die Manteltasche. Den Schluß liest er in der Straßenbahn und im Bett.

Am nächsten Vormittag läßt er sich bei seinem Chef anmelden.

»Was is', Karstadt? War was Besonderes?«

»Ja!« Karstadt legt ihm das Manuskript auf den Tisch. »Das hier. Das sollten wir unbedingt bringen.«

Am Sonntag, dem 21. Juni 1925, kündigt der *Vorwärts* den Fortsetzungsroman *Die Baumwollpflücker* von B. Traven an.

Die Serie erregt Aufsehen, denn das ist nicht das, was man sonst von Unterhaltungsautoren in einer Zeitung »unter dem Strich« zu lesen bekommt, sondern eine Geschichte voll von deftigstem Realismus. Die Geschichte vom Elend der Arbeiter auf einer mexikanischen Baumwollplantage, vom unerbittlichen Kampf zwischen Farmern und Tagelöhnern. Die Tagelöhner streiken und bekommen etwas mehr Geld, aber arm bleiben sie trotzdem.

Das ist mal bitter-humorvoll, mal schnoddrig und fast nihilistisch erzählt, aber immer bunt und saftig.

Hin und wieder bricht freilich auch das alte *Ziegelbrenner*-Pathos durch: »Wehe den Zufriedenen, wenn die Gepeitschten ›Rache‹ schreien, wenn die Peitschenstriemen das Herz des Hungernden zerfressen und das Hirn der Geduldigen auseinanderreißen!«

Ziemlich unverhüllt sagt der Ich-Erzähler auch, daß er nicht Mexikaner ist, sondern aus einer zivilisierten, möglicherweise sogar bürgerlich-kultivierten Vergangenheit emigriert ist.

Ein interessanter Mann steht hinter diesem Buch. Das spürt auch der 55jährige Ernst Preczang, Cheflektor der neugegründeten *Büchergilde*. Der Mann mit dem runden, bebrillten Pastorengesicht, hat sich als Polizistensohn zunächst der Schriftsetzerei verschrieben und ist über seine Betätigung in der deutschen Arbeiterbewegung selbst zum Autor geworden, und zwar zu einem ziemlich erfolgreichen Autor von Unterhaltungsromanen aus dem Arbeitermilieu.

Als er im *Vorwärts* die *Baumwollpflücker* liest, hat die *Büchergilde* ungefähr 15 000 Mitglieder.

»Verehrter *Mister* Traven!« schreibt er an das Postfach in Tampico, und dann läßt er eine Reihe äußerst schmeichelhafter Urteile über den »Vorwärts«-Roman folgen, über das »eigenartige Milieu«, die »frische und natürliche Darstellung«, Travens Humor und Weltläufigkeit. Ob er nicht sein Autor werden möchte.

Zum Geschäftlichen bemerkt er: »Die *Gilde* berechnet das obligatorische Buch mit 1,50 Mk. und zahlt an den Autor hiervon 15%, garantiert aber von vornherein eine bestimmte Auflage, die gegenwärtig mindestens 15 000 beträgt.«

Traven antwortet auf einer alten Schreibmaschine, Marke Remington, und zeigt dabei die Eigenheiten, die er auch schon als Marut zeigte. Zum Beispiel schlug er nach dem Komma keine Leertaste an. Alle 125 Briefe, die durch mein Gespräch mit Amtsrichter Stettler aus dem Safe kamen, zeigen die gleichen orthographischen Schlenker. Das Wort *niemand* schreibt Traven grundsätzlich groß.

»Jawohl«, antwortet er, »ich bin bereit, Ihnen zu helfen, ein wenig frische Luft, fröhliches Weltgefühl und – den Geburtsschrei eines neuen Geschlechts in die deutsche Literatur zu bringen.«

Über Stoffmangel brauche Preczang sich keine Gedanken zu machen, dazu habe er viel zuviel erlebt. »Zwanzig Bände im Brockhaus Lexikonformat sind zu wenig, um einen Teil zu veröffentlichen.«

Am 14. September des gleichen Jahres kündigt er Preczang das Manuskript seines Romans *Das Totenschiff* an, das am folgenden Tag in zwei eingeschriebenen Paketen nach Deutschland geht.

Stolze Worte begleiten diese Fracht. »Ich weiß, und ich weiß am besten, was und wieviel dieser Roman wert ist...«, schreibt er nach Berlin. »In diesem Roman werden Sie so mancherlei nationale und philiströse Grenzpfähle kennenlernen, die ins Wackeln kommen.«

Am 25. November telegraphiert Preczang, daß das *Totenschiff* angenommen ist.

Er empfindet diese Geschichte als ein »Gottesgeschenk«, wie er dem Autor später gesteht, obwohl es eine durchaus abstoßende, durch und durch bitterböse Geschichte ist.

Die böse Geschichte des amerikanischen Seemanns Philipp Gale und des Schiffsheizers Stanislaw, die ihre Papiere verloren haben und damit im Urteil der verwalteten Welt rechtlos sind, Tote sind.

Dieser Roman wird Travens berühmtestes Buch.

Preczang hat die größte und wichtigste Entdeckung für seinen Verlag gemacht, zugleich aber einen ungewöhnlich heiklen Autor ins Haus geholt. Einen Autor, der unsichtbar bleiben will. Wie soll man einen solchen Autor bekannt machen? Werbung gehört nun mal zum Handwerk.

Das empfindet auch Traven, und so versucht er, Preczang durch eine gut erfundene Biographie zu unterstützen.

Er baut ein Leben um den Namen B. Traven.

»Die Baumwollpflücker schrieb ich in einer Indianerhütte im Dschungel, wo ich weder Tisch noch Stühle hatte ...

Ich hatte gerade sonst nichts anderes zu tun und hatte ein wenig Papier. Es war nicht viel, und ich mußte es auf beide Seiten beschreiben mit einem Stück Bleistift, und als das Papier zu Ende war, mußte auch der Roman zu Ende sein, obgleich er dann erst anfangen sollte. Ich gab das Manuskript, das ich in der unleserlichen Form Niemand hätte einsenden können und das so Niemand gelesen hätte, einem Indianer mit, der zur Station ritt, und sandte es nach Amerika zum Abschreiben in der Maschine.

In Amerika ist die deutsche Sprache eine Fremdsprache, und man hat beim Abschreiben die hohen Gebühren für eine Fremdsprache zu zahlen.«

Später wird Traven stets behaupten, alle seine Manuskripte auf englisch zu schreiben. Hier verrät er, daß sie in deutsch entstehen.

Auch beim Leugnen seiner schriftstellerischen Vergangenheit unterlaufen ihm gelegentlich Fehler. »Zu arbeiten in diesem Klima, auf den glühenden Feldern, das macht mir wenig aus. Aber schreiben in diesen Ländern, wenn man nicht in einem modernen Hotel wohnen kann, sondern in Baracken oder Hütten wohnen muß, das ist die Hölle«, schreibt er an Preczang und stellt sich damit als Arbeiter vor. Dabei kann das Wort *Felder* sowohl Baumwollfelder bedeuten als auch Ölfelder.

Später schildert er sich als Arbeitslosen und Ausländer: »Ich bin noch immer auf der Arbeitssuche, und da die großen amerikanischen Ölkompanien täglich Dutzende von weißen Leuten entlassen, hat sich hier inzwischen ein recht ansehnliches Gedränge von Arbeitslosen entwickelt.« Er hofft, daß die *Büchergilde* bald »ein paar Pesos« schickt, damit er nicht »auf die Arbeitssuche« gehen muß, sondern schreiben kann.

Er berichtet, daß er sich als »Ölmann, als Farmarbeiter, Kakaoarbeiter, Fabrikarbeiter, Tomaten- und Apfelsinenpflücker, Urwaldroder, Maultiertreiber, Jäger und Handelsmann« durchgeschlagen habe und kündigt Preczang an, daß er grundsätzlich nur Arbeitergeschichten schreiben werde. Denn: »Erstens sind es die Arbeiter, mit denen ich am meisten gelebt habe, und zweitens habe ich gefunden, erlebt, erfahren, erlitten, daß der Arbeiter, der Prolet, der interessanteste und vielseitigste Mensch ist, tausendmal interessanter als Ihr nun verunglückter Stinnes, als unser Rockefeller oder Morgan oder Sinclair oder Coolidge oder Gloria Swanson oder Tom Mix oder Mary Pickford oder Henny Porten . . .«

Er schreibt. Aber ein Schriftsteller, so betont er gern und nachdrücklich, ein Schriftsteller ist er nicht. »Die Schriftsteller können natürlich eine viel bessere Arbeit leisten als ich«, heißt es in einem seiner Briefe an seinen Lektor. Er verrät sich aber trotzdem. Trotz aller Vorsicht zeigt er sich gelegentlich als literarischer Profi, beispielsweise wenn er mit Preczang über typographische Fragen fachsimpelt und für seine Bücher »Antiqua« empfiehlt.

Traven erzählt seine Legende und nimmt sie gleichzeitig wieder zurück durch strenge Zensur. »Keine Zeile aus diesem Briefe«, verfügt er, »darf veröffentlicht werden. Der Brief ist rein persönlich ... Ich fühle mich nicht als eine Person, die im breiten Licht stehen will. Ich fühle mich als Arbeiter innerhalb der Menschheit, namenlos und ruhmlos wie jeder Arbeiter, der seinen Teil dazu beiträgt, die Menschheit einen Schritt weiterzubringen.«

Die Leserschaft hat ein Recht auf die Vita ihrer Autoren, mahnt Preczang vorsichtig. Wieso? kontert Traven. »Ist einer ein Schriftsteller und seine Person und das, was er ist, kann nicht durch seine Arbeit erkannt werden, dann sind entweder seine Bücher wertlos oder er selbst.«

Preczang fügt sich und publiziert die spärlichen Hinweise, die Traven für die Öffentlichkeit freigibt. Preczang fügt sich, und Traven ist's zufrieden. »Ich glaube«, gesteht er, »ich bin instinktiv auf den richtigen Heuhaufen gefallen, als ich bei Ihnen landete.«

Trotzdem trägt er eine Unzahl von Klagen und Beschwerden zum Generalpostamt in Tampico: die Honorare sind falsch oder nicht schnell genug abgerechnet, die Schecks für die Süd-Amerikanische Bank, Zweigstelle Tampico, sind fehlgeleitet worden, alles wird teurer, die Werbung der *Büchergilde* ist nicht phantasievoll genug, die Post hudelt und schlampt.

Viele der beklagten Probleme und Problemchen haben einen einfachen Grund, nämlich technische Kommunikationsschwierigkeiten. Alle Briefe, Schecks und Manuskripte gehen per Schiff zwischen Europa und Mexiko oder Mexiko und Europa hin und her. Wenn Traven einen Brief aufgibt, muß er manchmal vierzig Tage auf Antwort warten, auch wenn Preczang ihm gleich nach dem Eingang des Briefes zurückschreibt.

Der gutmütige Berliner Büchermacher nimmt die gereizten Bemerkungen in Travens Briefen gelassen hin, auch die manchmal reichlich arrogante Tonart des frisch entdeckten Erfolgsautors. Nur Geduld! mahnt er. »Wenn Sie ein wenig Geduld haben, werden Sie, glaube ich, mindestens in deutschen Arbeiterkreisen bald ein bekannter und beliebter Erzähler sein.«

Die vorsichtige Voraussage Preczangs wird weit übertroffen, denn das *Totenschiff* läßt ganz Deutschland und die halbe Welt aufhorchen. Das Versteckspiel des Autors sorgt zudem für zusätzliche Publicity. Auch erste Ansätze zu einer Jagd auf Traven gibt es schon Mitte der zwanziger Jahre.

Alte Münchner Kampfgenossen sind sicher, ihren Mitstreiter Marut in Traven wiederzuerkennen, und Erich Mühsam besorgt sich dessen Anschrift bei der *Büchergilde.*

1926 veröffentlicht er in seiner Zeitschrift *Fanal* diesen offenen Brief:

»Wo ist der Ziegelbrenner? Weiß keiner der Leser des *Fanal,* wo der Ziegelbrenner geblieben ist? Ret Marut, Genosse, Freund, Kampfgefährte, Mensch, melde dich, rege dich, gib ein Zeichen, daß du lebst, daß du der Ziegelbrenner geblieben bist, daß dein Herz nicht verbonzt, dein Hirn nicht verkalkt, dein Arm nicht lahm, dein Finger nicht klamm geworden ist!«

Ein Exemplar dieser Nummer schickt Mühsam an das Postfach 1208 in Tampico.

Auf Antwort wartet er vergeblich.

»Was gibt's denn?« Preczang macht sich gerade Notizen für einen neuen schwierigen Trostbrief an Traven. (Geduld, Geduld, es läuft alles prächtig!)

»Ein Herr vom *Börsencourir*«, meldet die Sekretärin.

»Was will er denn?«

»Hat ein paar Fragen wegen B. Traven, sagt er.«

»Na schön«, seufzt Preczang und legt den Bleistift weg, »lassen Sie ihn rein.«

Der dritte in dieser Woche! denkt er. Der dritte, den ich unverrichteterdinge wieder nach Hause schicken muß. Er nimmt die Brille ab und reibt sich die schmerzenden Augen.

Als er wieder aufsieht, steht der Besucher bereits im Zimmer. Ein drahtiger, hochaufgeschossener Mann. Baskenmütze, Knickerbocker, zackige Bewegungen.

Preczang gibt ihm die Hand und bittet ihn, Platz zu nehmen. »Es freut mich«, sagt er, »daß mittlerweile auch die bürgerliche Presse das Thema Traven entdeckt hat.«

Der Besucher verzieht keine Miene. »Meine Zeitung ist überparteilich, liberal, Herr Preczang. Den Fanatismus überlassen wir Ihren Roten und den Nazis. Aber nun zu Traven, den ich persönlich übrigens keineswegs für einen Arbeiterdichter halte, sondern für einen Literaten, der mit der Mode geht: Wir hätten gern ein Foto von ihm.«

»Wir auch!« lächelt der Mann hinter dem Schreibtisch. »Als ich ihn darum bat, wurde er sehr ungemütlich. ›Ich bin kein Filmschauspieler‹, schrieb er. Ich habe es aufgegeben, ihn darum zu bitten. Denn, sehen Sie mal: Selbst wenn er auf längeres Drängen hin eins schickte – wer garantiert mir, daß es Traven zeigt? In Mexiko verkaufen sogenannte Wahrsagerinnen heiratslustigen Mädchen Fotos mit dem Bedeuten, der abgebildete Mann werde ihr Zukünftiger sein. Traven droht, wenn die Anfragen nach seinem Porträt anhielten, werde er eines Tages so ein Jahrmarktfoto schicken. Er will unsichtbar sein. Wir wissen nicht mehr als Sie.«

»Kann ich seine Adresse haben? Ich habe gehört, er wohnt sozusagen in einem Postfach?«

»Die Adresse kann ich Ihnen geben. Aber er wird Ihnen nicht antworten. Bestenfalls kriegen Sie drei, vier Worte von ihm, in der Art: Ich hoffe, Sie haben Geschmack genug, sich mit meinen Werken auseinanderzusetzen und nicht mit mir, wenn Sie mich kennenlernen wollen.«

Der Dürre nimmt seine Baskenmütze ab und legt sie, zusammen mit seinem Notizbuch und Füllfederhalter, auf Preczangs Schreibtisch. »Merkwürdig, merkwürdig«, sagt er. »Da korrespondieren Sie seit langer Zeit mit Ihrem Spitzenautor und behaupten, nichts von ihm zu wissen? Wer soll Ihnen das glauben?«

Preczang rückt an seiner Brille. »Daß ich gar nichts weiß, will ich nicht behaupten. Es ist aber verschwindend wenig. Was wollen Sie wissen?«

»Wer sich hinter dem Namen B. Traven verbirgt. Was ist das für ein Mensch, der sich hinter der Tür eines Postschließfachs versteckt?«

»Das wüßte ich auch gern.«

»Warum fragen Sie ihn nicht?«

»Weil er daraufhin todsicher jede Verbindung mit uns abbrechen würde.«

»Vieles in seinen Büchern klingt sehr deutsch, bis hin zu gewissen Alltagsausdrücken und mundartlichen Besonderheiten . . .«

»Das könnte natürlich auch am Übersetzer liegen«, schwächt Preczang ab.

»Übersetzer?«

»Ja. Traven hat mir geschrieben, daß er seine Manuskripte englisch schreibt und ins Deutsche übersetzen läßt.«

»Wer ist sein Übersetzer?«

»Ich weiß es nicht.«

»Will Traven mit dem Hinweis auf seinen mysteriösen Übersetzer nicht möglicherweise seine deutsche Nationalität und Vergangenheit verschleiern?«

Preczang spielt ein bißchen den Verwunderten. »Wie kommen Sie darauf, daß er Deutscher ist?«

»Vieles in seinen Büchern läßt darauf schließen, ich sagte es schon.«

Seufzend nimmt Preczang einen Zettel aus dem Mittelfach seines Schreibtischs. »Lassen wir ihn selbst zu Wort kommen . . .« Er liest und betont dabei jedes einzelne Wort: »›Ich habe keine Berechtigung, mich zu den Deutschen – soweit Staatszugehörigkeit in Frage kommt – zu zählen.‹ – Das ist doch deutlich, oder?«

»Deutlich ja. Aber die Frage ist, ob es auch wahr ist.«

Die Stimme des Lektors wird um eine Spur kühler und unverbindlicher. Er möchte das fruchtlose Gespräch abkürzen und antwortet in Form eines Statements: »Alles, was ich Ihnen dazu sagen kann, ist eine persönliche Vermutung, nur eine Vermutung: Traven stammt höchstwahrscheinlich von deutsch-amerikanischen Eltern ab und hat – vermutlich – den Weltkrieg auf amerikanischer Seite mitgemacht. Mit einiger Wahrscheinlichkeit kann man annehmen, daß er dann in Kriegsgefangenschaft geriet und bei dieser Gelegenheit verschiedene deutsche Landschaften kennenlernte ... Daher gewisse Deutschlandkenntnisse. Daß Traven aus dem angloamerikanischen Sprachraum stammt, daran kann meines Erachtens kein Zweifel bestehen. Ist Ihnen nie aufgefallen, wie sehr in seinen Büchern zuweilen ein typisch englischer Satzbau durchschimmert?«

Der Journalist, sichtlich unzufrieden mit diesem Gespräch, kramt seine Sachen zusammen, verabschiedet sich mit einer knappen Verbeugung und geht.

Preczang sieht ihm nach. Dann zuckt er die Achseln und lächelt ein bißchen. Der Mann fühlt sich veralbert, das ist nur allzu verständlich.

Niemand weiß besser als Preczang, daß dieser Traven eine deutsche Vergangenheit hat und daß diese Vergangenheit als »Knoten in seiner Seele« weiterlebt. Denn zahlreiche Andeutungen sprechen dies aus, und oft entsteht sogar der Eindruck, der geheimniskrämerische, weltflüchtige Autor habe eine heimliche Lust daran, Zeichen zu geben, die ihn in die Gefahr bringen, entlarvt zu werden.

Zum Beispiel, wenn er an 1919 erinnert: »Die deutschen Gewerkschaften waren einmal unser Glaube und unsere Hoffnung.« Wenn er gesteht, er fürchte, die »unzulängliche« Revolution in Deutschland könne ihm als Gespenst erscheinen.

Immer wieder betont er, wie angenehm es ihm ist, daß ihn in Mexiko niemand an früher erinnert, denn dort ist es »taktlos, beinahe beleidigend«, »jemand nach Namen, Beruf, Woher und Wohin auszuforschen«. Lobend erwähnt er auch den Umstand, daß dortzulande niemand gezwungen sei, den Namen des Vaters zu tragen. »Durch diese altspanische Sitte wird es schon vermieden, dem Kinde durch den Namen eine illegitime Geburt für das Leben anzuhängen.« Das gefällt Traven, der offenbar ebenfalls keine Lust hat, den Namen seines Vaters zu tragen! denkt Preczang.

Er blättert in einem neuen Manuskript seines Sorgenkindes – *Die Brücke im Dschungel* –, wo er sich ein paar Stellen angestrichen hat, zum Beispiel die Stelle vom »Matrosenanzug aus New Jersey oder Crimmitschau«. »Kohlenzechen in Herne« oder »Königsberger Klopse« und »schwäbisches Pflaumenmus« kann auch ein angloamerikanischer Autor kennen. Aber Matrosenanzüge aus dem sächsischen Crimmitschau?

Noch verdächtiger ist, daß Traven in seinen letzten Brief einen Zettel eingelegt hat, mit der Bitte, die Matrosenanzüge von Crimmitschau zu streichen. Was war da los, in Crimmitschau? denkt Preczang und reibt sich die schmerzenden Augen.

Aber geht's ihn was an? Er setzt die Brille wieder auf und wendet sich seinem Briefentwurf zu. Seine Hauptaufgabe ist, Traven bei Laune zu halten und ihn dem Verlag zu bewahren.

Traven hat seinen Zeitungsroman von den *Baumwollpflückern* erweitert und dem Buchmeister-Verlag gegeben, der der *Büchergilde* angegliedert ist. Auch dieses Buch hat gut eingeschlagen, auch wenn der Titel – *Der Wobbly* – vielleicht nicht sehr glücklich war. Denn wer in Deutschland weiß schon, daß Wobbly Streikführer oder Stunkmacher heißt? Aber immerhin, es war ein

Erfolg. Und wenn man Traven bei der Stange hält, werden noch weitere Erfolge nachkommen.

Bei bürgerlichen Verlagen könnte Traven doppelt soviel verdienen. Das weiß Preczang. Das weiß Traven. Und so tut Preczang alles, was Traven will. Es bleibt alles beim alten.

SOWEIT DIE 125 TAMPICO-BRIEFE. VIELES BLEIBT OFFEN. Vieles wäre einfacher, wenn ich die Frau fände, die die entscheidendste Rolle in Maruts Leben gespielt hat, in München und Tampico und in den Jahren, die dazwischenlagen und völlig im dunkeln blieben.

Irene Mermet gesucht! Wo inseriert man da?

Eines Tages sagt in der Redaktion mein Kollege Bob Lebeck zu mir: »Hör mal, du erzählst da von einer Frau, die mit Traven zusammen war – Mermet, ist das richtig?«

»Ja, Irene Mermet.«

»Komisch«, sagt mein Kollege. »Ich hab' mal in den Staaten studiert und hatte da 'ne Freundin, deren Mutter Deutsche war. Wenn ich mich nicht täusche, hieß die auch Mermet. Weil das so ein seltsamer Name ist, hab' ich ihn behalten.«

»Ich werd' verrückt!« antworte ich. »Wo ist deine Freundin jetzt?«

»Tja, die ist jetzt verheiratet, mit einem Südtiroler Grafen; Braitenberg heißt er, glaube ich. Die haben Wohnungen in New York und Neapel, und in Meran haben sie eine alte Burg.«

»Gib mir mal die Telefonnummern von den Leuten!« sage ich aufgeregt. »Ich muß die sofort anrufen!«

In Neapel hebt niemand ab. Aber in Meran habe ich sie. »Ja, es stimmt. Irene Mermet war meine Mutter. Am 2. Juli 1956 ist sie gestorben. Wenn Sie herkommen und sich mir unterhalten wollen . . .«

Ich unterbreche sie: »Paßt Ihnen morgen?«

Am nächsten Vormittag stehe ich einer blonden und hübschen jungen Frau gegenüber – Elisabeth von Braitenberg, Hausherrin der Zenoburg zu Meran. Sie gibt sich keine Mühe, ihre Neugier zu verbergen.

»Erzählen Sie mir, was Sie von meiner Mutter wissen«, bittet sie, während wir uns setzen.

»Ich habe in ihrer Geburtsstadt Köln recherchiert«, antworte ich. »Und auch ein bißchen in Düsseldorf. Aber viel ist dabei nicht herausgekommen.«

»Erzählen Sie, bitte.«

Und ich erzähle. Vom spießigen Köln des Jahres 1914 und von der rebellischen Irene Mermet, die als neunzehnjährige Abiturientin umzukommen glaubt im Mief und Muff dieser traditionsbewußten Stadt.

Jedes Jahr fährt sie für einen Tag nach Paris und kauft sich ein schickes Modellkleid, das sie dann zwölf Monate lang durch zahlreiche Accessoires geschickt verändert und immer wieder neu erscheinen läßt. Eine aufsehenerregende Erscheinung für Kölner Verhältnisse. Nicht zuletzt auch deswegen, weil sie Mitglied des Volkland-Bundes ist, einer »freisozialistischen Siedlungsgemeinde«, die den Bodenspekulanten den Kampf angesagt hat.

In den Augen ihrer bürgerlichen Umgebung gilt das schlicht als Anarchismus.

Als sie es nicht mehr aushält, geht sie als Schauspielschülerin nach Düsseldorf. Sie nennt sich Irene Aldor. Denn alles, was sie an ihre Herkunft aus einer rheinischen Bierbrauerfamilie und an ihren ebenso spießigen Adoptivvater, einen Rodenkirchener Kaufmann, erinnert, soll vergessen sein.

Anfangs stürzt sie sich mit Begeisterung in die Theaterarbeit am Düsseldorfer Schauspielhaus, wo die berühmte Dumont ein Seminar leitet. Dann läßt das Interesse nach. Das Theater – zunächst als Rettung erhofft – erscheint ihr nun albern und oberflächlich. Vor allem das Düsseldorfer Theater. Die Aufführung eines untertänigsten Landesvater-Stückes stört sie durch Zwischenrufe.

Im Oktober 1915 verläßt sie Düsseldorf. Den Rest ihres Schulgeldes bleibt sie schuldig.

»Das ist alles richtig«, bestätigt meine Gesprächspartnerin. »Und viel mehr weiß ich auch nicht. Meine Mutter war eine sehr schweigsame Frau. Wissen Sie auch, daß Marut und sie sich in Düsseldorf kennengelernt haben?«

Ich nicke. »Als sie mit ihm in München lebte, hat er sich mit Düsseldorfer Papieren angemeldet. 1923 oder 1924 folgte sie Traven nach Mexiko. Das weiß ich von Verwandten ihres Adoptivvaters. Aber was war davor? Ich meine: zwischen München und Tampico?«

»Ich weiß es nicht. Meine Mutter hat nie darüber gesprochen.«

»Ihre Kölner Verwandten haben mir erzählt, daß sie von Marut fortging, weil er sie zu oft allein ließ und weil sie das mexikanische Klima nicht vertrug. Was war dann?«

»Sie arbeitete als Sekretärin in einem Institut für Archäologie in Washington. 1928 heiratete sie meinen Vater, John Hanna, der damals noch Rechtsanwalt im Justizministerium war und später Professor an der Harvard-Universität wurde. Meine drei Geschwister und ich hatten eine schöne Jugend; von Mutters *Vorleben* wurde nicht gesprochen. Nur einmal, zweimal, als ich älter war.«

»Hat Ret Marut Ihrer Mutter nie gesagt, wie sein wirklicher Name war?«

»Nein. Sie hat's vielleicht gewußt. Aber sie hat's nie gesagt.«

»Haben die beiden sich nie wiedergesehen?«

»Das ist eine traurige Geschichte. Meine Mutter hatte ihm noch eine Zeitlang Geld geschickt, als er bereits unter dem Namen Traven Kurzgeschichten schrieb und als es ihm noch sehr schlechtging. 1949 sah sie dann die Verfilmung eines seiner Romane und schrieb ihm einen Brief, in dem sie ihn beglückwünschte. Er hat ihr nie geantwortet.«

Und dann kommt die große Überraschung. »Besaß Ihre Mutter irgendwelche Erinnerungsstücke von ihm?« frage ich.

Sie lächelt. »Aber ja. Eine ganze Menge sogar. Wollen Sie sie sehen?«

Zehn Minuten später haben zwei Hausangestellte ein wahres Ret-Marut-Archiv herbeigeschafft: Stöße von *Ziegelbrenner*-Heften, Gedichte, Erzählungen, leider keine Briefe und Fotos, dafür ein 286seitiges Romanmanuskript »Der Mann Site und die grünglitzernde Frau. Die Geschichte eines Lebens, das nach einem Ziele strebte. Von Richard Maurhut«.

Ich beginne, diese Dokumente mit meiner Kamera zu reproduzieren, die – soweit ich beim ersten Überfliegen gesehen habe – eine bisher unbekannte Marut-Periode repräsentieren: den vorrevolutionären Marut, den Gelegenheitsdichter, der auch mal munter-erotische Töne anschlug. »Mädchen, heb' die Röckelein ...«

Meine Kamera klickt, meine Gastgeberin plaudert, alles läuft prächtig. Bis der Hausherr auftaucht.

Der Graf ist ungehalten. »Erste Versuche, die ein Schriftsteller in der Schublade gelassen hat, sind nicht für die Öffentlichkeit bestimmt!« erklärt er und läßt alles zurücktragen, ohne sich auf eine Diskussion einzulassen. Gäste aus den USA sind eingetroffen.

Ich werde zum Essen gebeten, aber die Neuankömmlinge reden so wild durcheinander, daß ich keine einzige Frage mehr anbringen kann. Das Thema Traven ist plötzlich tabu.

Enttäuscht kehre ich nach Hamburg zurück. Auch meine Bitte um ein Foto von Irene Mermet wurde abgeschlagen ...

Aber dann finde ich einen, der mir weiterhilft. Einen Sonderling reinsten Schliffs und reinsten Wassers. Träumer und Draufgänger, Moralist und Abenteurer. Einen Mann mit einem Traven-Schicksal.

Wie Traven wurde er von den Münchner Erschießungskommandos aufgegriffen. Wie Traven konnte er fliehen und untertauchen. Wie Traven wurde er jahrelang von der Polizei der Weimarer Republik kreuz und quer durch Deutschland gehetzt.

Erich Wollenberg.

Sein Steckbrief liest sich wie die Kurzfassung eines halben Jahrhunderts deutscher Geschichte: Offizier aus gutbürgerlicher, gut preußischer Familie. Eisernes Kreuz. Nach Ende des Ersten Weltkriegs militärischer

Führer bei Arbeiteraufständen in Südwestdeutschland. Offizier der Roten Armee. Deutschland-Berater bei Stalin. 1933 aus der kommunistischen Partei ausgeschlossen, weil er zu linientreu war. Rückkehr nach Deutschland. 1936 von Hitler ausgebürgert. Flucht über Frankreich nach Afrika. Seitdem bekämpft er Faschismus und Stalinismus als Schriftsteller.

Seine Erlebnisse haben seine Haut gegerbt, nicht seine Seele. Seine Träume hat er sich bewahrt. Ein harter, versponnener Mann, der am liebsten auf der rauhen Nordsee-Insel Sylt lebt und schreibt.

Ich empfinde Hochachtung, als ich ihm in seinem Arbeitszimmer gegenübersitze. Wie sagte er doch eben? »Ich träumte davon, als deutscher Alexander der Große in kriegerischen Aktionen die ganze Welt von Elend zu befreien und zu einen.«

»Und 1919? Glaubten Sie da immer noch an diese Chance?«

»Selbstverständlich. Die Revolution – das war die Zukunft. Sie mußte zum Sieg geführt werden. Ich zog meine Leutnantsuniform wieder an und meldete mich bei den Revolutionären, die mich wegen meiner Uniform zunächst mal verhafteten. Ernst Toller, der mich kannte, nahm mich mit nach Dachau, wo wir die einzige offene Schlacht dieser Revolution gegen die Weißen gewannen. Ins besetzte München zurückgekehrt, wurde ich im Englischen Garten verhaftet und nach Ingolstadt transportiert. Dort konnte ich mit zwei großen eisernen Garderobeständern über eine fünf Meter hohe Mauer fliehen.«

Er wird wieder eingefangen und eingebunkert, kann sich aber kurz darauf in einem Wasserloch auf dem Gefängnishof verbergen und erneut fliehen. So kommt er nach Berlin, hungert, friert, schläft auf Baustellen und in Pennerheimen und zerbricht sich den Kopf darüber, wie es mit ihm, der Revolution und Deutschland weitergehen soll.

»Willst du den Ziegelbrenner kennenlernen?« fragt ihn eines Tages ein Freund.

Wollenberg ist begeistert.

»Da steht er!« sagt sein Begleiter, als sie wenig später die Stufen zum Hinterzimmer einer Spelunke hinabsteigen. »Der kleine Dürre da . . .«

Der stille bebrillte Mann steht mit einer Zigarette nachdenklich unter zwei Dutzend trinkender, rauchender, grölender Männer. Als Wollenberg ihn begrüßt, sagt er ein paar freundliche Worte, die kaum zu verstehen sind. Dann wendet er sich wieder zu den Männern, die sich im Halbkreis um ein Feldbett drängen, auf dem engumschlungen zwei nackte Männer liegen.

»Ist das hier'n Männerpuff?« fragt Wollenberg. »Oder was wird da gespielt?«

»Nee, nee, hier geht's ganz sittsam zu!« antwortet sein Nachbar. »Der Blonde verkauft dem Rothaarigen gerade seine Krätze.«

Wollenberg kapiert nicht. »Er *verkauft* sie?«

»Ganz recht. Wer Krätze hat, darf in die Krankenstation vom Fröhlichheim. Das ist die einzige Obdachlosenabsteige, die die Polizei nicht auf der Liste hat. Da bist so sicher wie in Abrahams Schoß, hast's schön warm und kriegst genug zu fressen. Aber Krätze mußt du halt haben, sonst kommst du da nicht rein.«

Angeekelt starrt Wollenberg auf den Rothaarigen, der mit Ausdauer seinen Körper an der roten pickeligen Haut des Blonden reibt. »Und hier also . . .«

»Hier kann man sie sich besorgen. Der Krätzeverkäufer kriegt eine Anzahlung. Erst wenn der Käufer wirklich krank wird, ist die zweite Rate fällig.«

»Das Geschäft scheint zu blühen. Wollen diese Burschen hier alle kaufen und verkaufen?«

»Die meisten ja.«

»Auch der Ziegelbrenner?«

»Ich glaube, kaum. Der hat zur Zeit 'ne recht ordentliche Bleibe. – He, Ziegelbrenner!«

Marut wendet langsam den Blick von dem abstoßenden Schauspiel.

»Mein Freund Wollenberg sucht 'ne Schlafgelegenheit. Kann er zu dir?«

Prüfend sieht Marut dem Vorgestellten ins Gesicht und nickt.

»Kommen Sie bitte mit«, sagt er dann leise.

Nach stundenlangem Marsch erreichen sie Maruts Unterschlupf: einen Dachboden in einem Haus, das nicht weit vom Kurfürstendamm liegt. Dort sieht es aus wie in einem Schneideratelier. Tisch, Sitzkisten, Matratzen und Bretterboden sind mit Stoffresten bedeckt. Unter den Deckenbalken hängen an langen Fäden Kinderpuppen, primitiv gearbeitet, mit Gesichtern aus Stoffresten. Ihre Kleidchen jedoch verraten Schick und Geschmack.

Auf Wollenbergs Frage antwortet Marut, daß diese Arbeiten von seiner Freundin stammen. Aha, von dieser mysteriösen Freundin hat Wollenberg schon ein bißchen gehört. Sie soll Irene Mermet heißen, sehr hübsch sein und etwas Vermögen besitzen. Aber warum leben sie dann vom Puppennähen? Vermutlich, denkt Wollenberg, steht auch die Mermet auf der Fahndungsliste und kann darum nicht an ihr Bankkonto ran.

»Bitte, nehmen Sie Platz«, sagt Marut und wischt den

Fummelkram von einer Kiste. »Anbieten kann ich sonst nichts.«

»Immerhin haben Sie eine Schlafecke für mich. Das ist heutzutage schon eine ganze Menge. Ich bin todmüde.«

»Bitte sehr –« Wollenbergs Gastgeber deutet in den Hintergrund des kärglich erleuchteten Raums. »Legen Sie sich hin, schlafen Sie. Eine zweite Decke finden Sie auf dem Koffer. Schlafen Sie gut.«

Er nimmt einige Puppen vom Balken. »Ich werde Sie jetzt verlassen und mich als Straßenhändler betätigen.« Mit diesen Worten öffnet er die Bodenluke und sieht nach unten.

»Wenn Sie sich einigermaßen ruhig verhalten, wird sich niemand um Sie kümmern. Seien Sie unbesorgt.«

Als Wollenberg wach wird, ist es Nacht. Er hört die ruhigen Atemzüge des Mädchens am entgegengesetzten Ende des Raumes. Marut sitzt unter einer kahlen Glühbirne und liest, ohne zu bemerken, daß sein Gast sich zu rühren beginnt.

Merkwürdig groß, das Buch, das Marut da auf den Knien hat. Gähnend sieht Wollenberg ihm über die Schulter und kriegt gerade noch mit, daß es sich um ein Lübecker Telefonbuch handelt. Im gleichen Moment klappt Marut das Buch mit lautem Knall zusammen, steht auf und faucht: »Bespitzeln Sie mich?«

»Bespitzeln?« Wollenberg ist verblüfft. Mit dieser Reaktion hat er nicht gerechnet. »Ich interessiere mich für Bücher. Natürlich auch für Bücher, die ein Ziegelbrenner liest. Das ist alles.«

Aber Marut ist nicht zu besänftigen. In sprachloser Wut starrt er seinem Gast ins Gesicht. Die Glühbirne, die er beim Aufstehen angestoßen hat, baumelt neben seinem Gesicht hin und her und gibt seinem durchbohrenden Blick für einen Moment etwas Gespenstisches.

»Gehen Sie nach Lübeck!« schließt Wollenberg seine Erzählung. »Und Sie finden vielleicht Marut-Travens Geheimnis!«

Ich bedanke mich für den Tip und frage ihn, ob er Marut-Fotos hat.

Er schüttelt den Kopf. »Bei der Art von Leben, wie ich es geführt habe, sammelt man so was nicht. Man sammelt nur mit dem Kopf.«

In Lübeck finde ich weder Maruts noch Maurhuts, noch Travens, noch sonstige Spuren; auch in der Umgebung nicht. Aber dann gelingt mir doch eine aufregende Entdeckung, denn ich finde in alten Geburtsregistern einen Mann namens Friedrich Gale, dessen Alter mit dem Travens' übereinstimmen könnte. »Gale« – so heißt der Held in mehreren Traven-Erzählungen. Im *Totenschiff*. In den *Baumwollpflückern*, im *Busch* und auch in der *Brücke im Dschungel*.

Kurz darauf stehe ich einem Lübecker namens Gale gegenüber – dem Bruder des Mannes, den ich im Geburtsregister gefunden habe. Aber, Überraschung Nummer zwei: Gale hat keine Ahnung, daß er einen älteren Bruder hatte. Er hat sich immer für den Ältesten gehalten. Seine Mutter können wir nicht mehr fragen, sie ist seit vielen Jahren tot.

Wo ist dieser Friedrich Gale geblieben? – Auf der Rückfahrt nach Hamburg glaube ich es zu wissen. Und in meiner Wohnung, wo ich ein paar Bücher und Notizen durchsehe, erhärtet sich mein Verdacht.

Die Spur führt nach Mexiko, wo ein gewisser Linn A. E. Gale, ursprünglich amerikanischer Staatsangehöriger, bei der Begründung der dortigen kommunistischen Partei eine wichtige Rolle spielte.

Seit 1917 gab er dort das *Gale Magazin* heraus, eine internationale Monatsschrift für revolutionären Kommunismus. Und seit 1920 richtete er regelmäßige Aufrufe an europäische Künstler und Intellektuelle, ihren Wohnsitz in Mexiko zu nehmen.

Ist also die Marut-Spur die falsche Spur? Marut wurde in Deutschland gesehen, als Gale seine Tätigkeit in Mexiko längst aufgenommen hatte. Es sieht im Moment so aus, als begänne der Weg zu Traven nicht bei Marut in München, sondern bei Mutter Gale in Lübeck an der Trave. Endpunkt Mexico City.

Ich mache Reisepläne.

Bevor ich meine Koffer für Mexico City packe, gehe ich noch einem Gerücht nach, das aus der Filmbranche kommt. Es besagt, Traven habe sich im Herbst 1959 unter dem Namen *Croves* in Berlin und Hamburg aufgehalten, und zwar als *Travens Beauftragter* zur Überwachung der Dreharbeiten zum Film *Das Totenschiff*.

Auch in früheren Jahren ist Croves mehrfach verdächtigt worden, B. Traven zu sein. Zuerst von John Huston, der 1948 den *Schatz der Sierra Madre* verfilmte.

Huston bat Travens amerikanischen Taschenbuchverlag, der damals 400 000 Exemplare des Buchs verkauft hatte, beim Autor wegen der Filmrechte anzufragen. Traven antwortete, gegen eine Verfilmung sei nichts einzuwenden, wenn als Berater ein gewisser Hal Croves hinzugezogen werde. Traven merkte in seinem Brief an, dieser Mann kenne sein Werk besser als er selbst.

Der Regisseur ließ für Croves einen Vertrag ausarbeiten, und eines Tages tauchte dann dieser *Stellvertreter* unter den Filmleuten auf: klein, dürr, etwa Mitte Fünfzig. Ein Sonderling, der alle seine Habe – Kleidung und Bücher – überallhin in zwei großen Stofftaschen mit sich herumschleppte und nervös wurde, wenn in seiner Nähe ein Fotoapparat auftauchte.

Bis dahin hatte Huston zahlreiche Briefe von Traven erhalten. Seit Croves bei ihm war, blieben sie schlagartig aus. Das erschien dem berühmten Regisseur doch ziemlich merkwürdig und weckte den Verdacht in ihm, B. Traven sei höchstpersönlich gekommen.

Was konnte den scheuen, mißtrauischen Schriftsteller bewegen, sein Versteck aufzugeben?

Huston vermutete, daß er Geld brauchte. Travens Bücher galten zwar in Amerika damals schon als Klassiker, waren aber keineswegs Bestseller. Traven konnte die Hollywood-Honorare also ganz gut brauchen. Zwar mußte er als anonymer Autor keine Steuern zahlen, doch konnte er sich andererseits auch nicht gegen Raubdrucke und Plagiatoren schützen.

Hinzu kam zweifelsohne auch der energische Wille, auf die Dreharbeiten Einfluß zu nehmen.

Die Zusammenarbeit verlief ohne größere Komplikationen, aber Sympathie entstand nicht. Nach der Premiere des Films sagte Huston: »Traven ist ein hochmütiger Mensch, der sich von einer aktiven Teilnahme an menschlichen Angelegenheiten zurückhält. Er ruft im Kontakt mit den Menschen Ärger hervor und wird rigoros. Und da er dies weiß, ist er bestrebt, dem Namen Traven nicht zu schaden. Er übernimmt (und spielt) deshalb die Rolle irgendeines anderen.«

Ähnlich scheint Croves sich in Deutschland verhalten zu haben. Er genehmigte das *Totenschiff*-Drehbuch mit geringfügigen Änderungen, kam als Hal Croves zur Abnahme des Films nach Berlin und zur Premierenfeier nach Hamburg.

Auch bei diesem Film zeigte er sich mit Travens Werk intim vertraut und wurde darum verdächtigt, Traven selbst zu sein.

Bald nachdem ich mir diese Berichte über Croves *Gastspiele* besorgt habe, gibt mir der Regisseur des *Totenschiff*-Films, Georg Tressler, ein interessantes Interview. »Er war nicht sehr gesprächig. Heute weiß ich nicht einmal mehr, ob ich damals mehr deutsch oder englisch mit ihm gesprochen habe; wahrscheinlich mehr englisch. Ich war einige Jahre mit einer Amerikanerin verheiratet und spreche fast genausogut englisch wie deutsch.

Ich bin ein Instinktmensch, und so war es für mich eigentlich klar: Natürlich ist er Traven! Warum sollte sich auch ein Mann diesen Film ansehen, wenn er nichts mit dem Buch zu tun hat? Warum? Warum sollte er von Mexiko dann extra nach Deutschland kommen?

Es wurde von ihm als von dem Vertreter Travens gesprochen, aber dabei zwinkerte man sich zu. Niemand wußte es genau.

Aber wie er da so saß, war er für mich ganz genau die *richtige Besetzung*.«

»Machte er einen deutschen Eindruck auf Sie?«

»Ja.«

»Könnte er Ihrer Meinung nach in Chikago aufgewachsen sein?«

»Unmöglich. Das ist kein Amerikaner. Das ist gar keine Frage.«

Ich besorge mir eine Fotokopie der polizeilichen Anmeldung des Hilton-Hotels, in dem er gewohnt hat:

»Torsvan called also Croves« heißt es da. Croves alias Torsvan. Wohnhaft in Mexico City, Durango 353.

Dann bekomme ich auch noch die Fotos, die von Croves während der Premierenfeier gemacht wurden. Sie zeigen ein in sich gekehrtes Gelehrtengesicht mit tief heruntergezogenen Mundwinkeln.

Auf den Fotos, die während der Dreharbeiten entstanden, trägt er eine Sonnenbrille, beim Bankett im Hamburger Atlantik-Hotel eine Hornbrille mit starken Gläsern. Meist scheint er nicht gemerkt zu haben, daß er fotografiert wird. Auf einem der Bilder ist er jedoch sichtlich nervös.

Man sieht ihn neben einer schönen, etwa vierzigjährigen Brünetten sitzen, die mit gesenkten Augen applaudiert.

Auch Croves applaudiert, zieht aber im Moment, in dem er die Situation erkennt, die klatschenden Hände vors Gesicht. Dadurch, daß das Blitzlicht genau auf seine starken Augengläser trifft, entsteht eine optische Täuschung. Es sieht aus, als drehten sich seine Pupillen vor Schreck nach innen.

Der Fotograf du Vinage, von dem die Aufnahme stammt, erzählt mir am Telefon, daß Croves im Moment des Erschreckens deutsche Worte hervorgestoßen habe und fast unter den Tisch gerutscht sei. »Er wurde sehr böse, und von da an durfte ich nicht mehr auf ihn draufhalten.«

Die Ufa, die Filmgesellschaft, die das *Totenschiff* auf die Leinwand brachte, stellt mir freundlicherweise die gesamte Korrespondenz mit Croves zur Verfügung. Ein Schriftsachverständiger stellt eine gewisse Ähnlichkeit der Handschrift Hal Croves' mit Travens Unterschriften in den Briefen an die *Büchergilde* fest, auch mit Maruts frühen Manuskriptkorrekturen, die ich in Meran fotokopieren konnte.

Damit ist die Marut-Spur für mich schlagartig Spur Nummer eins.

Er ist kräftig gebaut, fast ein bißchen bullig, und hat Fäuste, mit denen man nicht gern Bekanntschaft machen möchte. Jedenfalls sieht er nicht so aus, wie man sich gemeinhin einen Professor vorstellt: Rolf Recknagel, Dozent in Leipzig und Traven-Forscher. Durch Stilvergleiche versucht er seit Jahren nachzuweisen, daß Traven Marut ist.

Als ich den Gelehrten in einem kleinen Ostberliner Café kennenlerne, lädt er mich spontan ein, sein Traven-Material in seiner Wohnung anzuschauen.

Wenig später, während eines Besuchs der Leipziger Messe, mache ich von seinem Angebot Gebrauch und vertiefe mich in die umfangreiche Korrespondenz, die er mit allen führt, die jemals mit Marut zusammentrafen. Auch mit einigen Leuten, die in Mexiko Hal Croves alias Torsvan kennengelernt haben.

Er hat nicht den geringsten Zweifel: »Marut alias Traven nennt sich heute im Privatleben Torsvan oder Croves.«

»Kennen Sie seine Adresse?«

»Durango Street, Mexico City. Ob er Sie empfängt, ist fraglich. Auf jeden Fall wird er alles leugnen. Wollen Sie trotzdem hinfliegen?«

»Ja.«

»Glücklicher Mensch! Reporter müßte man sein! Bei einem schlichten Dozentengehalt ist das natürlich nicht drin. – Also passen Sie auf: Sie müssen auf die

Klingel drücken, neben der kein Name steht. Er lebt mit einer Frau zusammen, die sich als Frau Torsvan unterschreibt, manchmal auch als Frau Croves. Sie heißt Rosa Elena Lujan. Wer zu Traven will, muß ihr Vertrauen gewinnen. Sonst führt kein Weg an ihr vorbei.«

»Woher wollen Sie wissen, daß Torsvan Traven ist?«

»1946 brachte Travens mexikanischer Verleger, Rafael Arles Ramirez, das Gerücht auf, die Zeitschrift *Life* habe dreitausend Dollar ausgesetzt für jeden, der B. Traven aufstöbert. Wenig später war sogar von fünftausend die Rede. Das Ergebnis war eine Art Traven-Hysterie, die fast zwei Jahre anhielt. Zahlreiche Traven-Jäger durchstreiften Mexiko. Noch mehr Leute beschränkten sich darauf, immer neue Traven-Theorien in die Zeitungen zu setzen oder sonstwie in die Öffentlichkeit zu bringen.

Nach zwei Jahren war die größte Begeisterung wieder vorbei. Das war das Jahr, in dem Huston seinen Traven-Film drehte und Traven bei ihm als Croves auftauchte. Irgendwann borgte sich Croves bei einem Mitglied des Teams hundert Dollar und zahlte sie mit einem Scheck zurück. Der Scheck führte zu seinem Bankkonto – fast jedenfalls. Man kriegte raus, daß es einem Ausländer gehörte. Luis Spota, ein mexikanischer Journalist, fand, daß die Geschichte, die damals mit dem *Life*-Gerücht angeheizt worden war, immer noch heiß genug war und wandte sich an einen alten Freund, einen Bankdirektor namens Dr. Alfonso Quiroz-Cuaron.

Dieser Quiroz fand heraus, daß es sich nur um das Konto eines gewissen B. Erick Traven Torsvan handeln konnte, und setzte einen Detektiv seiner Bank ein, um seinem Freund von der Presse die nötigen Informationen über Torsvan zu beschaffen.«

»Und ist es ihm gelungen, Torsvan zu überführen?«

»Da bin ich überfragt. Versuchen Sie, die Traven-Akte zu kriegen, die im Safe des Dr. Quiroz liegt, und Sie haben das Rätsel B. Traven gelöst!«

Die Bank von Mexiko ist ein Gigant unter Mexikos Banken. Jede Abteilung ist so groß wie eine eigene Bank, und jede dieser gewaltigen Abteilungen hat ihren eigenen Direktor. Dr. Alfonso Quiroz-Cuaron ist der Direktor der Abteilung *Investigaziones Especiales*, sozusagen der Geheimdienstchef dieses monströsen Unternehmens.

Als ich ihm in seinem Büro gegenübersitze, habe ich nur wenig Hoffnung, an seinen Safe zu kommen. Dieser Mann ist selbst ein Safe. Ein Mann, der tausend Geheimnisse gebunkert hat und kaum eines wieder aus sich herausläßt.

Wir lächeln uns an und forschen in unsern Gesichtern. Zwar weiß der untersetzte, lebhafte Mann mit der hohen Denkerstirn, daß ich wegen Traven da bin. Er gibt sich aber so, als hätte er's vergessen.

Das ist üblich hier. In der ersten halben Stunde spricht man von allem möglichen, nur nicht von dem, was man will. Es wäre grundverkehrt, mit der Tür ins Haus zu fallen. Und so bemühe ich mich, zunächst ein paar Pluspunkte zu machen mit einer Konversation, die ihm schmeichelt.

Dafür gibt es Themen genug, denn Quiroz ist ein genial vielseitiger Kopf.

Er ist Arzt, Psychologe, Kriminalexperte, Chemiker, Schriftsachverständiger und vieles mehr. Er klärte Kapitalverbrechen und bekämpfte erfolgreich eine Reihe von Wirtschaftsvergehen in Mexiko. Auch im Zusammenhang mit dem Attentat auf Trotzki machte er Schlagzeilen: Er stellte die Herkunft des Mörders fest.

Nach einigen Höflichkeitsfloskeln bringe ich das Gespräch auf sein Lieblingsgebiet – auf die Archäologie. Denn Quiroz ist eine Art Nationalheld, seitdem er das Grab des letzten Aztekenkaisers Quauhtemoc identifizierte, trotz aller Anfeindungen, denen er von seiten der Fachgelehrten ausgesetzt war.

Keiner von ihnen wollte glauben, daß die Spanier auch nur ein einziges Krümchen von diesem Aztekenherrscher übriggelassen hätten. Schon gar nicht wollte es ihnen in den Kopf, daß solche sterblichen Überreste bis ins entlegene Dörfchen Ichcateopan gelangt sein könnten. So verbannte das Institut für Anthropologie und Geschichte die Entdeckung des Grabes ins Reich der Touristenwerbung.

Quiroz aber nahm alte Karten und Chroniken vor und verfolgte mit Akribie den Weg der sterblichen Reste des Aztekenkaisers, der nach unmenschlicher Folterung von Cortez zum Tode verurteilt und in den tropischen Urwäldern von Tabasco an einem Baum aufgeknüpft worden war.

Wie konnte er von dort in das weit entfernte Bergnest in der Provinz Guerrero gelangt sein? Und wie kam es, daß die Gebeine, die im Grab gefunden wurden, von verschiedenen Skeletten stammten?

Als erstes entkräftete Dr. Quiroz die Behauptung der Wissenschaftler, die Grabplatte stamme aus einem späteren Jahrhundert. (Als Chemiker versteht er von Kupferpatina eine ganze Menge.)

Dann fand er auch eine Erklärung für die fremden Knochen: Treue Gefolgsleute hätten den Toten vom Baum gestohlen, mit Kräutersäften gegen Verwesung präpariert und mit geopferten Sklaven in Ichcateopan verbrannt, das von den Spaniern noch nicht besetzt war. Daher die Gebeine von anderen.

Ein Jesuitenpater, so stellte Quiroz fest, hatte die Gebeine dann unter der Dorfkirche bestattet und das Grab mit der erwähnten Kupferplatte abgedeckt. Daß das Geheimnis nicht an die Öffentlichkeit drang, lag daran, daß der Bericht des Paters verlorenging und keiner der Indios weiter als fünfzig Meilen über Ichcateopan hinausgelangte.

Das alles habe ich vor meinem Besuch in der Bank von Mexiko rasch in einem Buch nachgelesen. Quiroz freut sich, daß ich so gut darüber Bescheid weiß, und leitet elegant zu einem anderen Mysterium in unserer gründlich erforschten Welt über – zu Traven. Wir sind beim Thema.

Alle meine Gedanken sind bei seiner Traven-Akte. Wird er zugeben, daß er das Bankgeheimnis verletzt hat? Daß er einen Kunden seiner Bank hintergangen und mit Geheimdienstmethoden *gefilzt* hat? Er hat sich strafbar gemacht. Was sollte ihn dazu bewegen, mir die Beweise dafür zu liefern?

»Ja, das war eine interessante Geschichte...«, beginnt Quiroz. »Und das Ergebnis unserer Recherchen ist bis heute nicht widerlegt worden. Weder von Torsvan selbst noch von anderer Seite. Torsvan verbirgt sich hinter dem Namen Traven. Oder umgekehrt, wie Sie wollen.«

»Hat er ›gestanden‹?«

»Nein.«

»Gibt es den Detektiv noch, den Sie damals, kurz nach dem Krieg, auf Torsvan angesetzt haben?«

»Señor Lopez? Aber ja. Er arbeitet in meiner Abteilung.« Quiroz drückt auf einen Klingelknopf. Eine Sekretärin erscheint.

»Schicken Sie mir Lopez!« bittet der Direktor.

Wenig später sitzt er neben mir – ein großer, schlanker Mann, etwa Ende Vierzig. Sein schwarzes Haar ist leicht ergraut, seine dunklen, sehr lebendigen Augen liegen in tiefen Höhlen. Sein kleiner schmallippiger Mund verzieht sich zu einem verbindlichen Lächeln, aber das Reden überläßt Lopez zumeist seinem Boß. Es ist schwer, etwas aus ihm herauszukriegen.

Auch er ist fest davon überzeugt, daß Torsvan der Schriftsteller B. Traven ist. Außerdem erzählt er mir ein interessantes Detail, das ich mir sofort notiere: Die Frau, mit welcher der scheue Mann heute zusammenlebt, Rosa Elena Lujan, soll früher Schauspielerin gewesen sein. Traven wohnte nach dem Krieg mit einer Schwester von ihr in Acapulco. »Die Schwester muß irgendwann mal ein Gelübde abgelegt haben, sie lief jahrelang in einer Nonnenkutte herum.«

»Wie heißt diese Schwester?«

»Maria de la Luz Martinez.«

»Wissen Sie, wo sie heute ist?«

»Soweit ich weiß, lebt sie noch immer auf dem Grundstück in Acapulco.«

Weitere Fragen zeigen mir, daß weder Quiroz noch Lopez etwas über Travens Vorleben herausgefunden haben. Als der Detektiv sich verabschiedet, lade ich Dr. Quiroz-Cuaron ein, einen Blick in mein Recherchenmaterial zu tun. »Vielleicht«, sage ich lächelnd, »darf ich dann auch mal sehen, was Sie, Herr Doktor, rausgefunden haben . . .«

Er nickt. Die Neugier steht ihm ins Gesicht geschrieben. Bedächtig wendet er Blatt für Blatt, während ich ihm einiges über meine Reisen kreuz und quer durch Deutschland erzähle.

Quiroz hört interessiert zu. Lesen kann er ohnehin kaum etwas, da er kein Deutsch kann. Trotzdem fühlt er sich nach einer Weile bemüßigt, einen Tresor zu öffnen und einen Schnellhefter herauszuziehen.

Ich atme auf. Da ist sie – die Traven-Akte der Bank von Mexiko!

Ich sehe sie mir gründlich an und stelle fest, daß sie kostbares Material enthält: den Lopez-Bericht, einen Schweizer Bankscheck, Briefe, Zeitungsausschnitte, Spesenabrechnungen – und vor allem Fotos von Traven alias Torsvan. Sie kleben auf zwei Einwanderungspapieren.

Während ich blättere, überlege ich fieberhaft, wie ich dieses Material fotokopieren kann.

»Behalten Sie's nur, wenn Sie möchten!« biete ich an, als Quiroz mir meine Ordner zurückgeben will. »Sie können das Zeug in Ruhe durchsehen – sagen wir, bis morgen.«

»Danke«, antwortet der Direktor und freut sich.

»Darf ich andererseits Ihre Mappe mit ins Hotel nehmen und heute abend ein bißchen drin lesen? Ich gebe sie Ihnen garantiert morgen zurück.«

Quiroz zögert einen Moment. Dann nickt er. »In Ordnung.« Er schaut auf die Armbanduhr. Ein paar

Abschiedsfloskeln – wir erheben uns. Ein herzlicher Händedruck – ich bin draußen. Ich nehme ein Taxi und rase ins Hotel.

Ein anstrengender Abend, eine anstrengende Nacht, denn ich muß einige hundert Blätter fotografieren, ohne auch nur eine Zeile zu verwackeln. Keine ganz einfache Sache, wenn man dafür kein Spezialgerät bei sich hat.

Gegen zehn mache ich eine kurze Pause und sehe mir Travens Einwanderungskarte aus dem Jahr 1930 an: »Traven-Torsvan, geboren am 5. März 1890 in Chicago, Illinois, USA. Eingewandert in Mexiko über Ciudad Juarez im Juli 1914.«

Gut ausgedacht, alter Gauner! Im Juli 1914 war Ciudad Juarez von Pancho Villas Truppen besetzt. Niemand dachte daran, Bücher zu führen. Also konnte 1930 auch niemand Travens Angaben anzweifeln.

Ich betrachte das Paßfoto, das eine große Ähnlichkeit mit meinen Zeitungsfotos von Croves aufweist. Es zeigt ein schmales Gesicht mit kühlen Augen. Die weiche Oberlippe ist merkwürdig hart auf die Unterlippe gepreßt, so daß ein schmaler Strichmund entsteht. Offenbar war Traven um weltmännische Eleganz bemüht, als er damals zum Fotografen ging: sein kurzgeschnittenes blondes Haar ist mit Pomade am Kopf festgeklebt, zum weißen Kragen trägt er einen Querbinder.

Seine Adresse aus dem Jahr 1948, dem Jahr, in dem Lopez hinter ihm her war, finde ich auf der Personalkarte, die Quiroz aus der Kundenkartei seiner Bank genommen hat: »Huerto Ranchito«, Caminó de Pie de la Cuesta, Acapulco«.

Ich gieße mir ein Glas Eiswasser ein, ordne die Blätter des Lopez-Berichts und vertiefe mich in die Ereignisse des Jahres 1948 ...

1948 IST ACAPULCO NOCH STILLES, VERTRÄUMTES FIschernest – ein Geheimtip für Sonnenanbeter, die an einer abgelegenen Küste Urlaub machen wollen. Die Touristen, die einzeln oder in Grüppchen, aber keineswegs in Rudeln kommen, werden von den Einheimischen als sanfte Irre angesehen.

Noch stiller ist es oberhalb des Ortes, an der Höhenstraße zum *Pie de la Cuesta,* wo nur einige geduckte weiße Farmhäuser liegen, unter schattigen Bäumen versteckt, meilenweit voneinander entfernt.

Bankdetektiv Fernando Lopez ist dem Verschmachten nahe, als er an dieser Straße endlich – bei Kilometer zwei – die *Huerto Ranchito* entdeckt. Es ist Juli und teuflisch heiß. Aber Rettung ist nahe, denn am Straßenrand, genau vor dem Zaun, der das Gelände der *Ranchito* abgrenzt, lockt eine primitive kleine Bar, ein Bretterunterstand mit Theke, Tischen und Stühlen, zum Rasten.

»Tortillas, Seetiere, Erfrischungen, eisgekühltes Bier« verspricht ein Reklameschild. Lopez läßt sich nicht lange bitten.

Als er Platz nimmt, schießen zwei Dutzend große

kläffende Hunde vom höhergelegenen Farmgebäude auf die Bar zu, gefolgt von einer dicken, schmierigen kleinen Frau, die mit einem braunen Kittel und Indianersandalen bekleidet ist. Ihre schrillen Rufe halten die Tiere davon ab, den einzigen und kostbaren Gast, der sichtlich blaß geworden ist, zu verjagen.

Lopez bestellt ein Bier und trinkt es in langen gierigen Zügen, den Blick immer noch ängstlich auf die Meute gerichtet. Dabei entdeckt er einen Mann, der ihn, hinter Zweigen versteckt, neugierig beobachtet. Der Detektiv tut so, als habe er nichts gesehen, und wendet sich der Frau zu, die einem Schwätzchen nicht abgeneigt scheint.

»Ganz schön heiß, was?«

»Ja, voriges Jahr war's schon schlimm, aber heute . . .«

»Werden wohl ein Gewitter kriegen, meinen Sie nicht?«

Sie setzt sich zu ihm und redet eine Viertelstunde lang über die Gewitter der letzten zehn Jahre.

Dann geht tatsächlich ein Wolkenbruch nieder, und der heimliche Späher kommt eilig unters Dach und beginnt, lecke Stellen mit Platten abzudecken.

Lopez tritt näher. »Kann ich Ihnen helfen, Señor?«

Der Mann hämmert weiter, ohne zu antworten. Dabei fällt ihm der Hammer aus der Hand. Lopez bückt sich und reicht ihn ihm.

Kein Blick, kein Dankeschön. Der Mann hämmert weiter, während die Frau hinter Lopez zu tuscheln beginnt.

»So ist er immer!« raunt sie. »Redet mit niemandem. Tagelang höre ich kein Wort von ihm.«

Lopez reicht dem Schweigsamen ein neues Stück

Blech. Der nimmt es und arbeitet weiter, als wäre diese Assistenz selbstverständlich.

»Und mit den Nachbarn redet er auch nicht?«

»Nein, auch nicht.«

»Hat er denn keine Freunde?«

»Keinen einzigen.«

Lopez hat Mühe zu verstehen, was sie flüstert, denn der prasselnde Regen verschluckt einen Teil ihrer Worte.

»Sie können sich gar nicht vorstellen«, raunt sie, »wie sehr ich darunter leide, daß er so einen Charakter hat.«

Als der Mann vom Stuhl heruntersteigt und seinen Hammer weglegt, sieht er seinen Gast zum erstenmal an. »Danke.« Seine Stimme ist tief und kehlig.

»O bitte, bitte«, wehrt Lopez ab. »Das war doch nicht der Rede wert. Darf ich Sie zu einem Bier einladen?«

Der Schweiger blickt unschlüssig in den Regen hinaus. Dann sagt er nach kurzem Zögern: »Meinetwegen, Señor«, und hockt sich an Lopez' Tisch. Die dicke Frau zieht zwei weitere Flaschen aus einer mit Eisblöcken gefüllten Bodenluke und trägt sie zum Tisch.

Die Männer trinken und schweigen. Doch nach ein paar Minuten wird der Stille gesprächig. Lopez hat von Acapulco geschwärmt, sein Gegenüber aber scheint von dem Ort nicht viel zu halten. »Am schönsten ist Mexiko bei den Indianern«, erklärt er und gerät ins Schwärmen.

Wenn er von seinen Reisen durchs Indianerland spricht, ist er nicht wiederzuerkennen. Er zeigt Gefühle und spricht von »Romantik«. Lopez hält den Mund und läßt ihn reden. Dies ist ein Mann, den man durch Fragen nur mißtrauisch macht, denkt er und hofft, daß sein Gesprächspartner gelegentlich ein bißchen auf sein Leben zu sprechen kommt.

Nach zwei oder drei Stunden dieses beschaulichen Regengesprächs läßt der Indianerfreund dann auch wirklich einfließen, daß er Amerikaner sei.

»Merkwürdig«, antwortet Lopez, »Sie sprechen das Spanische aber ganz anders als die Amerikaner . . .«

»Das liegt daran, daß ich Amerikaner schwedischer Abstammung bin.«

»Wie lange sind Sie schon in Mexiko?«

»Seit 1914.«

»So lange schon! Haben Sie nie daran gedacht, mexikanischer Staatsbürger zu werden?«

»Sicher werde ich's eines Tages werden. Ich liebe dieses Land sehr.«

Als der Regen aufhört, sind viereinhalb Stunden vergangen. »Ich muß wieder an die Arbeit, entschuldigen Sie.« Der dürre, kleine Mann schiebt seinen Stuhl nach hinten. »Ich möchte Ihnen aber noch etwas mitgeben. Früchte, die Sie wahrscheinlich noch nie gegessen haben, wenn Sie nicht im Indianerland waren.«

Er wendet sich zu der Frau in der Kutte. »Gib mir einen Korb!«

Die Frau spült Gläser. Dienstbeflissen unterbricht sie ihre Arbeit. »Sie wollen Obst pflücken, Mister? Lassen Sie nur – ich mache es selbst!«

Er streckt die Hand aus, ohne sich auf eine Diskussion einzulassen. Sie bringt den Korb und geht gleich wieder zu ihren Gläsern zurück, während der Mann bedächtig auf eine Baumgruppe zuwandert, umtanzt von seinen zwei Dutzend Wachhunden.

Lopez steht auf und sieht ihm von weitem zu, in tiefen Gedanken über diesen rätselhaften Sonderling, der da in zerschlissenem Hemd und abgewetzter Hose – einen alten Hut aus Palmblätter-Geflecht auf dem Kopf – von Baum zu Baum geht und für einen Gast, der ein paar Flaschen Bier mit ihm getrunken hat, Früchte aussucht.

Wirklich hat er so etwas noch nicht gegessen, wie er auf dem Heimweg zu seiner Pension feststellt. Er ißt das saftige Obst, dessen Namen er schon wieder vergessen hat, obwohl der Mann ihn eben noch genannt hat, und hängt seinen Gedanken nach.

War das nun Traven, der Mann, der sich Torsvan nennt? Oder war er es nicht? – Danach zu fragen, hätte keinen Sinn gehabt. Morgen werde ich es wissen, denkt Lopez und genießt den Abend, der nach dem Regen kühl und frisch geworden ist.

AM NÄCHSTEN NACHMITTAG SITZT DER DETEKTIV WIEDER, von Hunden umgeben, unter dem Bretterdach.

»Ein Bier, Señor?« Die Dicke strahlt und begrüßt ihn wie einen verlorenen Sohn. Die Hundemeute hat sich in den Schatten der Bäume und Sträucher rings um die Bar zurückgezogen und beobachtet den Eindringling mit schläfrigem Interesse.

Wenig später taucht auch der Sonderling auf. Er ist ebenfalls sehr freundlich. »Würde mich gern zu Ihnen setzen. Muß aber zur Post.«

»Bitte, lassen Sie sich nicht aufhalten.«

Langsam geht er, eine grüne Umhängetasche über der Schulter, die Straße entlang zur Bushaltestelle und wartet.

Als es ihm zu lange dauert, verläßt er seinen Posten und geht in Richtung Mozimba.

Erst jetzt wagt die Kuttenfrau ihrer Redseligkeit freien Lauf zu lassen. Wahrscheinlich ist gestern der Befehl an sie ergangen, den Gast mit ihrem Geschwätz zu verschonen. Aber in dieser einsamen Gegend kann sie sich an solche Gebote nicht halten.

»Ich glaube«, beginnt sie, neben dem Tisch stehend

und Lopez beim Biertrinken zusehend, »Sie und mein Mann – Sie passen zusammen!«

Wieso? denkt Lopez. Die beiden sind verheiratet? Warum sagt sie dann *Sie* zu ihm und *Mister?*

»Ich bin seit achtzehn Jahren mit ihm verheiratet, aber das ist das erste Mal, daß er mit jemandem so lange gesprochen hat. Ehrlich! Er kümmert sich um niemanden, nicht einmal um meinen Bruder, der auch hier wohnt.«

Lopez wischt sich die Lippen und schaut sie an. Wenn sie sich ein bißchen mehr pflegen würde, denkt er, wäre sie ganz hübsch. Gestern hat man das gar nicht gesehen.

»Haben Sie in Mexiko geheiratet?«
»Nein, in Texas. San Antonio.«
»Da heißen Sie also auch Torsvan?«
»Selbstverständlich. Wissen Sie, er ist ein guter Mensch, ein wirklich guter Mensch, aber seltsam. Mit Tieren spricht er fast lieber als mit Menschen. Mit den Hunden da redet er auf englisch. Er hat auch die Gänse sehr gern. Als ihm neulich eine gestorben ist, hat er sogar geweint.«

»Das macht vielleicht die Einsamkeit.«

Sie setzt sich neben den Detektiv und malt mit dem Finger in einer kleinen Bierpfütze herum. »Ja, das stimmt. Wir sind sehr einsam hier. Wir haben ein Auto, aber seitdem der Akku kaputt ist, können wir es nicht mehr benutzen. Immerhin haben wir noch unser Transistorradio. Ein sehr gutes amerikanisches.«

»Warum ein Transistorradio? Haben Sie keinen Strom?«

»Nein, nur Benzinlampen. Er will es so. Er will, daß alles ganz einfach ist. Alles macht er selbst. Er hat das

Haus gebaut und alle Bäume angepflanzt, die Sie hier sehen. Das Land war ganz billig, als er es kaufte. Jetzt ist es viel wert.«

Gegen Abend hält, wenige Meter von der Bar entfernt, der Bus. Ein einziger Fahrgast steigt aus – Torsvan. Der Mann, dem Lopez das Geständnis entlocken will, daß er B. Traven ist.

Lopez beschließt, zum Essen zu bleiben und mit Geduld auf dem eingeschlagenen Weg fortzuschreiten. Er muß Torsvan-Travens Zutrauen und Freundschaft gewinnen, denn es ist ganz ausgeschlossen, das Farmhaus nach verräterischen Zeichen zu untersuchen. Spätestens fünfhundert Meter vor dem Haus würden die Hunde sich auf den unglücklichen Detektiv stürzen und ihn zerfleischen.

Traven bringt seine Tasche ins Farmhaus, kehrt zurück und läßt sich dasselbe Gericht kommen wie Lopez – schwarze Bohnen mit Speck und Chilli.

Diesmal übernimmt der Detektiv die Gesprächsführung, denn er findet, er sei dem scheuen Mann ein paar Angaben über seine eigene Person schuldig. »Ich bin Postbeamter und mache Urlaub hier. Wegen der guten Luft.« Lopez hält sich mit dieser Erklärung genau an das, was ihm Dr. Quiroz eingeschärft hat.

Traven wischt mit einem Stück Brot seinen Teller sauber. »So, so. Im Urlaub sind Sie . . . Dann haben Sie ja Zeit. Kommen Sie, sooft Sie wollen.«

Lopez bedankt sich für die Einladung und für die Früchte und versucht an die Gespräche von gestern anzuknüpfen. Aber im gleichen Moment kommen drei Gäste in die Taverne, und Traven verabschiedet sich mit ein paar leise gemurmelten Höflichkeiten.

Die Frau meint, jetzt werde er sich wohl den ganzen

Abend nicht mehr blicken lassen. Dennoch beschließt der Detektiv, seinen Posten zu halten. »Haben Sie was zu lesen für mich?«

»Aber freilich, Señor!« Eine halbe Minute später ist ein Stapel mexikanischer und englischsprachiger Zeitschriften vor Lopez aufgetürmt, darunter auch eine Filmzeitschrift mit einem Bericht über die Dreharbeiten zum Film *Der Schatz in der Sierra Madre*.

Nach zwei Stunden gibt Lopez die Hoffnung auf, den Hausherrn noch einmal zu Gesicht zu bekommen und beschließt, am andern Tag wiederzukommen. Aber als er in seinen Taschen das Geld für seine Rechnung zusammensucht, setzt wieder heftiger Regen ein.

Wenig später erscheint Traven in einem alten Regenmantel und beginnt, ungeachtet der Sintflut, einen Zaun zu streichen. Nach einer Stunde verschwindet er wieder. Lopez fährt mit dem Bus zurück nach Acapulco.

Am nächsten Tag hat Traven so etwas wie Fürsorglichkeit an sich, denn es mißfällt ihm, daß der junge Mexikaner, mit dem er sich so großartig unterhalten kann, seine kostbaren Urlaubstage in der Taverne zubringt. »Gehen Sie doch ein wenig in die umliegenden Dörfer«, rät er. »Dort ist es viel schöner. Außerdem tun Sie was für Ihre Gesundheit.«

Lopez, der ihm beim Zaunstreichen zuschaut, antwortet, er finde diesen Vorschlag sehr schön, aber er ginge nicht gern allein. »Warum kommen Sie nicht mit?« fragt er leichthin.

Traven hebt den Farbtopf aus dem Gras und wendet sich halb zum Gehen: »Junger Mann: die Leute hier glauben zwar, daß ich fast den ganzen Tag spazierengehe. In Wirklichkeit habe ich aber sehr viel Arbeit.«

Er schaut zur Sonne und entschuldigt sich: »Ich muß in mein Büro. Also, viel Vergnügen!« Erst jetzt bemerkt der Detektiv, daß Traven keine Uhr am Handgelenk hat und immer, wenn er wissen will, wie spät es ist, sich am Stand der Sonne orientiert.

»Was arbeitet Ihr Mann eigentlich?« fragt er, als er wieder unter dem schattigen Tavernendach sitzt.

»Er ist Ingenieur.«

»Hat er denn da kein Büro oder so etwas in Acapulco?«

»Nein. Er hat sein Büro hier im Haus – sein Büro, seine Bibliothek, sein eigenes Fotolabor. Alles. Er macht alles zu Hause und schickt es dann an seine Auftraggeber.«

Lopez bestellt noch ein Bier. »Da muß er wohl ziemlich viel schreiben, wie?«

»Das weiß ich nicht so genau. Er schließt sich ein, wissen Sie. Wenn er was von mir will, klingelt er. Aber ich weiß, daß er ziemlich viele Notizen macht. Am Strand, beim Einkaufen – wo immer er grade ist.«

»Hat er eine amerikanische Kamera?«

»Mehrere. Er hat unglaublich viel fotografiert, in ganz Mexiko.«

»Hier« – Lopez zeigt ihr seinen Fotoapparat – »sehen Sie, ich fotografiere auch sehr gerne.«

Auf dem Gesicht der Frau malt sich plötzliches Mißtrauen. »Schicken Sie Ihre Bilder an die Zeitung?«

»Nein, nein. Ich mache nur Erinnerungsfotos.«

Beruhigt geht sie wieder an ihre Arbeit, während der Detektiv sehnsüchtig zu dem weit entfernten, dicht umwachsenen Haus hinaufsieht.

Gibt es denn gar keine Möglichkeit, da hineinzukommen?

Traven fragen ist unmöglich. In Mexiko würde so etwas als schwere Beleidigung angesehen, denn in das Haus eines Fremden oder flüchtigen Bekannten darf man nur auf ausdrückliche Einladung des Hausherrn. Und eine solche Einladung ist bei einem Sonderling wie Traven nicht zu erwarten.

Lopez erfährt, daß Traven nur zwei Mahlzeiten pro

Tag zu sich nimmt, eine vormittags, die zweite am frühen Abend, und daß er Nachtarbeiter ist, in seinem einsamen Büro.

Ich werde nie beweisen können, daß er da seine Romane schreibt, denkt der Detektiv niedergeschlagen. Denn die Hunde, die das Grundstück bewachen, sind die allerschärfsten ...

Glücklicherweise scheint es mit Travens gegenwärtigem Roman nicht so recht voranzugehen. Jedenfalls setzt er sich immer häufiger zu seinem neuen Bekannten, um mit ihm zu plaudern. Gelegentlich auch, um sein Herz auszuschütten.

»Sie sagten doch, daß Sie Postbeamter sind, nicht wahr?« Lopez nickt.

»Es tut mir leid, aber ich muß Ihnen sagen, daß ich von den mexikanischen Postboten keine sehr gute Meinung habe.«

»Sie sind manchmal nicht besonders höflich, diese Postboten«, räumt der Detektiv ein.

»Sie stehlen Briefe!« Travens Gesicht ist bitter. »Ich weiß, wovon ich spreche, denn das ist mir in letzter Zeit mehrfach passiert.«

Lopez drückt sein Bedauern aus und macht sich dabei im Kopf eine Notiz: Er muß gleich heute abend Dr. Quiroz benachrichtigen, daß einige der abgefangenen Torsvan-Briefe von Traven vermißt werden. Offensichtlich waren sie ihm von den Absendern vorher angekündigt worden.

Hoffentlich hält der bestochene Postbote dicht, denkt er und lauscht mit teilnahmsvollem Gesicht Travens Haßtiraden gegen die mexikanische Post, die ihm erklärt habe, Nachforschungen seien nicht möglich.

»Seit neuestem schreibe ich keinen Absender mehr

auf meine Briefe«, erklärt Traven. »Denn wozu? Die Post hierzulande braucht diese Angaben ja ohnehin nicht mehr, wenn sie es ablehnt, Reklamationen nachzugehen!«

Wenig später philosophiert er über Scheinnamen und -adressen: »Eine Person kann ihre Geburtsurkunde vorzeigen. Wer kann aber beweisen, daß diese Person wirklich diejenige Person ist, die auf dem Papier steht? Selbst Sie könnten mir in diesem Augenblick Ihre Geburtsurkunde zeigen, und ich kann nicht wissen, ob Sie der sind, der darauf genannt ist.«

Bevor Lopez an diesem Abend geht, bringt ihm Traven noch zwei Bücher aus seinem Haus. Lopez hat um ein bißchen Lesestoff gebeten.

Als er sie in seiner Pension durchblättert, fällt aus einem davon ein Postempfangsabschnitt mit einer Züricher Adresse und dem Datum 13. September 1938, doch ohne Absenderangabe.

Der Detektiv sendet den Fund an Dr. Quiroz, damit er ihn zu jenen anderen Funden legt, die einen Schweizer Absender haben ...

DASS TRAVEN SEINEN JUNGEN BESUCHER INS HERZ GE-
schlossen hat, das ist mittlerweile sonnenklar geworden. Fast verbringt er mehr Zeit in der Taverne als in seinem Haus. Der stille, verschrobene Mann genießt es, nach Jahren des Schweigens seine unterdrückte Redelust zu stillen, die nun mächtig hervordringt.

Lopez entgeht kein Wort, und als sein mitteilsamer Gesprächspartner von Tampico schwärmt und dabei bekennt, hier habe sein Mexiko-Leben begonnen, ist seine Erwartung bis zum Zerreißen gespannt. Wird Traven durch ein biographisches Detail seine Identität ungewollt eingestehen?

Tatsächlich macht der Erzähler einen entscheidenden Fehler, denn er schildert nicht das Tampico von 1914. Alles, was er über seine Anfänge als Ölarbeiter bei der *Mexican Gulf Company* erzählt, weist auf eine spätere Zeit hin und enthält Szenen und Situationen, wie sie in Travens großem Roman *Die weiße Rose* vorkommen.

Der Detektiv hält seine Zeit für gekommen. Als Maria – Ehefrau, Haushälterin, Haustier oder was immer sie nun sein mag – mit zwei Eimern die Bar verläßt und die Männer allein sind, legt Lopez die Karten auf den

Tisch. »Ich muß Ihnen ein Geständnis machen, Señor, und Sie bei dieser Gelegenheit um Verzeihung bitten ...«

Traven sieht ihm forschend in die Augen.

»Ich habe Ihnen gesagt, daß ich nach Acapulco gekommen bin, um Urlaub zu machen. In Wirklichkeit bin ich gekommen, um – na, um Ihre Lebensweise kennenzulernen.«

Traven reagiert nicht. Unverwandt sucht sein Blick im Gesicht des Mexikaners zu lesen. Lopez fühlt die Hitze des Julinachmittags plötzlich doppelt schwer, als er in seiner vorbereiteten Rede fortfährt.

»Als ich Sie das erste Mal sah, war das der schönste Augenblick meines Lebens, denn ich habe in Ihren Werken so ungeheuer viel Liebe und Verständnis für Mexiko erlebt. Seit Jahren habe ich davon geträumt, einmal B. Traven gegenüberzusitzen.«

Traven unterbricht ihn mit ruhiger Stimme: »Ich bin nicht B. Traven. Sie verwechseln mich da mit meinem Vetter, der aber, soweit ich weiß, schon gestorben ist.«

Lopez lächelt. »Sehen Sie, ich bin seit vielen, vielen Jahren Detektiv. Ich sage Ihnen mit absoluter Sicherheit, daß Sie B. Traven sind.«

»Ich heiße nicht Traven, ich heiße Torsvan.«

»Señor B. Traven, Sie sagten, daß Sie daran gedacht hätten, die mexikanische Staatsbürgerschaft zu erwerben. Sie dürfen sicher sein ...«

Die Maske fällt. Travens Stimme wird laut und heftig: »Señor, wer brachte Sie auf die Idee, hier herumzuspionieren! Wer! – Ich bin ein rechtschaffener Mann, der sich um nichts als um seine Obstbäume kümmert!«

»Hohe Persönlichkeiten haben Sie suchen lassen, weil

sie ein Interesse daran haben, Sie zum Ehrenbürger Mexikos zu ernennen.«

»Hören Sie –« Travens Stimme klingt wieder ruhiger, »zu den Zeiten General Cardenas gab es eine Persönlichkeit, die mir sagte, sie könne mich, wenn ich wollte, zum Ehrenbürger Mexikos machen. Ich habe abgelehnt. Das kommt daher, daß ich ein Mensch bin, der weder Ehrungen noch Banketten Geschmack abgewinnen kann.

Auch mein schwedischer Verleger bot mir an, die Nationalität seines Landes anzunehmen und dort seßhaft zu werden. Außerdem hätte ich für den Nobelpreis vorgeschlagen werden können.

Die USA haben mir viel Geld angeboten.

Aber ich will nichts von diesen Sachen.

Wenn ich jetzt die mexikanische Staatsbürgerschaft akzeptiere, würde man es in den Zeitungen veröffentlichen und dann wüßte man von B. Traven. Und das gefällt mir nicht. Ich ziehe es vor, hier mein Leben so weiterzuleben, wie Sie es kennengelernt haben. Sehen Sie – dort ist mein Haus, das ich mir selbst gebaut habe. Ich habe alles selbst gemacht, angefangen von den Ziegelsteinen aus dieser Erde. Alles habe ich gemacht, und ich liebe es sehr, weil hier mein Leben ist.«

Lopez glaubt sein Ziel erreicht zu haben und schaltet auf Vornehmheit um. »Señor Traven, wir respektieren Ihre Gefühle und werden nichts publizieren. Wenn wir etwas dieser Art vorhätten, wäre hier schon alles voller Reporter.«

Traven sieht ihn an, zwischen Hoffnung und Niedergeschlagenheit schwankend. »Ich danke Ihnen. Noch sind Sie mein Freund . . . Was werden Ihre hohen Persönlichkeiten tun, wenn ich Acapulco verlasse?«

»Bestätigen Sie mir, daß Sie B. Traven sind, und wir lassen Sie in Ruhe.«

Sein Gesicht wird hart. »Das ist völlig ausgeschlossen!«

Maria kommt in die Taverne zurück und lächelt die beiden arglos an. Das Gespräch ist beendet.

Als der Detektiv heim in seine Pension fährt, beklagt er sein Geschick, das ihm bei diesem entscheidenden Gespräch einen Zeugen versagt hat.

Als er in dieser Nacht mit Dr. Quiroz und dessen Freund, dem Journalisten, telefoniert, raten ihm beide, unbedingt einen zweiten Versuch zu machen, Traven zu einem greifbaren Geständnis zu bewegen.

Am folgenden Tag überredet Lopez Traven zu einem Spaziergang. Erst auf dem Rückweg kommt der Geschockte auf die gestrige dramatische Szene:

»Glauben Sie immer noch, daß ich Traven bin?«
»Ja.«
»Ich erkläre Ihnen, ich bin nicht B. Traven. Ich habe einige Artikel geschrieben, die in den Vereinigten Staaten unter dem Namen Hal Croves veröffentlicht worden sind. Ich habe das Recht, mir Namen nach meinem Geschmack zu nehmen. Außerdem habe ich für den Film gearbeitet. Sagen Sie mir: Wie kann ich Señor Traven sein, wenn dazu ein Charakter vom Holze Travens nötig ist? – Nein, ich kann nicht B. Traven sein.«

Lopez bleibt stehen und sieht Traven freundlich und fest in die Augen: »Ich bin nicht gekommen«, sagt er, »um in einer Unterhaltung festzustellen, ob Sie B. Traven sind oder nicht. Wir haben Beweise gesammelt. Und jetzt bin ich gekommen, um Ihnen zu sagen, daß wir unserer Sache sicher sind.«

Nichts in Travens Stimme verrät, wie ihm zumute ist,

als er im gleichen Ton erwidert: »Und ich versichere Ihnen, daß ich mit Dokumenten beweisen kann: Ich bin nicht B. Traven.«

»Schon gut. Ich verstehe ja, daß Sie keine Ehrungen wollen. Ich werde also . . .«

»Sie wissen, daß ich nicht B. Traven bin. Wenn Sie das behaupten, irren Sie sich.«

Am selben Tag reist der Detektiv Fernando Lopez zurück nach Mexico City.

AM SPÄTNACHMITTAG DES 26. JULI 1948 PARKT DER JOURnalist Luis Spota seinen Wagen an einer Straßenecke von Mozimba, die freie Aussicht auf zwei strategisch wichtige Punkte bietet. Punkt eins ist das Postamt, Punkt zwei der Laden, in dem Traven sich täglich seine Zeitung kauft. Bei ihm sind Fernando Lopez, dessen Bericht er Zeile für Zeile studiert und fast auswendig gelernt hat, und der Fotograf Enrique Diaz.

Für Spota gibt es keinen Zweifel: Dieser 26. Juli ist der Tag, an dem ihm gelingen wird, wovon seit einem Vierteljahrhundert Tausende von Journalisten und Abenteurern nur träumen konnten: ein Exklusiv-Interview mit dem Titel *Ich bin Traven*.

Wie gesagt, Spota ist sich seiner Sache sicher. Trotzdem pafft er eine Zigarette nach der anderen und spornt seine Begleiter dauernd zu verschärfter Wachsamkeit an. Dann passiert es:

Zehn vor sechs schlendert Traven, die grüne Umhängetasche über der Schulter, in seiner Zeitung lesend, nichtsahnend über den Platz. Seine verwaschenen, weitgeschnittenen weißen Hosen bauschen sich im Abendwind. Er kommt auf seine Verfolger zu.

Als er bis auf zehn Meter heran ist, stößt Spota den Fotografen Diaz an und zischt: »Drück drauf! Worauf wartest du?«

Im gleichen Moment wird Traven auf die drei Männer aufmerksam, bedeckt sein Gesicht mit den Händen, dreht sich auf dem Absatz herum und geht im Sturmschritt in Richtung Hafen, Spota und seine Leute hetzen ihm nach.

In Höhe des Marina-Hotels haben sie ihn eingeholt. Er hört ihren Atem hinter sich, setzt sich mit zitternden Händen eine Sonnenbrille mit großen grünen Gläsern auf und sagt, ohne sich umzudrehen: »Es ist eine Gemeinheit, was Sie mit mir machen!«

In diesem Moment kommt Diaz zwei-, dreimal zum Schuß. Spota versucht, den Flüchtenden zu beruhigen. Der wendet halb den Kopf, mit einem anklagenden Blick zu Fernando Lopez. Dann setzt er sich plötzlich in Trab und versucht, seine Verfolger abzuschütteln.

Als die Passanten aufmerksam werden, gibt er jedoch dieses Vorhaben auf und läßt sich mit ergebenem Blick auf eine Bank sinken. Spota und der Detektiv setzen sich dazu. Diaz fotografiert.

»Warum verfolgen Sie mich?« fragt Traven mit rauher Stimme, den Blick fest auf den Boden gerichtet. Sein Gesicht ist bleich, seine Hände zittern. »Ich bin ein Mensch, der Gutes will. Ich habe niemandem etwas Böses zugefügt. Warum tun Sie mir das an?«

»Wir haben nichts Schlechtes mit Ihnen vor, Señor Traven«, antwortet der Journalist. »Lassen Sie uns da drüben ein Bier zusammen trinken und Sie werden sehen, daß Sie unter Freunden sind.«

»Also gut. Aber ich möchte nicht, daß Sie mich einladen. Jeder zahlt für sich selbst.«

Wenig später sitzen sie in einer armseligen Kneipe, in der es nach altem Bratfett riecht, und trinken eiskaltes Bier ohne Schaum aus schmierigen Gläsern. Traven versichert wieder und wieder, daß B. Traven Mexiko schon längst verlassen hat.

Aber Spota besitzt Briefe aus der Schweiz und einen Schweizer Scheck. Alles nur wenige Tage alt. Und alles für B. Traven in Acapulco bestimmt. Spota lächelt. »Sie sagten zu Señor Lopez, B. Traven sei in Wirklichkeit Ihr Vetter. Warum verließ er Mexiko?«

»Er hatte politische Schwierigkeiten. Wohin er ging, weiß ich nicht. Aber er ging, und niemand kann ihn mehr finden.«

Spota bestellt eine neue Runde Bier. »Und wie heißt dieser Vetter?«

»Unsere Namen sind sehr ähnlich. Sein Vorname ist Barbick, meiner Berick.«

Damit scheint das Gespräch für den gehetzten kleinen Mann mit der grünen Brille beendet zu sein. Spotas süße Reden und hartnäckige Fragen prallen an ihm ab. Er scheint sie nicht einmal zu hören.

»Ich bin nicht der Schriftsteller B. Traven. Wenn ich das behauptete, beginge ich ein Delikt!« wiederholt er ein ums andere Mal.

Die Männer geben auf. Am folgenden Tag schickt Traven einen eingeschriebenen Eilbrief nach Zürich.

Traven hat nicht gestanden, trotzdem veröffentlicht Spota einen Siebzehn-Seiten-Bericht in der mexikanischen Illustrierten *Manana* mit dem Titel: *Manana enthüllte die Identität B. Travens*.

Der Schriftsteller reagiert darauf auf zweierlei Weise. Erstens löst er sein Konto bei der Bank von Mexiko auf. Zweitens läßt er in *Hoy,* dem Konkurrenzblatt von *Manana,* eine Erwiderung auf Spotas Artikel erscheinen:

»Wegen der großen Liebe, die ich für Mexiko und für die Mexikaner im allgemeinen empfinde und im besonderen diesen Menschen gegenüber, die gezwungen wurden, unter einer belästigenden Publizität zu leiden, schwöre ich, daß ich nicht der Autor der in diesem Artikel erwähnten Bücher bin.

Um die Sache noch zu bekräftigen, kann ich sagen, daß ich von den Büchern des Autors, von denen ich weiß, daß sie existieren, drei noch nicht einmal kenne und sie niemals gesehen habe.

Das Geld, das durch Banküberweisungen nach Mexiko kam, ist mir aus dem Fonds des Autors als mein gerechter Anteil für die Abwicklung von Geschäften und für die Überwachung der hier veröffentlichten Ausgaben gezahlt worden, besonders aber für ungefähr vierhundert Mexiko-Fotos, die ich gemacht habe und die in verschiedenen Büchern sowie in Zeitungen und Zeitschriften in Europa publiziert worden sind ...

Der Autor der Bücher, auf die sich Herr Spota bezieht, verließ Mexiko 1930 aufgrund erheblicher Schwierigkeiten mit gewissen Behörden und Privatpersonen.

Herr Spota wußte das, aber um seinen Artikel nicht selbst abzuwerten, und aufgrund fehlender Berufsethik erwähnte er es nicht ...

Es gibt viele B. Traven auf der Welt; allein in Chikago zum Beispiel leben ungefähr fünfzehn Personen, die diesen Namen tragen.

Ein großer Teil der Korrespondenz des Autors wird nach Mexiko adressiert und auch von Mexiko aus abgeschickt, aus dem einfachen Grunde, damit die Verleger im Ausland weiterhin im Glauben bleiben, daß der Autor noch in Mexiko lebt und deshalb seine Bücher noch authentischer wirken. Das wußte Herr Spota auch, aber er vergaß es seinen Lesern zu sagen ...

Mit Tränen in den Augen sagte mir Herr Spota, daß seine Journalistenkarriere davon abhinge, daß ich zugäbe, der Autor der Bücher zu sein. Er versprach mir, in Gegenwart von Herrn Lopez, feierlich, daß er, wenn ich seiner Bitte entspräche, nicht meinen Wohnsitz bekanntgeben würde.

Ich antwortete: ›Wenn Sie mir alle Reichtümer der Erde und die Gnade der Jungfrau Maria versprechen würden, könnte ich dieses Verbrechen nicht begehen, mich zu rühmen, etwas zu sein, was ich nicht bin, weil die Folgen für mich sehr hart sein könnten ...‹

Warum werden wir jetzt, ich und meine Freunde und meine Familie, bewacht, als ob wir mit dem Gesetz in Konflikt lebten?

Weil die ganze Welt weiß, daß ich eine von den drei Personen bin, die den Menschen – oder die Menschen – kennt, der – oder die – für die Schöpfung der Bücher, welche unter dem Pseudonym B. Traven veröffentlicht worden sind, verantwortlich ist?«

Seit damals hat sich Acapulco gründlich geändert. Aus dem verträumten Fischernest wurde ein mondäner Badeort, der Touristen aus der ganzen Welt anzieht. Aber mit den Dollars der Touristen kamen auch Spekulation, Korruption, Laster und Verbrechen. Mit Einbruch der Dunkelheit wagt sich hier mancher nicht mehr an den Strand. Auf den Strandpromenaden nehmen Gangster mit vorgehaltener Waffe arglosen Spaziergängern Uhr, Schmuck und Brieftasche ab.

Mit Raymundo Schulz, meinem mexikanischen Dolmetscher, fahre ich durch endlose Slumviertel, die täglich ein Stückchen höher in die Berge hineinwachsen, und suche Travens Haus. 1948 lag es weit außerhalb der Stadt, heute ist es längst von Stein-, Holz- und Betonbauten umzingelt.

Aber sonst hat sich nicht viel verändert. Da ist noch das alte Reklameschild von Coca-Cola, das Traven sicher eigenhändig angebracht hat; die niedrige, primitiv gezimmerte Taverne am Straßenrand; der winzige Steg über den Straßengraben; der lange Stacheldrahtzaun ... Auch das kleine weiße Farmhaus scheint das alte zu sein. Und leider gibt es hier nach wie vor eine

Menge großer und scharfer Hunde. Sie begrüßen uns mit einem wütenden Bellkonzert.

Wie wird uns Maria de la Luz Martinez, die Frau in der Kutte, begrüßen? Bei diesem Gedanken ist mir nicht ganz wohl: Dem Detektiv Fernando Lopez hatte sie mit schriller Stimme nachgeschrien: »Wenn ich jetzt eine Pistole hätte, ich würde Sie erschießen!«

Auf jeden Fall wird es schwer sein, da hineinzukommen. Und noch viel schwerer, sie über Traven auszufragen. Schulz und ich haben uns einen Trick ausgedacht. Mal sehen, ob er funktioniert.

Wir setzen uns in die Taverne, in der eine Musicbox spielt. Ein Mädchen kommt hinter der Theke vor. Sie ist etwa zwanzig, schlank und – trotz ihrer vorstehenden Zähne – leidlich hübsch.

»Wie heißen Sie?« fragt Schulz und lächelt sie freundlich an.

»Jany.«

»Ein schöner Name, aber nicht mexikanisch – oder?«

»Eigentlich heiße ich Juanita, aber mein Onkel fand Jany schöner. Er ist Ingenieur und kommt aus den Staaten.« Sie scheint sehr stolz zu sein auf diesen Onkel.

»Wohnt er hier?«

»Nein, in Mexico City.«

Schulz zwinkert mir zu – wir sind beim Thema. Ich finde aber, wir sollten nicht so direkt auf unser Ziel lossteuern. So frage ich:

»Kann man hier was essen, Jany?«

»Was möchten Sie denn? Möchten Sie Tortillas?«

Also gut, wir essen mehrere Tortillas und halten die Augen offen, ob sich da nicht irgendwo die dicke Martinez zeigt. Aber Jany erzählt uns, daß sie krank ist und im Bett liegt.

»Schade!« meint Schulz. »Dieser Señor möchte sie nämlich gern sprechen. Er ist Vertreter einer großen Schweizer Firma und wüßte gern, ob das Grundstück noch zu verkaufen ist.«

»Ja«, nickt Jany, »das Grundstück ist noch zu haben. Können Sie morgen nachmittag noch mal kommen? Ich sage meiner Tante Bescheid.«

»In Ordnung.« Ich zahle unsere Rechnung, und dann fahren wir ab, ohne durch weitere neugierige Fragen Verdacht zu erregen.

Am nächsten Vormittag statten wir dem Katasteramt von Acapulco einen Besuch ab und erzählen dem dortigen Beamten dieselbe Geschichte wie Jany: Meine Firma möchte in Acapulco eine Filiale eröffnen und benötigt ein Grundstück.

Auf der Fahrt zur Traven-Farm haben wir eine Holztafel gesehen, auf der das dahinterliegende Grundstück zum Verkauf angeboten wurde. Vorsichtshalber tun wir zunächst so, als interessierten wir uns auch dafür. Erst später nennen wir Travens Grundstück »Pie de la Cuesta 901«.

Beim Nachbargrundstück ist alles in Ordnung, Travens Farm jedoch ist gar nicht registriert.

»Schauen Sie bitte mal unter dem Namen Maria de la Luz Martinez nach!« rate ich dem Beamten.

Der Mann zieht eine Karte aus seinem Karteikasten. »Kann es sein, daß die Dame Maria de la Luz Martinez de Tronsvan heißt?«

»Ja, das ist sie.« Es stellt sich heraus, daß die Kittelfrau ein Grundstück mit mehreren Häusern mitten in Acapulco besitzt; aber das Farmgelände ist nicht registriert worden. Vermutlich nur eine Schlamperei, genau wie die falsche Schreibweise von Torsvan. Damals als Acapulco noch ein verträumtes Nest war, hat die Verwaltung eben etwas großzügiger gearbeitet.

Ich drücke dem Beamten zwanzig Pesos in die Hand. Der Abschied ist herzlich.

Am Nachmittag sind wir wieder in der Taverne und warten auf die Martinez. Statt dessen kommt ihre Schwester, eine rundliche Vierzigerin, und erklärt uns, der Arzt habe der Kranken verboten, Besucher zu empfangen. Sie leide an einer Bauchinfektion, außerdem sei sie herzkrank. »Sie liegt in meinem Haus und ist noch sehr schwach. Vielleicht kann sie morgen etwas aufstehen.« Als sie sieht, wie enttäuscht wir sind, lädt sie uns zu einer Geländebesichtigung ein. Sie geht voraus, und zwar, angesichts ihres Leibesumfangs, erstaunlich schnell. Wir kommen uns vor wie auf einem Dschungelmarsch.

Aus Travens Obstbäumchen ist eine verwilderte Plantage geworden. Überall ist dichtes Unterholz, das an manchen Stellen nur mit einer Machete zu durchdringen ist.

Und überall diese vierbeinigen Wächter. Schätzungsweise dreißig, darunter zehn Schäferhunde.

»Wozu brauchen Sie so viele Hunde?« frage ich.

»Man muß sich schützen . . .«, antwortet die Frau.

»Gegen wen?«

»Gegen Holzdiebe zum Beispiel. Außerdem verhindern die Hunde, daß sich auf unserem Grundstück irgendwelches Gesindel ansiedelt.«

»Wir waren schon auf dem Katasteramt«, bemerkt Schulz an dieser Stelle. »Wir wollten doch wissen, ob alles in Ordnung ist.«

»Selbstverständlich ist alles in Ordnung!« antwortet die Dicke schnaufend. »Das hätten Sie aber auch von mir erfahren können.«

»Das machen wir immer so.« Schulz zeigt ihr sein Notizbuch mit Angaben über verschiedene Grundstücke.

»Darf ich hier ein bißchen fotografieren?« frage ich höflich. »Meine Firma braucht ein paar Bilder, um sich orientieren zu können ...«

Sie gestattet es.

Und dann sind wir bei Travens Farmhaus am oberen Ende des Grundstücks angelangt. Es wirkt unbewohnt. Die Fenster sind von innen mit schweren Holzläden verschlossen, die Stufen zur Haustür sind brüchig.

Ich schätze, daß das kleine Haus höchstens drei Zimmer hat, trotzdem sind Schulz und ich von diesem Platz begeistert. Einsiedler Traven hatte sich wirklich einen schönen Blick auf die Bucht von Acapulco ausgesucht. Wenn man hier steht, gerät man ins Träumen.

Erst als wir wieder bei Jany in der Taverne sitzen, erinnern wir uns an unsere »Schweizer Firma«. Raymundo Schulz – klein, schlank, grünäugig, glücklich verheiratet, zwei Kinder – ist ein gutaussehender Mann. Er beschließt, sich ein bißchen an das Mädchen ranzumachen und erzählt, wie nebenbei, daß es seine Schweizer Firma gern sähe, wenn er sich eine Frau suchte.

Janys Mutter ist gleich interessiert: »Wie alt sind Sie denn jetzt?«

»Achtundzwanzig. Ich arbeite seit meinem achtzehnten Lebensjahr, und ich bin sehr allein.«

»Entschuldigen Sie«, sagt Janys Mutter, »ich muß jetzt einen Augenblick nach meiner Schwester sehen.« Sie geht zum Nachbarhaus.

Raymundo dreht auf. »Die Firma ist sehr zufrieden mit mir, aber sie drängt mich zur Heirat. Natürlich würde ich nie zulassen, daß die Firma eine Frau für mich sucht. Ich möchte selbst eine finden.

Als ich einundzwanzig war, kannte ich ein Mädchen. Sie war sehr nett, und ich war auch sehr glücklich mit ihr. Sie stellte mich ihrer Familie vor, und ich war dort wie zu Hause. Eines Tages fing ich aber an zu denken und sagte mir: Wenn ich weiter mit ihr gehe, endet unser Weg an der Kirchentür. Ich hatte in dieser Zeit noch kein Geld, um eine Frau zu ernähren, also machte ich Schluß. Aber jetzt bin ich achtundzwanzig und muß mir ein Mädchen suchen. So eines wie Sie.«

»Ich bin erst zwanzig«, antwortet Jany verschämt, »ich bin noch zu jung. Ich muß erst fünfundzwanzig sein.«

»Ach was, das hat mit dem Alter nichts zu tun. Man kann auch mit zwanzig schon reif genug für die Ehe sein. Aber natürlich – Sie können bessere Männer haben, Sie sind ja reich.«

Jany schüttelt den Kopf. »Wir sind nicht reich.«

»Aber Sie haben doch das Land?«

»Das Land können wir nicht essen. Wenn wir es verkaufen – ja, dann wären wir reich.«

Das Gespräch endet mit einer Verabredung für morgen früh. Raymundo Schulz will mit Jany um acht in die Kirche gehen.

»Mein erster Kirchgang seit einem Jahr!« vertraut er mir lachend auf der Rückfahrt an.

Aber Jany versetzt ihn. Am Vormittag fahren wir wieder zum Grundstück. Die Taverne ist geschlossen, denn es ist Sonntag. Janys Mutter begrüßt uns freundlich und sonntäglich geputzt. Sie hat sich die Lippen geschminkt und die Wangen gepudert. Ihre Sprechweise und Bewegungen haben etwas Feierliches.

Einige Minuten später kommt Maria de la Luz Martinez. Eine kleine mollige Frau mit vollem, milchkaffeebraunem, typisch mexikanischem Gesicht, das – vermutlich infolge ihrer Krankheit – einen leichten grauen Schimmer hat. Auch heute trägt sie ihre braune Kutte.

»Haben Sie sich entschlossen, das Grundstück zu kaufen?« fragt sie gleich zur Begrüßung.

Schulz übersetzt meine Antwort:

»Ja, wir sind sehr interessiert. Allerdings müssen wir alle Details zunächst an unsere Firma senden, denn die hat schließlich das letzte Wort. – Ich würde gern noch die Grundbucheintragung und den Grundstücksplan sehen.«

»Leider kann ich Ihnen diese Papiere im Augenblick nicht zeigen, sie sind bei einem Repräsentanten der Firma Pepsi-Cola. Die Originale liegen in einem Banksafe in Mexico City. Sie können aber sicher sein, daß die Dokumente in Ordnung sind.«

Als ich auf die Toilette gehe, handelt Raymundo Schulz mit der Martinez eine Provision für den Fall aus, daß die Firma das Grundstück kauft. Und dann entdecken wir bei einem zweiten Rundgang Travens alten Wagen. Schulz tut so, als seien solche Oldtimer sein ganz spezielles Hobby, und fragt, ob das Prachtstück zu kaufen sei.

Die Martinez lächelt. »Ausgeschlossen. Der Wagen ist ein Hochzeitsgeschenk meines Mannes, hat ihn mir in San Antonio gekauft, kurz bevor wir nach Mexiko zogen. Er war der erste Wagen in Acapulco damals. Ich würde ihn nie verkaufen, nicht für eine Million Dollar!«

Zum Schluß verspricht sie uns, den Grundstücksplan vom Pepsi-Cola-Mann zu holen. Noch immer haben wir kein Wort von Traven gesprochen. Aber ich will vorsichtig sein.

Am nächsten Vormittag sind wir wieder in der Taverne. Jany sagt uns, daß die Martinez gleich kommen werde, und Raymundo benutzt die Gelegenheit, wieder ein bißchen zu flirten und schöne Augen zu machen. »Der Mann, der Sie heiratet, wird es nicht leicht haben«, sagt er seufzend.

Sie errötet. »Wie meinen Sie das?«

»Weil er gleich zwei Schwiegermütter bekommt – Ihre Mutter und Ihre Tante. Die lassen ja kein Auge von Ihnen.«

»Ja, sie sind beide sehr eifersüchtig. Manchmal kann ich es nicht mehr aushalten.« Sie senkt den Kopf und poliert eifrig Colagläser, denn mittlerweile ist Doña Maria de la Luz Martinez auf der Bildfläche erschienen. Ohne den Grundstücksplan.

»Es tut mir leid«, sagt sie, »der Herr von Pepsi-Cola ist für ein paar Tage nach Mexico City gefahren und hat den Plan mitgenommen. Ich fahre am Donnerstag hin und werde mir die Unterlagen geben lassen.«

»Und wo hole ich die Papiere ab?« fragt Schulz. »Hier oder in Mexico City?«

Sie fährt sich mit ihrer dicken weichen Hand über die scharf gebogene Nase, die merkwürdig mit ihrem Mondgesicht kontrastiert. »Sagten Sie nicht, Sie hätten hier irgendwo bereits eine Plantage gekauft?«

Ja, das hatten wir gesagt. Und das war ein Fehler, wie ich jetzt leider feststellen muß.

»Schön, dann komme ich zu Ihrer Planta und bringe Ihnen den Plan.«

Das paßt mir nun gar nicht. Wie kann ich ihr das nur ausreden, ohne Verdacht zu erregen?

Da ich an ihren bisherigen Reaktionen bemerkt hatte, daß sie von Traven ein bißchen Deutsch aufgeschnappt haben muß, sage ich nachdenklich zu Schulz: »Bevor sich unsere Firma nicht definitiv zum Kauf entschlossen hat, sollten wir den Firmennamen eigentlich nicht preisgeben. Was ist, wenn die Konkurrenz von unseren Bauplänen in Acapulco erfährt und uns zuvorkommt? Dann zahlen wir möglicherweise das doppelte Schmiergeld, um eine Baugenehmigung zu kriegen. – Sagen Sie Frau Martinez doch bitte, Sie möchte mich am Donnerstag im Hilton-Hotel in Mexico City anrufen.«

Die Martinez hat aufmerksam zugehört. Trotzdem läßt sie sich alles von Schulz übersetzen. »Vertrauen Sie mir unbesorgt!« sagt sie, als sie sich mir wieder zuwendet. »Lassen Sie mich ruhig in Ihrer Planta anrufen. Niemand wird von unserem Geschäft erfahren.«

Um keinen Verdacht zu erregen, muß ich nachgeben. Schulz gibt ihr die Telefonnummer der Planta seines Vaters und sagt: »Bueno, hier ist die Nummer. Rufen Sie mich an, und wir verabreden uns. Sollte ich nicht dasein, sagen Sie bitte der Sekretärin, wo wir uns sehen werden.«

Währenddessen hole ich zwei mexikanische Zeitschriften aus meiner Tasche, die mir die Martinez am Vortag geliehen hat. In der einen ist eine zweiseitige Bildanzeige, in der die Farm zum Kauf angeboten wird; die zweite enthält einen Artikel, in dem enthüllt wird, daß dieser Besitz einmal von B. Traven bewohnt wurde.

»Ein interessanter Artikel . . .«, bemerkt Raymundo Schulz. »Mein Kollege glaubt aber nicht, daß Traven hier gewohnt hat. Er hält das für eine gute Reklameidee, die helfen soll, den Grund besser zu verkaufen.«

Doña Maria amüsiert sich: »Glauben Sie, was Sie wollen.«

»Mein Kollege meint, dieser Schriftsteller lebt in der Schweiz.«

»Glauben Sie's nur. Es stimmt aber nicht. Übrigens haben sich für dieses Grundstück schon viele Leute interessiert, vor allem Reporter.«

»Haben Sie was gegen Reporter?« frage ich.

Darauf Doña Maria, nach kurzem Zögern: »Nein.«

»Für meine Firma wäre es aber nicht sehr angenehm, so viele Hunde in der Nachbarschaft zu haben . . .«

»Wenn Sie mein Nachbar werden, will ich den größten Teil der Hunde abschaffen. Ich behalte dann nur zehn oder zwölf.«

Ich gehe aufs Ganze. »Haben Ihnen die Reporter diese Traven-Geschichte eigentlich geglaubt? Sicherlich liegt da nur eine Namensgleichheit mit Traven-Torsvan vor, denn im Katasteramt sind Sie doch als Maria de la Luz Martinez de *Tronsvan* registriert.«

Sie wischt die Bewegung vom Tisch. »In der Registratur wissen sie überhaupt nichts. Die kennen dort seinen richtigen Namen nicht. Er heißt Torsvan, unterschreibt seine Bücher aber mit Traven.«

Möglichst gleichgültig tuend, als ob mich die Sache nicht allzusehr interessieren würde, sage ich: »Wir hatten in der Firma mal einen Buchprüfer, der erzählte meinem Vater, er sei nebenher noch Agent des Schriftstellers B. Traven. Und ich glaube, er sagte auch, dieser Schriftsteller lebe in der Schweiz.«

Eine deutliche Anspielung auf Travens Züricher Agenten Josef Wieder. Doch die Martinez reagiert gelassen. »Der kann Traven aber nicht persönlich gekannt haben. Ob Sie es glauben oder nicht, ist mir egal. Jedenfalls wohnt er hier.«

Behutsam leitet Schulz zu spezielleren Fangfragen über.

Er erzählt, sein Vater habe ihm das Traven-Buch *Die Rebellion der Gehenkten* geschenkt. »Es hat mir aber überhaupt nicht gefallen. Da wird geschrieben, daß einem Kind die Ohren abgeschnitten wurden. Daß so etwas in Mexiko passiert ist, glaube ich nicht.«

»Doch, das ist die Wahrheit. Es ist in Chiapas passiert.«

Das ist mein Stichwort. »Ich glaube nicht«, sage ich langsam, »daß ein Amerikaner solche Bücher geschrieben hat. In diesen Büchern sind sehr viele Dialektausdrücke aus einer deutschen Gegend, die nur einer kennen kann, der dort geboren ist. Ich habe Verwandte in dieser Gegend . . .«

»Welche Gegend ist das?« fragt Raymundo Schulz.

»Mecklenburg – das liegt zwischen Hamburg und Berlin.«

Schulz dreht sich zu Maria Martinez: »Haben Sie schon mal von Meck-len-burg gehört?«

Sie nickt und lächelt geheimnisvoll.

Ich bezweifle zwar, daß Traven wirklich mit ihr über Mecklenburg gesprochen hat, immerhin bestätigt sie seine deutsche Vergangenheit.

»Meiner Ansicht nach kommt er aus Mecklenburg«, sage ich noch einmal.

Die Martinez lächelt wissend und antwortet: »Wer weiß . . .«

Ich sehe Schulz an und frage: »Wie viele Bücher hat dieser Traven eigentlich geschrieben?«

Schulz übersetzt meine Frage. Daraufhin legt sie die Stirn in scharfe Falten und antwortet langsam und nachdenklich: »Mein Mann hat *Die Brücke im Dschungel* geschrieben, den *Schatz der Sierra Madre*, die *Weiße Rose*, die *Rebellion der Gehenkten*, den *Korb mexikanischer Geschichten* und *Macario*.«

Ich habe andächtig zugehört. »Ist *Das Totenschiff* nicht auch von ihm?«

»Hm, ja. Das auch.«

»Und welches Buch schreibt er jetzt?« schaltet sich Raymundo ein.

»Jetzt keins.«

Ich wage wieder einen kleinen Widerspruch. »In der Schweiz habe ich mal gelesen, daß Torsvan nur der Sekretär von Traven ist, daß er sich praktisch immer als Strohmann zur Verfügung gestellt hat.«

»Das stimmt nicht. Er ist Traven.«

»Aber warum versteckt er sich dann immer so?«

»Er belästigt niemanden und möchte auch von den Leuten nicht belästigt werden.«

»Nun ja, wenn wir jetzt das Grundstück kaufen, bekommen wir wenigstens ein Autogramm von ihm – auf dem Vertrag. Ein ziemlich teures Autogramm allerdings.«

»Wieso? Er hat mit dem Grundstück nichts zu tun. Ich bin die einzige, die unterschreiben wird.«

»Aber wenn wir erst Nachbarn sind, dann werden wir ihn doch sicher kennenlernen, oder?«

»Vielleicht . . .«

»Wann haben Sie und Traven eigentlich geheiratet?«

»Vor zweiunddreißig Jahren, in San Antonio, Texas. Da war ich vierzehn. Mit fünfzehn hatte ich schon mein erstes Mädchen.«

»Da haben Sie also schon eine große Tochter?«

»Nein, sie ist gestorben.«

Raymundo spricht ihr sein Beileid aus. »Haben Sie noch mehr Kinder gehabt?«

»Ja, das Mädchen und zwei Jungen. Alle sind gestorben, an Bauchinfektionen.«

»Sind sie hier gestorben?«

»Nein, in Mexico City.«

Ich wende mich zu Raymundo Schulz und frage ihn: »Hat Jany nicht erzählt, ihr Onkel, der amerikanische Ingenieur, wohnt in Mexico City?«

Doña Maria unterbricht: »Das stimmt nicht. Er lebt hier.«

In diesem Moment stoppt ein Taxi vor der Taverne. »Wollen Sie mitfahren?« fragt die Frau mit dem melancholischen milchkaffeebraunen Mondgesicht. »Ich bin um eins mit dem Bürgermeister verabredet und könnte Sie auf dem Weg dahin bei Ihrem Hotel absetzen lassen.«

Wir sind mit einem Taxi gekommen und nehmen darum das Angebot dankend an. Ich steige schnell als erster ein; dabei gelingt es mir, aus dem Inneren des Wagens ein paar Schnappschüsse von Maria de la Luz Martinez zu machen.

In Acapulco steigen wir in ein anderes Taxi um und fahren zum Rathaus. Trotz stundenlangen Wartens aber sehen wir Doña Maria nicht mehr.

Schade, wir wären ihr gern ein bißchen durch die Stadt gefolgt.

Als wir abends noch einmal zur Traven-Farm kommen, sagt uns Jany, daß ihre Tante bereits nach Mexico City gefahren ist.

Ich hätte sie dort gern ein bißchen beobachtet. Da ich aber nicht weiß, wo ich sie in der Dreimillionenstadt suchen soll, gebe ich den Plan wieder auf.

Raymundo Schulz, mein Dolmetscher, hat sich im übrigen so sehr in seine Rolle als Vertreter eines Schweizer Konzerns eingelebt, daß er fröhlich an seine Provision glaubt. Es kostet mich einige Mühe, ihn in die Realität zurückzuholen.

Mein Abstecher nach Tampico erweist sich als Pleite. Der Vertreter für Remington-Schreibmaschinen, dessen Kundenkartei ich gern gesehen hätte, hat sich vor kurzem umgebracht.

Alles, was hier noch an Travens erste Mexiko-Jahre erinnert, ist das im spanischen Kolonialstil erbaute Postamt, wo Postfach Numero 1208 seine einzige Verbindung mit Deutschland bildete, das er vergessen wollte und nicht vergessen konnte.

Von hier meldete er triumphierend die Selbstbefreiung der mexikanischen Hafenarbeiter, die damals gerade ihre Bosse aus den Chefetagen getrieben hatten:

»Die Ladung und Entladung aller einkommenden Schiffe wird von dem Hafenarbeiterverband ausgeführt. Kein Privatunternehmer mehr hat irgendwelchen Zutritt. Die kapitalistischen Blätter und die kapitalistischen Schiffsagenturen haben Anfang des Jahres 1927 freiwillig zugegeben, daß niemals vorher alle Waren im Hafen von Tampico so sorgfältig behandelt wurden, so schnell geladen oder entladen, so schnell, so pünktlich und so zuverlässig geliefert wurden, als seit die Hafenarbeiter-Arbeitsgenossenschaft den Hafen übernommen hat ...

Zur Zeit, wo ich das hier schreibe, bauen diese Hafenarbeiter gerade zwei neue Piers, um noch mehr Schiffe gleichzeitig aufnehmen zu können und die Landungen noch mehr zu beschleunigen.

Dieser genossenschaftliche Trieb, der dem Indianer und so auch dem Halbindianer im Blut liegt, sucht sich überall durchzusetzen, wo sich eine Gelegenheit bietet. Aus diesem inneren Triebe heraus bilden sich überall im Lande die landwirtschaftlichen Arbeitsgemeinschaften. Die Leute haben nie von Produktivgenossenschaften gehört, nie von Kooperation. Sie tun es, sobald sie von keinem Herrn mehr gedrückt werden. Wir sind durch Erziehung, durch Schule, durch Beispiel, durch geschichtliche Lügen und durch Politiker in unserm Wesen verbildet worden, Generationen hindurch und bis auf den heutigen Tag. Darum sehen wir etwas Besonderes und Bemerkenswertes da, wo wir eigentlich gar nichts sehen sollten, weil es natürlich und selbstverständlich ist.«

Ich laufe durch die Landschaft, die Traven zu seiner *Weißen Rose* inspirierte – seiner hastig geschriebenen Klageschrift gegen die amerikanischen Ölkonzerne, die jahrelang keinen amerikanischen Verleger fand. Als der Roman verfilmt wurde, verhinderte das mexikanische Innenministerium die Aufführung dieses Films. Der populär gewordene, aber in selbstgewählter Verbannung lebende Traven mußte ohnmächtig zusehen, wie man ihn totschwieg.

Mit einem Interview hätte er die Entscheidung sicher zu seinen Gunsten beeinflussen können. Aber er scheute den Schritt in die Öffentlichkeit.

Ich bin nicht abergläubisch, doch als ich am Abreisetag in Acapulco auf der Terrasse vor meinem Hotelbungalow nur um Haaresbreite dem Biß eines weißen Skorpions entging, sah ich dieses unangenehme Erlebnis als schlechtes Zeichen an. Und wirklich: Tampico bringt mir kein Glück.

Trübe Erinnerungen, trübe Gedanken. Ich beschließe, dieser Stadt schleunigst den Rücken zu kehren und den Behörden in Chikago und San Antonio einen Besuch abzustatten.

In Chikago durchsuche ich die Karteien der Rekrutierungsbüros und Wahlämter sowie die Bücher aller neunundsiebzig Kirchen, die vor Travens Geburt gebaut wurden. Und in San Antonio durchwühle ich die Bücher aller Standesämter. Weder hier noch dort findet sich der Name Torsvan oder Traven.

Damit dürfte sicher sein, daß es sich bei Travens Angaben an die mexikanische Einwanderungsbehörde um Märchen handelt, genauso wie bei Doña Marias Behauptung, Traven habe mit ihr in San Antonio die Ehe geschlossen.

Für teures Geld erfahre ich von einem Detektivbüro, daß Torsvan-Traven weder beim FBI noch beim Paßamt in Washington registriert wurde. Er dürfte nie einen amerikanischen Paß besessen haben.

Nächste Station: Von San Antonio fliege ich nach New Orleans. Denn für diese Stadt habe ich eine gute Adresse im Gepäck, die mir Rolf Recknagel, der Leipziger Literaturwissenschaftler, mitgegeben hat: Gerti Villarejos. Sie ist die Frau eines bolivianischen Professors und schreibt gerade an ihrer Doktorarbeit. Ihr Thema: »Das Problem der Ursprache B. Travens«.

Eine schlanke, dunkelhaarige Frau. Eine große, geschmackvolle Wohnung. Frau Villarejos hat drei erwachsene Kinder und unterrichtet Deutsch und Spanisch an der Louisiana State University.

»Ich glaube, wir haben beide das gleiche Problem«, sage ich zur Begrüßung. »Sie und ich wollen Traven zu einem Geständnis zwingen, allerdings mit zwei ganz verschiedenen Methoden. Ich gebe zu, daß ich von Ihrer Methode nicht allzuviel verstehe. Darf ich fragen, wie Sie das machen wollen?«

Sie streicht sich durchs Haar und lächelt. »Ganz einfach: Ich stelle alle typischen deutschen Ausdrücke zusammen, das heißt: Ich gehe auf die Sprache ein, Wort für Wort. Untersuche Umgangssprache, Dialektsprache, sogenannte Gaunersprache, typisch deutsche Seemannsausdrücke und so weiter.«

»Und sind Sie zu dem Ergebnis gekommen, daß die Sprache, in der er schreibt, Deutsch ist?«

»Daran kann kein Zweifel sein. Ein persönlicher Freund von ihm hat mir zwar gesagt, daß er hin und wieder dänische Ausdrücke gebraucht. Aber das ist kein Gegenbeweis. Jeder kann so ein paar Worte aus einer anderen Sprache annehmen, besonders wenn er viel gereist ist, was man bei Traven voraussetzen darf.«

»Kennen Sie Torsvan?«

»Nein, aber die Frau, mit der er zusammenlebt. Traven alias Torsvan will sich hinter dieser Frau verstecken, und sie strengt sich auch wirklich mächtig an, ihm diesen Gefallen zu tun. Dabei macht sie aber so gravierende Fehler, daß sie ihn mehr enthüllt als versteckt. Allerdings habe ich selbst auch einige Fehler gemacht, als ich sie besuchte...«

»Zum Beispiel?«

»Zum Beispiel, als ich sie anrief. Da wurde sie gleich mißtrauisch und wollte wissen, woher ich denn ihre Geheimnummer hätte. Ich mußte wohl oder übel zugeben, daß ich ein bißchen Detektiv gespielt hatte und unter Freunden im Theater herumgefragt hatte, das sie regelmäßig besucht. Das ging noch. Aber dann fragte sie mich, ob ich auch ihre Adresse kenne. Und ich sagte ja. Das war ein großer Fehler.

Auf alle Fälle bin ich zu ihr gegangen. Wir haben uns sehr schön unterhalten, und sie hat mir alle Erstausgaben, alle Übersetzungen und alle Bücher, die später in englischer Sprache erschienen sind, gezeigt.

Als ich sie fragte: ›Wer ist Hal Croves?‹ sagte sie: ›Mein Mann.‹ Dann war eine Dreiviertelstunde um, und sie mußte zum Arzt gehen, weil ihr Mann krank war. Sie fuhr mich ins Stadtzentrum zurück und versprach, sie würde mich wieder anrufen.

›Kennen Sie Traven persönlich?‹ fragte ich zum Schluß. ›Ja, ich kenne ihn.‹ – ›Wissen Sie‹, sagte ich dann weiter, ich bin an Traven wirklich nur rein wissenschaftlich interessiert, aber ich wüßte gern, wo er lebt.‹ – ›Er lebt ganz zurückgezogen in Chiapas und kümmert sich um nichts.‹«

»Und wann hat sie dann zugegeben, daß ihr Mann alles zusammen ist – Croves, Torsvan und Traven?«

»Am selben Tag, aber unfreiwillig. Als sie mich ins Stadtzentrum brachte, saß eine ihrer Töchter mit im Auto. Ich kam immer wieder auf Traven zu sprechen, und sie drehte sich immer wieder zu ihrer Tochter und machte ihr Zeichen: ›Nichts sagen!‹ Unter anderem rutschte ihr raus, daß die *Baumwollpflücker* 1959 ins Englische übersetzt wurden. ›Wieso übersetzt?‹ fragte ich. ›Traven sagt doch, daß das Buch auf englisch geschrieben wurde?‹ Da kam sie schon ein bißchen ins Schleudern. Dann erzählte ich ihr, daß mein Sohn beim besten Augenarzt in Spanien war, worauf sie antwortete: ›Aber in Deutschland gibt es auch sehr gute Augenärzte. Mein Mann war zum Beispiel bei einem sehr berühmten Spezialisten in München.‹ – ›Könnten Sie mir gelegentlich die Adresse geben?‹ Da wollte sie auf einmal nicht mehr davon reden.«

»Ja, aber das ist doch noch kein Beweis ...«

»Der kam kurz darauf. Bis heute hält sich hartnäckig das Gerücht, Traven habe als norwegischer bzw. schwedischer Fotograf F. Torsvan 1926 an der Palacios-Expedition teilgenommen. Als ich darauf zu sprechen kam, sagte sie: ›Ja, B. Traven war in dieser Expedition.‹ Damit hatte sie zugegeben, daß ihr Mann – Torsvan alias Croves – B. Traven ist. Ich stellte mich aber dumm und fragte: ›Wieso? Der Name Traven steht aber nicht in der Expeditionsliste.‹ Ihre Antwort war noch ganz freundlich. ›Er wollte eben nicht genannt sein.‹ Als ich aber dann weiterfragte: ›Und was ist mit diesem Herrn Torsvan?‹ (Torsvan steht in der Teilnehmerliste), wurde sie sehr ungemütlich und verabschiedete sich. Das war das Ende unserer Bekanntschaft.

Als ich abends in mein Hotelzimmer kam, war es gründlich durchsucht worden. Traven hat einflußreiche Freunde. Seien Sie also vorsichtig!«

Ich will es besser machen als die draufgängerische Professorenfrau aus New Orleans. Rosa Elena Lujan, die Frau, die Traven versteckt, muß – das ist mir nach diesem Gespräch eindeutig klar – mit Takt und Zartgefühl erobert werden, sonst kann ich meinen Koffer packen und den Rückzug antreten.

In Mexico City mache ich deshalb einen reiflich erwogenen, zielstrebigen Umweg. Ich drücke nicht auf Travens Klingelknopf und greife auch nicht zum Telefonhörer, sondern vereinbare ein Gespräch mit Gabriel Figueroa. Er ist Mexikos erfolgreichster Kameramann und hat eine Reihe von Traven-Romanen verfilmt.

Er empfängt mich in der Av. Coyoacan, in seinem sandfarbenen, weiträumigen Haus, das im Haziendastil erbaut ist und hinter einer hohen Mauer liegt. Einige Jahre wurde es von Traven bewohnt. Nur wenige hundert Meter weiter wohnte Trotzki.

Gleich zu Beginn unseres Gesprächs über Traven weiß ich, daß mich der ruhige, sympathische Mann nicht mit gewundenen Erklärungen abfertigen wird. Er ahnt, daß meine Arbeit schon ziemlich weit gediehen ist. Jedenfalls brauche ich bei ihm nicht zu befürchten, daß er

Rosa Elena Lujans mißglücktes Versteckspiel mitmacht.

Wieviel er selber weiß, kann ich noch nicht abschätzen. Immerhin scheint ihm auch die Bibeljé-Geschichte bekannt zu sein, denn er fragt mich ziemlich unvermittelt: »Kennen Sie denn auch den zweiten Traven?« Ich erzähle ihm von meinen Recherchen und frage dann: »Wie sprechen Sie ihn nun eigentlich an? Mit ›Torsvan‹ oder ›Croves‹?«

»Mit ›Torsvan‹ natürlich; gelegentlich – wenn er gute Laune hat – auch mit Traven. Manchmal schläft er hier. Diese Treppe«, er weist in den Hintergrund der Halle, »führt zu seinem Zimmer.«

»Hat er Ihnen gegenüber zugegeben, daß er kein Amerikaner ist?«

»Nicht direkt, aber mit meinem Sohn, der Deutsch lernt, spricht er gern deutsch.«

Während ich Figueroas stolze Filmpreis-Sammlung bewundere (darunter mehrere *Oscars*) erzählt er mir, wie er Traven 1953 kennenlernte, um die Dreharbeiten für den Film *Die Rebellion der Gehenkten* vorzubereiten.

Damals schien Traven wieder einmal sehr heftig an »Travens Fluch« zu glauben, denn er warnte Figueroa mit den Worten: »Alle Regisseure, die sich mit meinen Romanen befaßt haben, erlitten eine künstlerische oder finanzielle Niederlage.«

»Und wirklich«, der Regisseur lächelt, »was Traven prophezeit hatte, trat ein: Keiner meiner Traven-Filme wurde ein Erfolg. Dafür gestalteten sich meine privaten Beziehungen zu diesem großen Autor um so erfreulicher. Ich habe viel von ihm gelernt, besonders über gesellschaftliche Zusammenhänge.

Viele behaupten, Traven sei Kommunist. Das stimmt nicht, denn er lehnt Systeme ab, so auch das kommunistische. Er ist ein Anarchist, der nur die persönliche Freiheit im Sinn hat. Die mexikanische Revolution liebt er heiß und innig. Und warum? Weil sie nicht das Werk einer Partei ist.«

Figueroa nimmt ein Buch aus dem Regal. »Hier, hören Sie . . .« Er liest: »Was Mexiko braucht, ist Großindustrie. Großindustrie auf allen Gebieten unter rücksichtsloser Ausschaltung jedes Kleinbetriebs.«

Er steckt den Finger ins Buch und sieht mich an. »Das klingt nach Kommunismus, ist es aber nicht. Traven fordert den Staatskapitalismus, und zwar einen staatlichen Großkapitalismus, der dem sowjetischen System weit überlegen ist. Hören Sie weiter . . .« Er klappt das Buch auf und fährt fort:

»Der Reichtum des Landes ist so gewaltig, so unermeßbar, daß das Land nicht einen einzigen Dollar fremden Kapitals nötig hätte, ja, das Land ist so unglaublich reich, daß es nicht eine einzige Konzession an privatkapitalistische Unternehmer, weder an fremde noch an eingeborene, weggeben brauchte. Heute sind alle Ölfelder und alle Minen in Händen fremder Großkapitalisten.

Was das Land allein braucht, das ist eine Organisation der Kräfte und Reichtümer dieses Landes. Gewaltige Kräfte werden heute von der Regierung, wenn auch aus durchaus wohlmeinenden Absichten, darauf verwendet, die Kleinlandwirtschaft zu beleben und zu fördern. Aber im gegenwärtigen Stadium der wirtschaftlichen Entwicklung führt eine ausgedehnte Kleinlandwirtschaft zur Verarmung eines Landes und zu einer Erschwerung der Bildung und Zivilisation.

Anstatt Hunderttausende williger und brauchbarer Kräfte zu verzetteln, sollte die mexikanische Regierung zehn Millionen Hektar Staatsland unter die besten und modernsten amerikanischen Traktoren nehmen; dann könnten die Grundlagen geschaffen werden für etwas, das weit über unsre Zeit hinausreichen und als der Beginn einer neuen Form einheitlich organisierter und intelligenter Volkswirtschaft angesehen würde.

Es ist ein wahrhaft grotesker Zustand, daß dieses unerhört reiche Land, das den ganzen Kontinent mit Mais versorgen kann, heute Hunderttausende von Tonnen Mais aus US einführen muß, damit die Bevölkerung zu essen hat. Die Schuld an solchen beklagenswerten Zuständen schiebt man der Regierung zu. Darin hat man recht. Unrecht haben die Gegner der gegenwärtigen Regierung aber darin, daß sie behaupten, die arbeiterfreundlichen Ideen der Regierung seien schuld. Das ist keineswegs richtig, denn der Arbeiter, der heute zehnmal besser gestellt ist als vor der Revolution, kauft heute viel mehr, und er verbraucht viel mehr als früher. Schuld hat die Regierung an diesen Zuständen nur darum, weil sie alte Methoden, und die Kleinlandwirtschaft ist die älteste Methode, belebt und fördert, wo nur die allermodernsten Methoden angewendet werden müßten...

Mexiko ist hundertfach günstiger daran als Rußland, in jeder Hinsicht. Statt amerikanisches Kapital zu borgen, statt fremde Kapitalisten zur Ausbeutung der natürlichen Reichtümer des Landes einzuladen und dadurch das Land in immerwährende Gefahr zu bringen, von den amerikanischen Imperialisten überrannt und annektiert zu werden, könnte die Regierung leicht großindustrielle Unternehmungen und Organisationen schaffen, denen gegenüber selbst Henry Ford winzig erscheinen müßte; denn das, was der mexikanischen Regierung an Reichtümern zur Verfügung steht, ist tausendfach größer als das, was Henry Ford besitzt. Die mexikanische Regierung kann über Reserven verfügen, wie es weder Henry Ford noch sonst irgendein Großkapitalist auf Erden vermag. Henry Ford begann sein Unternehmen im Jahre 1905 mit 28 000 Dollar. Die mexikanische Regierung könnte mit einer Million Dollar beginnen. Aber es handelt sich ja im Grunde gar nicht um hunderttausend Dollar oder um fünf Millionen Dollar.

Mexiko hat das Bestreben, ein durchaus moderner Großstaat zu werden. Es glaubt, dieses Ziel dadurch zu erreichen, daß es andere moderne Großstaaten und deren Systeme imitiert. Hier liegt ein Grundfehler. Wenn Mexiko ein moderner Großstaat werden will, darf es nicht imitieren, sondern es muß Neues schaffen, es muß seine Eigenheit hervorkehren, und es muß moderner sein als alle andern Großstaaten. Es muß neuere und modernere Wirtschaftsformen erfinden und gebrauchen.

Es braucht nicht viel Neues erfinden. Mexiko hat nichts anderes zu tun, als die hochentwickelten Formen solidarischen Zusammenarbeitens des ganzen Volkes, wie sie bei den Indianern in Peru und bei denen in Mexiko lange vor Kolumbus bestanden, wiederaufzunehmen und mit den Organisationsformen, wie sie die hochentwickelte großkapitalistische Produktionsweise heute in US erreicht hat, zu verknüpfen. Im vorläufigen Endeffekt liefe dieses neue moderne Wirtschaftssystem hinaus auf eine zusammengefaßte Kooperation aller mexikanischen Volksgenossen auf moderner großkapitalistischer Grundlage, unter Ausschaltung privater Kapitalsanhäufung, jedoch unter Gewährung prozentualer Gewinnbeteiligung der verantwortlichen Leiter der einzelnen Produktionszweige.«

Figueroa stellt das Buch zurück. »Finden Sie das marxistisch?«

»Weiß Gott nicht.« Ich nenne ihm ein paar Stellen aus Travens Romanen, die in diesen Zusammenhang passen. Figueroa taut auf, und ich wage, ihn zu bitten, mich bei Rosa Elena Lujan einzuführen. Er verspricht es.

»Übrigens«, er zeigt auf ein Foto an der Wand, »hier haben Sie Rosa Elenas Vorgängerin – meine Halbschwester Esperanza.«

Aufmerksam betrachte ich das faszinierende Gesicht dieser Frau. Blonde Mexikanerinnen sind selten. Sie ist nicht schön, aber elegant, nobel, damenhaft, intelligent, kultiviert. Ihr schmales Gesicht wird durch eine zu große Nase und einen zu großen Mund geprägt, doch mehr noch durch die klugen Augen und die hohe Stirn. Ihr Teint ist unrein, das Haar streng und straff zurückgekämmt, ihre Fingernägel sind kurzgeschnitten wie bei einem Fabrikarbeiter.

Esperanza Lopez Mateos.

Ich kenne die Lebensgeschichte dieser merkwürdigen Frau. Sie war Dorflehrerin, ehe sie mit Traven zusammenarbeitete; nebenbei aktives Mitglied der Partido Revolucionario Institucional. Als ihr Bruder Adolpho (der spätere Staatspräsident) Arbeitsminister wurde, arbeitete sie im Volksbildungs-Ministerium, außerdem noch in einem Verlag in Mexico City.

Eine unermüdliche, tüchtige Frau, die außer ihrer Arbeit nur eine wahre große Leidenschaft kannte: als

Bergsteigerin bezwang sie sämtliche Vulkane der Cordilliera de Anahuac. Ungezählte Nächte schlief sie einsam auf dem Grund des Popocatepetl-Kraters. Bei den Cacahuamilpa-Höhlen erforschte sie als erster Mensch einen sagenumwobenen unterirdischen Fluß.

»Wann kam sie zum erstenmal mit Traven zusammen?«

»1941. Die Verbindung mit ihrer Familie ließ das Gerücht entstehen, der Verfasser der Traven-Romane sei in Wirklichkeit ihr Bruder Adolpho. Das erschien nicht ganz unwahrscheinlich, da unter den Verwandten ihrer Mutter ein vielgelesener mexikanischer Autor war. Die Mutter schriftstellerte übrigens selber auch und war jahrelang Lektorin im selben Verlag, in dem die mexikanischen Ausgaben von Travens Büchern erschienen.«

»Hat der Minister dieses Gerücht dementiert?«

»Natürlich. Allerdings mit dem größten Bedauern. Er wäre gern Traven gewesen.«

»1951 wurde Traven mexikanischer Staatsbürger. Hat der Minister da ein bißchen nachgeholfen?«

»Möglich. Ich weiß es nicht.«

Ich sehe Figueroa prüfend an. Weiß er's wirklich nicht oder will er seinen Verwandten nicht bloßstellen, der eine offensichtliche Urkundenfälschung abgesegnet hat? Daß Travens Papiere alle sechs Jahre verlängert wurden, ohne daß die vorgeschriebenen Überprüfungen irgendwann mal seinen Schwindel auffliegen ließen, das will mir nicht recht in den Kopf.

Man kann Schmiergelder zahlen und einen kleinen Beamten bestechen, aber so ein kleiner Beamter sichert sich nach oben ab, um geschützt zu sein, falls der Paßinhaber einmal mit dem Gesetz in Konflikt kommt. Ohne grünes Licht von oben riskiert kein Staatsdiener in einer so schwerwiegenden Affäre Kopf und Kragen . . .

»War das eigentlich eine Liebesgeschichte zwischen Esperanza und Traven?«

»Ich würde sagen: Sympathie. Sie waren sich einig in ihrer Liebe zu Mexiko und in den meisten weltanschaulichen Fragen. Esperanza war, als sie sich kennenlernten, knapp ein Jahr verheiratet. Viele ihrer Posten hatte sie aufgegeben, ihre literarischen Interessen wollte sie aber auch weiterhin pflegen. So hat sie nach und nach acht Traven-Bücher ins Spanische übersetzt.«

»Dabei blieb es doch nicht? Bin ich da richtig informiert?«

»Nein, dabei blieb es nicht. Sie wurde seine Agentin auf dieser Seite des Atlantiks, lernte etwas Deutsch und führte seine Korrespondenz, verwaltete seine Buchrechte, ließ das Copyright auf ihren Namen eintragen, kümmerte sich um die Werbung und erstattete Anzeige gegen Raubdrucker.«

Nicht nur das! geht es mir durch den Kopf. Sie bastelte auch sehr eifrig an seiner Legende, zum Beispiel als sie 1941 schrieb, Traven sei 40 Jahre alt. Demnach hätte er das *Totenschiff* mit dreiundzwanzig geschrieben – ein kaum glaublicher Geniestreich. Außerdem verbreitete sie nach Kräften die Lüge, B. Traven schreibe alle Manuskripte auf englisch. Sie tat das, obwohl sie es besser wußte. Wohlweislich verkneife ich mir eine Bemerkung darüber und mache statt dessen meine Kamera klar. »Gestatten Sie, daß ich das Porträt reproduziere?« frage ich Figueroa. Er antwortet mit einer einladenden Handbewegung. »Sie sind willkommen. Fotografieren Sie, soviel Sie wollen. – Was ich noch sagen wollte . . . sie ist tot, wissen Sie das?«

Ein Schatten geht über sein gutes, offenes Gesicht. Er muß sie sehr geliebt haben.

Ich nicke. Das grausame Ende der Esperanza Lopez Mateos ist mir bekannt.

1948, im Jahr, in dem Traven von dem Journalisten Spota, dem Bankdirektor Dr. Quiroz und dem Detektiv Lopez gejagt wird, startet Esperanza wieder einmal eine ihrer waghalsigen kleinen Expeditionen in die schroffe Gipfelwelt der Cordilliera de Anahuac.

Alles verläuft wie geplant. Doch im letzten Teilabschnitt der Strecke weigert sich ihr einziger Begleiter, ein indianischer Träger, weiterzugehen. Er fürchtet sich, ins Reich »böser Geister« einzudringen. Vergebens versucht Esperanza ihn umzustimmen.

Als sie seine Todesangst sieht, nimmt sie ihm kurzentschlossen einen Teil des Gepäcks ab und schickt ihn mit dem anderen Teil zurück. Er soll im letzten Dorf, das sie vor Tagen passiert haben, auf sie warten.

Am folgenden Tag verliert sie auf einem schmalen Felsvorsprung das Gleichgewicht und stürzt in eine Schlucht. Dabei verletzt sie sich an der Wirbelsäule, menschliche Hilfe ist in dieser Einöde nicht zu erwarten. Ihr Schicksal scheint besiegelt zu sein.

Doch mit fast übermenschlicher Energie beginnt sie, sich kriechend vorwärts zu bewegen. Nach einer höllischen Nacht findet sie einen Ausweg aus der Schlucht. Dem Tod nahe, erreicht sie Tage später ein Indianerdorf, deren Bewohner in panischem Schrecken vor der blut- und schmutzverschmierten, abgemagerten Gestalt die Flucht ergreifen. Sie halten sie für ein Gespenst.

Nach einem weiteren unbeschreiblichen Leidenstag

läuft endlich ein junger Bursche los, um Hilfe zu holen. Als sie schließlich in Mexico City operiert wird, hängt ihr Leben nur noch an einem dünnen Faden. Doch ihre unbändige Willenskraft siegt. Sie kommt durch.

Allerdings – um welchen Preis! Ihr linkes Bein bleibt steif. Tag und Nacht bereiten ihr eingeklemmte Nervenstränge die furchtbarsten Schmerzen. An den Rollstuhl gefesselt, widmet sie sich unter Aufbietung aller ihr zu Gebote stehenden Tapferkeit ihrer literarischen Arbeit, das heißt: Travens Arbeit.

Zahlreiche Operationen – darunter eine in der Schweiz – können ihre Leiden nicht lindern. Sie sucht Trost in stundenlangen Telefonaten mit Freunden, vor allem mit Traven. Zuletzt kann auch das sie nicht mehr aus ihrer Verzweiflung reißen. Am 18. September 1951 – drei Jahre nach ihrem Unfall – hört ihr Mann im Nebenzimmer einen Schuß. Als er die Tür aufreißt, gleitet eine 38er Smith-&-Wesson-Pistole aus Esperanzas Hand. Esperanza, die große tapfere Frau, ist tot.

Aber die Gerüchte um ihr Leben sterben nicht aus. Mexikanische Zeitungen fragen: »War Traven eine Frau?«

Die Gerüchte werden genährt durch die Tatsache, daß nach Esperanzas Tod nur noch wenige Traven-Veröffentlichungen erscheinen, Erzählungen, die keinen Vergleich mit Werken aus früheren Jahren aushalten. Jahrelang findet sich kein Verleger für *Aslan Norval*, eine stilistisch primitive Story um eine attraktive geschäftstüchtige Frau, die einen zweiten Panama-Kanal in USA plant.

Auch die Erzählung *Dennoch eine Mutter* steht literarisch viele Stufen tiefer.

Anhänger der Vermutung, Esperanza Lopez Mateos

sei Travens Co-Autorin gewesen, führten folgende Indizien ins Treffen:

Erstens: Esperanza war eine stilistisch brillante Publizistin. Zweitens: Sie kannte die Indianer und ihre Lebenswelt wie kaum jemand in Mexiko sonst. Drittens: Hatte Traven nicht selbst in seinen *B. T. Mitteilungen* diese Möglichkeit angedeutet? In der mexikanischen Zeitung *El Nacional* hatte er gar in einem mit *Torsvan* gezeichneten Artikel in aller Deutlichkeit gefragt: »Warum könnte nicht Fräulein Mateos die Bücher geschrieben haben?«

Hatte Traven Esperanza schon viele Jahre früher kennengelernt und bereits die großen Mexiko-Romane der dreißiger Jahre mit ihr geschrieben? War der Beginn ihrer Zusammenarbeit also auf das Jahr 1941 *rückdatiert,* weil Esperanza damals seine Agentin wurde und sich die Verbindung nicht mehr leugnen ließ?

Ich wende mich an meinen Gastgeber und frage: »Hat Ihre Schwester Travens Bücher nur übersetzt oder an manchen auch etwas mitgeschrieben?«

Figueroa zuckt die Schultern. »Ich weiß es nicht. Sie hat nie darüber gesprochen, und ich habe sie nie gefragt.«

Dezent blicke ich auf meine Armbanduhr und deute an, daß ich ihn nicht länger aufhalten will.

»Es war mir ein Vergnügen«, antwortet er. »Haben Sie noch einen Moment Zeit?« Er blättert in seinem Telefonnummern-Verzeichnis. »Wir wollen doch noch Ihr Rendezvous mit Rosa Elena ausmachen!«

Während er telefoniert, spreche ich ein kleines Stoßgebet. Das Gespräch zieht sich und zieht sich. Offenbar hat die Dame am anderen Ende der Leitung eine Menge zu erzählen. Was Figueroa antwortet, verstehe ich nicht, denn sie sprechen natürlich spanisch.

Endlich legt er auf und gibt mir den ersehnten Bescheid. »Sie ist gern bereit, sich mit Ihnen zu unterhalten. Wann es geht, weiß sie noch nicht. Traven ist krank, und sie hat momentan sehr wenig Zeit, ruft aber in den nächsten Tagen bei mir an, um einen Termin vorzuschlagen. Ich sage Ihnen dann gleich Bescheid.«

Ich fasse mich in Geduld und schaue mir Mexico City an. Figueroa arrangiert für mich eine Sondervorführung seines Films *Die Rebellion der Gehenkten,* in dem man sich ganz eng an Travens blutiges Epos vom Leben indianischer Holzfäller gehalten hat.

Der Film, der mich an manche KZ-Greuel erinnert, ist nicht gerade dazu angetan, meine Stimmung zu heben.

Das Warten macht mich nervös.

Leider entdecke ich auch keine Anhaltspunkte für die Richtigkeit meiner Theorie, daß Traven einmal als Lübecker mit dem Namen Gale zur Welt gekommen ist.

In einem Zeitungsarchiv finde ich immerhin ein nicht zu altes Foto von Torsvan alias Traven. Es zeigt ihn mit Rosa Elena Lujan, die im Bildtext als Frau Torsvan bezeichnet wird. Eine schöne, dunkelhaarige, rassige Frau, neben der er sehr alt und hinfällig wirkt.

Er sieht aus wie ein kranker Raubvogel in einem Zoo. Die Augen – zu ganz engen Schlitzen zusammengekniffen – blicken an der Kamera vorbei. Die linke Hand hängt schlaff zwischen seinen Beinen, die rechte hat er auf sein rechtes Knie gelegt. Die Lujan schlingt den linken Arm um seinen Nacken und schmiegt sich von hinten an ihn. Beide wirken sehr ernst.

Am folgenden Tag gelingt mir aber eine viel wichtigere Entdeckung. Ein Deutscher, mit dem ich mich während der Wartezeit ein bißchen befreundet habe, erzählt mir von seinem alten deutschen Arzt, der schon in den zwanziger Jahren in Mexico City praktizierte.

Das läßt mich aufhorchen. Deutsche, die im Ausland vor ihren Landsleuten fliehen, machen im allgemeinen gern eine Ausnahme, wenn ihnen etwas weh tut. Dann bevorzugen die meisten von ihnen uneingestanden einen deutschen Arzt. Warum sollte es bei Traven anders gewesen sein?

Ich begleite meinen Bekannten zu seinem Doktor, der auch Spezialist für Gesichtsoperationen ist.

Ein Schönheitschirurg? Na, ich weiß nicht . . .

Das Unerwartete geschieht: In der Kartei des Chirurgen findet sich eine Karte mit dem Namen Traben Torsan, offensichtlich ein Hörfehler. Der Arzt hat ihm vor über vierzig Jahren die Tränensäcke wegoperiert und die Haut am Hals gestrafft. »Ja«, sagt er, »jetzt erinnere ich mich wieder. Er sah damals wesentlich älter aus, als er sich mir gegenüber ausgab.« Die Beschreibung, die er mir von Traben Torsan gibt, deckt sich ziemlich genau mit den Paßfotos auf Travens Einwanderungspapieren.

Als ich gehe, bittet mich der alte Mann. »Schreiben Sie bitte nicht meinen Namen. Ich bin Ausländer und muß um meine Aufenthaltsgenehmigung fürchten. Ein Bruch des Arztgeheimnisses ist auch hier in Mexiko eine schwerwiegende Sache.« Ich verspreche es ihm.

Auf der Fahrt zum Hotel sehe ich mir noch einmal die Fotokopie an, die ich von der Karteikarte gemacht habe, und muß grinsen. Traven, der sich in seinem *zweiten Leben* nur sehr wenig um sein Äußeres scherte, hatte sich nicht nur aus Eitelkeit das Gesicht straffen lassen. Er wollte wegen seines gefälschten Geburtsdatums jünger erscheinen.

Dann – endlich, endlich – klingelt das Telefon neben meinem Hotelbett, und Figueroas Stimme meldet sich: »Rosa Elena erwartet Sie heute nachmittag um vier. Viel Glück!«

Ein paar Stunden später stehe ich der schönen Frau im obersten Stockwerk eines modernen Hochhauses gegenüber. Ihr Haar ist schwarz mit rötlichem Schimmer, ihre Haut hellbraun. Ihre Augen sind braun.

An ihrem schlanken Hals und ihren schmalen gepflegten Händen glänzt alter indianischer Schmuck. Alles an ihr wirkt damenhaft – die ruhige, leise Stimme wie das teure, dezente Kleid, das aus einem führenden Pariser Modehaus zu stammen scheint.

Ich finde, die Doktorandin aus New Orleans hat mir diese Frau ganz falsch geschildert – oberflächlicher. Vor diesen aufmerksamen Augen werde ich mich sehr in acht nehmen müssen.

Rosa Elenas Kurzbiographie: 1915 in Yucatan geboren, Schauspielausbildung, dann Heirat mit dem Industriellen Carlos Montes de Oca, zwei Töchter. Nach der Scheidung nennt sie sich wieder Lujan, wie der Vater heißt.

1951, nach Esperanzas Tod, übernimmt sie deren Rolle in Travens Leben. Zu dieser Zeit ist sie siebenunddreißig Jahre. Und Traven – meiner Schätzung nach – bereits fast siebzig.

Fünf Jahre später fungiert sie als Herausgeberin der

B. Traven Mitteilungen. Außerdem besitzt sie offiziell die Copyrights aller seiner Bücher. Spätestens zu diesem Zeitpunkt ist sie der Mensch, der Traven am nächsten steht.

Wie nah?

Das ist die große Frage. Was hat er ihr anvertraut? Was verschwiegen?

Während sie im Nebenraum das Kaffeetablett richtet, lasse ich meine Augen im Wohnzimmer herumwandern. Die Einrichtung ist komfortabel, aber keineswegs luxuriös: Ebenholzmöbel, schöne Teppiche und bequeme Sessel. An den Wänden hängen einige Ölgemälde mexikanischer Künstler – Landschaften und Stilleben in halbrealistischer Manier.

Ich sehe mir die Bücher an, die zusammen mit kleinen Ausgrabungsgegenständen – Vasen, Steinwerkzeugen und Götterstatuetten – in den dunklen Regalen stehen. Dabei fällt mir besonders ein deutscher Titel auf: *Das Gesicht der herrschenden Klasse.* Außerdem der *Gotha,* das Handbuch der deutschen Adelsgeschlechter, und eine Sammlung deutscher Kinderlieder aus der Zeit vor 1918.

Als wir Platz nehmen und Frau Lujan unsere Tassen füllt, kommt sie – ohne den üblichen mexikanischen Umweg – sofort auf den Grund meines Besuchs zu sprechen. »Sie wollen meinen Mann sehen. Aber das geht nicht. Er ist krank.«

»Wie schade«, antworte ich. Wir sprechen englisch.

Das Gespräch ist schleppend. Ganz von fern dringt der Verkehrslärm der Straße in unsere langen Pausen.

»Würden Sie mir einen Gefallen tun, Mr. Heidemann?«

Ich sehe sie erwartungsvoll an.

»Beantworten Sie mir nur eine einzige Frage: Warum lassen Sie ihn nicht in Ruhe?«

»Finden Sie das Interesse der Öffentlichkeit so unverständlich? Schließlich ist Traven einer der berühmtesten Schriftsteller. Er hat viele Millionen Leser, die ihn kennenlernen wollen. Das ist doch ganz natürlich. Warum dürfen diese Menschen nicht ein bißchen mehr über ihn wissen? Seinen Vornamen zum Beispiel?«

»Ich habe von meinem Mann gesprochen, nicht von Señor Traven. Aber gut, reden wir von Traven. Mein Mann hat tausendmal erklärt, daß Traven keine Reklame will, und es ist die Pflicht meines Mannes, Traven vor Neugierigen zu schützen. Traven haßt Publicity. Als amerikanische und europäische Verleger bekanntmachen wollten, daß Travens Bücher im Nazi-Deutschland verboten waren, hat er diese Kampagne nicht zugelassen, obwohl er die Nazis verabscheute. Als Staatspräsident Alleman ihm die mexikanische Ehrenbürgerwürde verleihen wollte, hat er nicht geantwortet. Er will nicht ins Rampenlicht. Er will, daß man sich mit seinen Büchern begnügt. Lassen Sie Traven in Ruhe und – bitte, bitte – auch meinen Mann.«

»Es gab aber Zeiten, in denen Traven über Reklame ganz anders dachte. Damals schickte er lange Briefe mit Werbeideen nach Deutschland. Sein Entdecker Preczang sollte Reklamepostkarten verschicken und Preisausschreiben veranstalten und ›notfalls mit dem Maschinengewehr‹ zweihunderttausend Leser für das *Totenschiff* zusammenbringen. – Seitdem ist er nun mal eine Persönlichkeit der Zeitgeschichte.«

»Wenn er es aber nicht sein will?«

Ich wechsle das Thema. »Wie haben Sie Torsvan kennengelernt?«

Ihre Stimmung bessert sich sichtlich. »Ich bin ihm 1937 begegnet, als er mit einigen kanadischen Archäologen unterwegs war. Er stellte sich als Fotograf vor.«

»Und wie nannte er sich?«

Sie machte ein verwundertes Gesicht. »Torsvan natürlich.«

»Natürlich.«

»Ich war damals zwölf und eben nach Mexico City gekommen. Vierzehn oder fünfzehn Jahre später übersetzte ich dann für die Verfilmung der *Rebellion der Gehenkten* das Script vom Englischen ins Spanische, da der Film in zwei Versionen hergestellt wurde. Wieder begegnete ich Torsvan, der mir diesmal aber als Hal Croves vorgestellt wurde. Wir beiden wußten es besser.«

»Wie reagierte er, als Sie da so plötzlich vor ihm standen?«

»Er hat mich gleich wiedererkannt und zeigte mir, daß er mich mochte. Ich stellte ihm keine weiteren Fragen. Meine Zurückhaltung gefiel ihm.«

»Stimmt es, daß Maria de la Luz Martinez Ihre Schwester ist?«

»Nein!« Ihre Augen blitzen. »Glauben Sie dieser Frau kein Wort! Sie ist nicht ganz richtig im Kopf. Hat Sie Ihnen erzählt, daß sie mit meinem Mann verheiratet war?«

»Sie behauptet, sie sei es noch immer.«

»Diese Frau war nie verheiratet, weder mit meinem Mann noch mit sonst jemandem. Sie hat auch nie Kinder gehabt.«

»Wo ist Ihr Mann geboren?«

»In den Staaten. Er ist Amerikaner.«

»Einen Aufruf, Geld für verwundete Soldaten des Spanischen Bürgerkriegs zu spenden, beantwortete Traven aber mit dem Hinweis, er sei Engländer. Auf seinen Forschungsreisen durch Mexiko bezeichnete er sich als Norweger oder Schwede ...«

Sie setzt die Tasse ab und sagt mit Nachdruck: »Mein Mann ist von Geburt Amerikaner skandinavischer Abstammung; jetzt ist er Mexikaner.«

Ich schaue sie forschend an. Warum nennt sie ihren Mann auf einmal Traven? Ist das ein Patzer oder hat sie eingesehen, daß es keinen Sinn hat, mich weiter zu belügen?

Ich tue so, als hätte ich nichts bemerkt. »Wie kommt es dann«, frage ich freundlich, »daß Traven fünfzig Jahre lang in seinen Briefen und Manuskriptkorrekturen die Sieben mit einem Querbalken schreibt? Amerikaner tun so etwas nicht.«

»Das weiß ich nicht. Ist das so wichtig?«

»Vielleicht nicht so sehr«, lenke ich ein. »Aber wie ist das mit seinem Vornamen? Was bedeutet das ›B‹?«

»Es bedeutet ›B‹. Einfach ›B‹. Ein Initial in einem Pseudonym. Muß es mehr sein als ein ›B‹?«

»Könnte es nicht ›Bibeljé‹ bedeuten? August Bibeljé? Sagt Ihnen der Name was?«

Sie sieht mich groß und fragend an. »Diesen Namen habe ich nie gehört.«

»Bibeljés Lebensgeschichte ist im *Totenschiff* erzählt. Traven muß ihn gekannt haben.«

»Davon weiß ich nichts.«

»Werden Sie Traven fragen?«

»Wenn es ihm bessergeht – vielleicht.«

Wieder hat sie Torsvan als Traven ausgegeben! Soll ich sie festnageln?

Lieber noch nicht. Sie wird alles leugnen und sich auf Mißverständnisse ausreden. Also Vorsicht . . .

»In Hamburg habe ich eine Frau kennengelernt, die mit Bibeljé verheiratet war. Sie hat mir eine Menge Hinweise geliefert . . .«

»Kann es nicht sein, daß diese Frau in Hamburg lügt, um sich interessant zu machen?«

»Vielleicht. Vielleicht auch nicht.«

Ich beobachte genau die Wirkung meiner Worte. »Übrigens ist es ziemlich sicher, daß Traven damals noch gar nicht Traven hieß, als er Bibeljé kennenlernte.«

»Sondern?«

»Ret Marut.«

Ein leichtes Zucken im Gesicht verrät, daß sie ein bißchen irritiert ist.

»Wie kommen Sie darauf?«

Ich erzähle ihr, was ich weiß. Und je länger ich erzähle, um so interessierter wird ihr Gesicht.

Kein Zweifel – Traven hat ihr einiges über sein Vorleben als Anarchist und Todeskandidat erzählt. Aber sicher nicht alles.

»Sehr interessant, Mr. Heidemann«, sagt sie mit feinem Lächeln. Aber dann sieht sie plötzlich zur Uhr. »Schade, daß ich Ihnen nicht noch ein wenig länger zuhören kann. Aber mein Mann braucht mich, Sie verstehen.«

Was bleibt mir anderes übrig, als mich zu empfehlen?

Sie reicht mir die Hand. »Vielleicht ein andermal. Wie lange sind Sie noch hier?«

»Genau weiß ich das noch nicht.« Ich schreibe ihr die Telefonnummer meines Hotels auf.

Zwei Tage warte ich. Dann ruft mich ein Telegramm meiner Redaktion nach Hamburg zurück.

Es ist bitter, so kurz vor dem Ziel umdrehen zu müssen. Aber ich schwöre mir, die nächstbeste Maschine nach Mexiko zu nehmen, sobald meine Arbeit in Hamburg erledigt ist.

In Hamburg finde ich einen Brief vor. Fallen de Droog, ein deutscher Teilnehmer am Spanischen Bürgerkrieg, teilt mir mit, ich könne die Suche nach B. Traven einstellen. Er habe ihn eigenhändig in der Silvesternacht 1937/38 begraben.

Ein schöner Märztag des Jahres 1937.

Im Dorf Pina, dreihundert Meter vom Ebro-Ufer entfernt, wird ein Tisch auf den Kirchplatz gestellt. Ein kleiner, gedrungener Mann mit offenem Uniformhemd nimmt Platz, klappt eine Mappe auf und beschwert seine Papiere mit zwei Feldsteinen, die er aus dem Staub aufhebt.

Hart am Tischbein eine offene Rotweinflasche. Kommandant Fallen liebt's leger, und das anderthalb Dutzend Männer, das sich nun an seinem Tisch aufreiht, bekommt das aufs angenehmste zu spüren.

»Name?« fragt der Kommandant den ersten nach einem langen Schluck und nachdem er sich ausgiebig den Mund gewischt hat.

»Grau.«

Der Mann am Tisch notiert die Personalien, nickt dem nächsten zu. »Name?«

»Gelb.«

Der Kommandant notiert »Gelb«.

Grau und Gelb sind Holländer, die es für ratsam halten, ihre Namen geheimzuhalten, denn jeder Holländer, der nach Spanien fährt, um dort mit einem Gewehr herumzuschießen – für Franco oder für die Republikaner, das ist egal –, muß damit rechnen, daß ihm seine Regierung die holländische Staatsangehörigkeit entzieht.

»Gelb« schreibt Kommandant Fallen also. Dann »Grün«. Und dann zweimal »Rot« – »Rot IV« und »Rot V«. Rots gibt's viele in seiner Anarchistenbrigade. Warum nicht.

Wie sich einer nennt, ist Fallen egal. Man schreibt »Rot V« in die Liste, man läßt »Rot V« quittieren, daß er eine Flinte erhalten hat, und man streicht Miliziano »Rot V« aus, wenn er sie nicht mehr braucht.

Der Kommandant nimmt wieder einen Schluck. Dabei hält er die Flasche ein bißchen schief, um mit seinen kleinen verschwollenen Augen die nächsten Neuzugänge zu taxieren. Vier Schweden, die als Sanitäter arbeiten wollen und eine komplette Ausrüstung mitgebracht haben. Tragbahren, Verbandsstoff, alles. Sie weisen auf den Gepäckstapel vor der Kirche, und der Kommandant nickt und wendet sich seiner Liste zu.

Carlsson, Erikson ...

Die Schweden haben keine Angst, ihre Namen zu sagen. Ihre Regierung hat ihnen sogar Geld gegeben für ihre Samariterdienste auf republikanischer Seite. Die Tragbahren sind vom schwedischen Außenminister.

Fallen registriert das mit Zufriedenheit, denn Sanitäter, Ärzte, Schwestern, Lazarette sind rar in diesem

Bürgerkrieg, der mit einem ordentlichen konventionellen Krieg nicht mehr viel zu tun hat.

Die Schweden dürfen auspacken, und Fallen schließt die Augen und macht eine Pause.

Was mag das für einer sein? fragt er sich und meint den Nächsten, der da an seiner Tischkante steht. Rechtsanwalt? Künstler?

Fallen hält die Augen geschlossen, fährt sich über die Stirn, klopft nachdenklich mit dem Füllfederhalter auf die Tischplatte, gibt sich den Anschein, einem komplizierten verwaltungstechnischen Problem nachzugrübeln. Schauspieler? Schriftsteller? Möglicherweise ein Journalist, denkt er. Dann öffnet er langsam die Augen und sieht dem Neuen voll ins Gesicht.

Der Mann ist mittelgroß. Helle Augen, offener Blick, schmale Nase, rundes kräftiges Kinn, graublondes Haar. Sein Gepäck: ein halbgefüllter Rucksack.

»Name?«

Kommandant Fallen fragt auf spanisch. Der Mann antwortet auf deutsch. »Nennen Sie mich Ziegelbrenner!«

Ziegelbrenner... Ziegelbrenner...

Gab's da nicht mal in München einen, der sich Ziegelbrenner nannte? Anarchist Ernst Fallen erinnert sich an die roten *Ziegelbrenner*-Hefte, die ihm in jungen Jahren bei Gesinnungsgenossen gelegentlich in die Hände kamen, und beschließt, die Befragung etwas auszudehnen.

»Vorname?« fragt er auf deutsch.

»Habe ich nicht«, antwortet der Neue und schaut auf die großen fleischigen Ohren des Kommandanten, aus denen kleine schwarze Haarbüschel wachsen. »Weil ich keine Freunde habe.«

»Nationalität?«

»Können Sie sich aussuchen: Deutscher, Amerikaner, Mexikaner – alles ist richtig.«

Fallen kneift die buschigen Augenbrauen zusammen; dabei bildet sich auf seiner Stirn eine steile Falte. Er wartet.

Ziegelbrenner zuckt die Achseln. »Also Mexikaner.« Fallen schreibt *Mexikaner*.

Nach Pässen wird hier nicht gefragt, genausowenig wie bei der Fremdenlegion.

»Beruf?«

»Seemann.«

Also gut, Seemann. Fallen schreibt *Seemann*. Das ist nichts Ungewöhnliches, denn seine Einheit besteht zum allergrößten Teil aus Seeleuten, die der Kommunistischen Internationalen Transport-Föderation angehören. Aber daß dieser Neue da sein Leben lang zur See gefahren ist, das nimmt er ihm nicht ab, auch wenn er es aufschreibt.

Letzter Aufenthaltsort: Paris. Klingt plausibel, denkt der Kommandant. Hinter dem Verlagsgebäude der sozialdemokratischen Zeitung *Peuple* unterhält Frankreichs Linke, die den Kampf der spanischen Republikaner unterstützt, ein Rekrutierungsbüro. Die Freiwilligen kriegen dort ihre Fahrkarte und etwas Geld, aber keine Papiere.

Danach fragt ohnehin keiner mehr, wenn die Leute erstmal im Zug sitzen. Sobald sie hinter Toulouse sind, hält keiner die Freiwilligenzüge mehr auf; die Bahnbeamten sind alle auf ihrer Seite, manche stehen auf den Bahnsteigen, salutieren und winken mit roten Fahnen. So geht das bis Spanien, denn auch die französisch-spanische Grenze wird von Roten kontrolliert.

Jeden Tag gehen einige hundert auf diese Weise über die Grenze.

»Können Sie«, das ist Fallens letzte und wichtigste Frage an jeden, den er aufnimmt, »mit einem Karabiner umgehen?« Munition ist knapp. Nur gute Schützen werden aufgenommen.

Ziegelbrenner macht's kurz. »Ja«, sagt er, und man merkt ihm an, daß das Verhör ihn zu ermüden beginnt.

»Soldat?«

Ziegelbrenner nickt. »1919, in München.«

Die Tage am Ebro kriechen dahin. Alles bleibt still. Ziegelbrenner hat sich angeboten, eine Wandzeitung zu schreiben.

Von Fallen hat er eine Papierzuteilung bekommen und tippt nun alle zwei, drei Tage die spärlichen Nachrichten, die hierher dringen, politische Leitartikel und Zitate aus seiner Rucksack-Bibliothek in eine klapprige Schreibmaschine.

Sein Kommandant verfolgt diese Arbeit mit Hochachtung und läßt seiner Neugier freien Lauf. Nicht jeder hat so einen bunten Vogel in seiner Einheit.

Die Waffen schweigen, die Langeweile geht um – ein Glück, daß es den Ziegelbrenner gibt. Einen Mann, der vorliest, Vorträge über Südamerika hält und Nachrichten von anderen Kompanien bringt. Einen Mann, der es nicht nur mit den Ausländern hält, sondern auch die spanischen Kameraden interviewt, aufschreibt, was sie während des politischen und sozialen Umsturzes in Spanien in ihren Dörfern erlebten.

Fallen ist stolz auf seinen Ziegelbrenner, und dieser Stolz wächst noch, als er erfährt, daß der Mann Artikel für amerikanische und mexikanische Zeitungen schreibt. Sein Verdacht scheint sich zu bestätigen ...

Ziegelbrenner bekommt einige Tage Urlaub. Am Abend vor seiner Abreise wird er zum Kommandanten gerufen. »Setz dich!« Das »Sie«, dieses unhandliche Höflichkeitsrequisit aus einer anderen Welt, haben sie längst abgelegt.

»Zigarette? Rotwein?«

Ziegelbrenner schätzt beides. In großen Quantitäten.

Fallen gibt Feuer, schenkt ein.

»Wo fährst du hin?« fragt er nach dem ersten Schluck. »Barcelona?«

Ziegelbrenner bläst den Zigarettenrauch durch die Nasenlöcher und nickt.

»Irgendwas Besonderes?«

Ziegelbrenner zuckt die Achseln. Besonderes? Nein, eigentlich nicht. Er will ins Etablissement *Petite Madame*. Und dann mit dem Hafen Wiedersehen feiern. Alles andere soll dem Zufall überlassen bleiben.

»Wenn du morgen vormittag ein paar Stunden Zeit hast, zeig ich dir was.«

Ziegelbrenner raucht und nickt.

Am nächsten Vormittag stehen die beiden im deutschen Generalkonsulat von Barcelona. Totenstille, denn die Naziregierung hat ihr Konsulatspersonal aus dem roten Barcelona abgezogen.

Fallen öffnet ein paar Türen, dann hat er, was er sucht: die Bibliothek. Mit einer Geste im Hausherrnstil weist er auf die Regale, als wollte er sagen: »Da, bedien dich!« Für den alten Haudegen, der sich im Spanischen Bürgerkrieg innerhalb weniger Wochen vom einfachen Miliziano zum Kapitän und innerhalb weniger Monate zum Kommandanten hochkämpfte, ist es in diesem Augenblick ein Bedürfnis, seine solide Schulbildung zu beweisen.

Er brilliert vor dem Ziegelbrenner, jongliert mit Zitaten, klappt Bücher auf, sucht Kernstellen, erinnert sich an eine bessere Welt.

Dann wird gearbeitet, eine Frontbibliothek zusammengestellt. Als Fallen *Das Totenschiff* aus dem Regal zieht, wird ihm das Buch von Ziegelbrenner aus der Hand genommen. Ziegelbrenner blättert, beginnt zu lesen, schaut auf, spricht weiter, gibt Fallen das Buch, aufgeschlagen, damit er den Text vergleichen kann, spricht weiter, während der Kommandant ihn kontrolliert, rezitiert seitenweise, fast ohne Fehler.

Er kennt das Buch auswendig.

Als er endet, verzieht sein Kommandeur den breiten Mund zu einem triumphierenden Lächeln. Das ist der Beweis! Geahnt hat er's ja schon immer. Denn: Haben sich Ziegelbrenners Artikel nicht auffällig oft auf Traven-Romane und mexikanische Verhältnisse bezogen? Hat Ziegelbrenner nicht auffallend häufig den deutschen und englischen Bord-Slang des *Totenschiffs* benutzt? Hat er nicht mehrfach den spanischen Soldaten aus einer spanischen Übersetzung des Buches vorgelesen und zahlreiche Briefe nach Mexico City adressiert?

Fallens Lächeln wird breiter; auch Ziegelbrenner muß grinsen.

»Gib's zu, Halunke: du bist Ret Marut und nennst dich jetzt B. Traven. Keine Ausflüchte!«

Ziegelbrenner wird ernst, nimmt ihm das Buch aus der Hand und wirft es zu den anderen. »B. Traven«, sagt er dann, »ist nicht eine Person – B. Traven ist eine Mehrfaltigkeit.«

Wie nennt man nun eigentlich diesen merkwürdigen Menschen? »Ziegelbrenner« vor der Mannschaft? »Marut« nach Dienst? »Traven« bei Gesprächen über Literatur?

Fallen entscheidet sich für »Marut«, und Ziegelbrenner läßt es sich gefallen. Von »Mehrheit« und »Vielheit« ist nicht mehr die Rede, wenn sie auf Travens Romane kommen. »Kennst du mein Buch *Die Baumwollpflücker?*« fragt er zum Beispiel. Und Fallen wagt nicht, nach den anderen Köpfen des vielköpfigen Traven zu fragen. Für ihn ist sein *Miliziano Marut* Traven, der ganze Traven.

Noch immer herrscht Ruhe am Ebro. Eine lange Kette von Rotweinnächten folgt, in denen Ziegelbrenner-Marut die gegenwärtige revolutionäre Situation in Spanien mit dem Jahr 1919 in München vergleicht. »Eine Zeit der versäumten Gelegenheiten« nennt er dieses Stück Vergangenheit. Stellt der wißbegierige Fallen Fragen nach den Hauptakteuren Mühsam und Toller, kann es freilich geschehen, daß der Erzähler seltsam unzugänglich wird.

In den letzten Tagen des Jahres 1937 beginnt der Kampf um die Stadt Teruel, die eine Stellungsspitze der Franco-Front bildet. Die Republikaner greifen von den verschneiten Berghängen, die bis dicht an die Außenbezirke der Stadt reichen, aus drei Himmelsrichtungen an.

Als Fallens Einheit dorthin beordert wird, ist das Schicksal dieser Franco-Festung schon so gut wie besiegelt. Es kann nur Tage, vielleicht nur noch Stunden dauern, bis sie fällt.

Am 31. Dezember wird Fallen von seinem vorgesetzten Abschnittskommandanten an den Kartentisch gerufen. Mattes Petroleumlicht im Unterstand. Fallen hat Mühe, die eingezeichneten Stellungen zu erkennen.

»Unsere Granatwerfer«, zeigt der Abschnittskommandant, »sind hier eingesetzt. Hier zwei, dort drei. Auf der anderen Seite fünf. Kontrollieren Sie mal, ob wir von dort aus wirklich ein gutes Schußfeld haben.«

Außerdem soll er auf seinem Kontrollgang übermüdete, kranke, verwundete Soldaten aus den Linien nehmen und ersetzen lassen.

Als er vor den Unterstand tritt, stößt er auf Ziegelbrenner, der ihn offenbar erwartet hat. Fallen schildert ihm kurz seinen Auftrag, Ziegelbrenner bittet, ihn begleiten zu dürfen.

Kurz nach elf machen sie sich auf den Weg.

Die Nacht ist schneehell, und so gibt es genug Licht, um Bewegungen bis zu Entfernungen von fünfzig, sechzig Metern erkennen zu können. Fallen nennt das »Milchlicht«.

Beide Männer tragen weißes Lammfell, denn es ist beißend kalt. Dazu weiße Tarnumhänge.

Anfangs hört man nur entferntes Gewehrfeuer, dann auch schwerere Einschläge. Als die ersten Stellungen in Sicht kommen, nimmt das Feuer an Heftigkeit zu.

Fallen ist froh, die eigenen Linien erreicht zu haben. Der tiefe Schnee hat den beiden Männern hart zugesetzt. Außerdem kennt Fallen das Gelände nicht besonders gut.

Kapitän Fallen beginnt seinen Kontrollgang.

Als er nach Mitternacht von der dritten Stellung aufbrechen will, bemerkt er, daß Ziegelbrenner nicht mehr bei ihm ist. Er wartet einige Minuten, ruft ein paarmal, dann setzt er seinen Weg allein fort.

Nach zwanzig Metern kommt ihm ein Sergento nachgelaufen und bittet ihn zurückzukommen. Vor der Stellung liegt Ziegelbrenner. Erschossen.

Fallen kniet neben ihm im Schnee und untersucht seine Taschen. Da ist kein Ausweis, kein Foto, kein Brief – da ist nichts, was Aufschlüsse über seine Identität geben könnte. Nur ein paar Habseligkeiten: Bleistifte, Notizzettel, Waschzeug, Proviant.

In diesen Minuten interessiert ihn natürlich der Nachlaß des toten Freundes nur wenig. Wichtiger scheint ihm die Frage:

Woher kam die tödliche Kugel?

Von den Francisten?

Unmöglich. Dazu ist die Entfernung zu groß.

Von der eigenen Granatwerfer-Einheit?

Nicht ausgeschlossen. Gewiß gibt es auch in dieser Gruppe einige Kämpfer, die erst schießen und sich anschließend vergewissern, auf wen. Aber es gibt auch andere Möglichkeiten.

Immerhin, stellt Fallen fest, liegt die Stelle, an der Ziegelbrenner fiel, zwanzig Meter in Richtung der gegnerischen Linien. Ist sein Freund als vermeintlicher Überläufer erschossen worden?

Fallen öffnet die Kleider des Toten, kann aber im Taschenlampenlicht die Einschußstelle nicht finden. »Hör mal«, sagt er zu dem Sergento, »du läufst jetzt zum Arzt und sagst, hier liegt ein Schwerverwundeter. Ein Schwerverwundeter, hörst du?«

An dieser Front kommen Ärzte nur zu Schwerverwundeten. Um Todesursachen, Schußkanäle und Schußwinkel zu untersuchen, dafür ist in diesem Krieg keine Zeit.

Als der Arzt eintrifft, ist die Leiche bereits zu einem

Klotz gefroren. Auch der Mediziner kann dem Kapitän nicht helfen: Er findet die Einschußöffnung, aber woher die Kugel kam, läßt sich nicht feststellen.

Kapitän und Sergento hacken Eisbrocken, Schnee und darunter befindliches Geröll los und bedecken damit das, was von Ziegelbrenner übriggeblieben ist. Eine grauenhafte Arbeit bei achtzehn Grad Frost. Zehntausend wurden so vor Teruel begraben. Ziegelbrenner ist einer von den letzten.

»Er starb zwischen ein und zwei Uhr, und beerdigt haben wir ihn zwischen drei und fünf. Am 5. Januar wurde die Stadt übergeben.«

Der Mann hinter dem Schreibtisch, der mir das sagt, ist Ernst Fallen. Fast dreißig Jahre sind seit jener Silvesternacht vergangen. Fallen ist nun über siebzig, hat Stirnglatze und Bauch. Sein Haar ist weiß geworden; vor sich, neben Nagelfeile und Aschenbecher, hat er eine Lesebrille liegen. Weil er seinem Familiennamen den Namen seiner Frau hinzufügte, heißt er jetzt Fallen de Droog.

Ein wechselvolles Leben ist ihm ins bullige Gesicht geschrieben:

Nach Francos Sieg Arbeit für die antinazistische Spionageorganisation *Rote Kapelle*. Dann der Versuch, in einem Weingut in Südfrankreich unterzukriechen. Denunzierung. Odyssee durch zahlreiche KZ-Lager. 1944 wurde er von den Engländern befreit.

Letzte Station dieser strapaziösen Laufbahn – eine schlichte Wohnung im rheinischen Neuß, eine Schriftstellerklause. Fallen de Droog schreibt Kriminalromane.

Und wie ein Roman will mir auch erscheinen, was er mir da eben erzählt hat. Marut tot? Marut-Traven tot?

Andererseits, vieles klingt glaubwürdig. Angenommen, Marut ist 1937 in Spanien gefallen, ist Torsvan in Mexico City dann 1938 als Traven II in seine Rolle geschlüpft?

Denkbar wäre das. Aber: Der Mann, den Fallen de Droog vor Teruel begrub, war bestimmt nicht der Marut, den ich aus meinen bisherigen Studien und Recherchen kannte. Fallens Marut war ein Mann, der Marut sein wollte – ein Marut-Darsteller. Ein Hochstapler, deutlich gesagt.

»Und Sie sind ganz sicher, daß das Marut gewesen sein muß?«

Fallen de Droog lächelt: »Das weiß ich!«

»Wie alt war der Mann?«

»Mitte – höchstens Ende Dreißig.«

»Marut war 1937 fünfundfünfzig.«

Fallen, nachsichtig lächelnd: »Unmöglich. Rechnen Sie das zu Hause noch mal nach. Der Mann war höchstens vierzig. Mehr bestimmt nicht.«

»Hat er irgend etwas aus seinem Leben erzählt?«

»Lediglich das, was Deutschland betraf, nichts Persönliches. Soweit ich weiß, hatte er weder Frau noch Kinder. War aber kein Frauenverächter. Hatte da zum Beispiel ein Techtelmechtel mit einer französischen Krankenschwester.«

»Wie hieß sie?«

Fallen unterbricht sich beim Pfeifenstopfen und lacht ausgiebig. »Einbruch in die Intimsphäre, was? Ich verrate da eigentlich mehr, als ich wollte. Also, die Einheit liegt bei einer Übung. Bei einer Rastpause steht jemand auf und hält eine kleine Rede, tut so, als wäre die für die

Mannschaft. In Wirklichkeit war sie für mich. Ich sollte besser auf den medizinischen Alkohol aufpassen. ›Wieso?‹ frage ich, ›macht denn jemand Schnaps draus?‹ ›Nein, aber Ziegelbrenners Freundin braucht das Zeug als hygienisches Mittel, wenn sie Verkehr gehabt haben!‹ Dann wurde die Sache ins Lächerliche gezogen. Wie das so ist.«

Fallen pafft und läßt Erinnerungen aufsteigen.

»Man sagt ja, daß die Männer mit den grauen Schläfen die charmantesten sind. Und das war er! Mein Marut war das, was der Franzose mit Kavalier bezeichnet. Charmant, sehr, sehr, sehr charmant!«

Fallen läßt seinen Zeigefinger über den Rand des gläsernen Aschenbechers kreisen. »Er war bei allen beliebt, ganz egal, wo wir hinkamen. Wenn wir in Ruhe lagen, machten wir Besuche bei benachbarten Einheiten. Die zogen dann die Fahnen auf, und dann wurde großes Tamtam gemacht... Das war nun etwas, was mein Ziegelbrenner brennend brauchte.«

»Tamtam?«

»Ja, ja. Das war alles für ihn!«

»Hat er auch erzählt, daß er befürchtet hatte, in München zum Tode verurteilt zu werden?«

Fallen de Droog zögert ein bißchen, ehe er ja sagt.

»Und hat er Ihnen erzählt, wohin er von München aus gegangen ist?«

»Von München aus ging er erst, glaube ich, nach Spanien. Wenn ich mich nicht irre, ist er dann von Portugal nach Mexiko gefahren.«

»Sprach er gut Spanisch?«

»Ja. Ich benutzte ihn oft als Dolmetscher. Er sprach aber ein Spanisch, das vom *spanischen Spanisch* so weit abwich wie das Wallonische vom Französischen.«

»Ein mexikanisches Spanisch?«

»Ein südamerikanisches.«

»Hat er erzählt, in welcher Gegend von Mexiko er gelebt hat?«

»Nein.« (Erste Zeichen von Ungeduld.) »Das interessierte mich auch gar nicht.«

»Hat er nie gesagt: Im Falle meines Todes muß der und der benachrichtigt werden?«

»Nein. Mundhalten, das war das, was seine Sorge war. Er hüllte sich überhaupt in Schweigen.«

»Woher wissen Sie, daß er *Das Totenschiff* geschrieben hat?«

»Von ihm selber.«

»Gut, aber er kann ja ...«

»... ein literarischer Schwindler gewesen sein? Nein, das war er nicht! Ich bin, wenigstens bisher, nie mit einer weichen Birne durch die Weltgeschichte gelaufen, ich traue mir zu, das Echte vom Falschen unterscheiden zu können. Ich weiß aus dem, was wir gemeinsam erlebt haben, daß er der Autor der Bücher *Totenschiff* und *Baumwollpflücker* war! Dessen bin ich so sicher, wie ich jetzt sicher bin, daß Sie mir in meiner Wohnung gegenübersitzen!«

(Eine Wendung, die das Ende unserer Unterhaltung ansteuern soll? Ich beschließe, sie nicht zur Kenntnis zu nehmen.)

»Hat er wörtlich gesagt: ›Ich habe *Das Totenschiff* geschrieben‹?«

»Das hat er mir nicht *ein*mal, sondern Dutzende Male gesagt. Hat Details vom *Totenschiff* korrigiert, und so weiter.«

»Welche Details?«

»Anlaufhäfen, zum Beispiel. Und dann kamen wir

immer wieder darauf zurück, wie die Idee zu dem Buch geboren wurde ...«

»Wie denn?«

»Lieber Herr Heidemann, ich habe mir ja nicht aus speziellem beruflichen Interesse Notizen gemacht.«

Während er das sagt, skandiert er jedes seiner Worte mit seinem gekrümmten Zeigefinger, der wie ein Raubtierschnabel aussieht. Da dieser Zeigefinger sehr oft in Aktion tritt, kenne ich ihn bereits genau. Er hat so einen merkwürdigen Höcker, dieser Zeigefinger, denke ich, während Fallens Stimme lauter und ungeduldiger wird. Ob der mal gebrochen war?

»Hat der Mann Dialekt gesprochen?«

Ärgerliches, kurzes Auflachen. »Sie fragen wie ein Untersuchungsrichter!«

»Ich muß es wissen –«, sage ich so charmant wie möglich.

»Also schön. Er sagte beispielsweise ›S-tein‹, nicht ›Schtein‹. Ziehen Sie Ihre Schlüsse, Herr Untersuchungsrichter.«

Ich lächle und denke: Ret Marut, der Schauspieler, hätte nie im Leben »S-tein« gesagt. Wieder ein Punkt gegen Fallen. Kapitän Fallen, du magst begraben haben wen auch immer – Marut war es nicht.

»Gibt es außer Ihnen noch Leute, die sich an Ihren Ziegelbrenner erinnern?«

Steile Falte zwischen buschigen Augenbrauen. »Im Moment weiß ich nur einen, aber der hatte vor Jahren eine schwere Gehirnhautentzündung. Glaube kaum, daß der noch Lichtblicke hat.«

»Und Sie haben kein einziges Foto von Ziegelbrenner?«

»Die Gestapo hatte eins. Nicht wegen Ziegelbrenner,

sondern meinetwegen. Eine Gruppenaufnahme, auf der zufällig auch der Ziegelbrenner war. Graben Sie mal in den Gestapo-Archiven.«

Breites Grinsen.

Ich notiere mit leichtem Dankeslächeln.

»Fallen Ihnen irgendwelche besonderen Kennzeichen ein?«

»Besondere Kennzeichen?«

»Irgendwelche unveränderlichen körperlichen Merkmale ... Wenn man so im Ebro badet ...«

»Wenn man damals im Ebro badete, mußte man seine Augen auf der Seite haben, wo die Faschisten lagen. Augenblick mal – er hatte eine Narbe am linken Arm. Wahrscheinlich eine Verwundung.«

Einige Tage später. Ich habe das Glück gehabt, das Gruppenbild vom Ebro aus Fallens Gestapo-Akte aufzutreiben. Akte 54 618.

Nun sitze ich an meinem Schreibtisch, starre auf das Foto und versuche in den Gesichtern der knienden und stehenden Kämpen zu lesen. Da hinten – das ist zweifelsohne Kommandant Fallen. Aber wer ist der Doppelgänger? Wer ist Ziegelbrenner?

Drei scheiden ziemlich sicher aus. Zu jugendlich.

Bleibt eigentlich nur noch der mit dem runden Kopf. An irgend jemanden erinnert er mich, es will mir nur nicht einfallen. Als ich eine Stunde oder mehr mein Gedächtnis strapaziert habe, gebe ich es auf, spanne Papier in meine Schreibmaschine und übertrage die Tonbandkassetten mit dem Fallen-Interview.

Aber es ist wie verhext: Ich kann keine zehn Zeilen schreiben, ohne absetzen zu müssen.

Wie kann einer monatelang Münchner Marut-Erlebnisse erzählen, ohne Marut zu sein? Antwort: Er muß diese Erlebnisse von Marut erfahren haben.

Frage zwei: Was bewegt einen Mann, der sich als Marut ausgibt, Maruts Traven-Roman *Das Totenschiff* zu kritisieren (Details zu korrigieren, wie Fallen sagte)?

Antwort: Der Doppelgänger muß den Buchstoff besser kennen als der wirkliche Marut, der den Traven-Roman geschrieben hat: Der Doppelgänger muß August Bibeljé gewesen sein!

Ich schiebe die Schreibmaschine weg und schäme mich ein bißchen, daß ich nicht eher darauf gekommen bin.

Plötzlich ist alles so einfach. Plötzlich sehe ich die ganze Geschichte vor mir: Bibeljé und Marut auf einem Schiff, Bibeljé, der brillante Erzähler, schildert dem Mitreisenden sein Leben. Der revanchiert sich mit Geschichten aus der Münchner Revolution. Vielleicht schließt man bei dieser Gelegenheit Freundschaft und hält auch in Mexiko noch Verbindung. Bibeljé liefert weitere Stoffe, zum Beispiel den Stoff für die *Baumwollpflücker*.

Irgendwann nach der Veröffentlichung von *Totenschiff* und *Baumwollpflückern* kommt es zum Zerwürfnis. Bibeljé kehrt nach Europa zurück und reist unter dem Pseudonym seines ehemaligen Partners, der an sein mexikanisches Exil und Versteck gefesselt ist.

Fallens Steckbrief paßt in allen Einzelheiten: da ist Bibeljés »südamerikanisches Spanisch«, das er auf brasilianischen Haziendas lernte; da ist die Vorliebe für Tamtam und Frauen; auch Haarfarbe und Größe stimmen. Nur im Alter hat Fallen sich geirrt. Bibeljé war damals 42, nicht Mitte oder Ende Dreißig.

Das letzte Wort muß ein Anthropologe sprechen. Ich stecke das Kriegsfoto und die inzwischen aufgetriebenen Bibeljé- und Torsvan-Bilder in ein Kuvert und schicke sie an Professor Keiter, Hamburgs besten Experten, mit der Frage: »Ist einer der auf den Fotos abgebildeten Männer auch auf dem Soldatenfoto zu finden?«

Wenige Tage später kommt der Bescheid: Der Mann rechts ist August Bibeljé.

ERST WIRFT SIE MIR DIE TÜR VOR DER NASE ZU, DANN schämt sie sich und macht wieder auf: Elfriede Zielke. Travens Geliebte, als er noch Marut hieß.

Eine winzige Person. Ich schätze, einen Meter fünfundfünfzig. Alter Ende Siebzig. Muß einmal recht hübsch gewesen sein; ihre großen blauen Augen verraten es noch.

Schneewittchen nennt man sie in Theaterkreisen, seitdem sie einmal vor einer Premiere in einem Taxi einschneite.

Das war zu einer Zeit, als sie bereits der Bühne entsagt hatte und Garderobiere bei einer genialeren Kollegin, der großen Elisabeth Bergner war.

Ich wiederhole meine Frage nach Marut.

Fünfzig Jahre ist das nun her. Trotzdem schaut sie besorgt die Treppen des alten Berliner Mietshauses hinauf, ob da oben niemand mithört. Dann läßt sie mich ein.

»Woher«, fragt sie (und die Sache ist ihr immer noch peinlich), »woher haben Sie meine Adresse?«

»Von dem Brief, den Ihre Tochter 1948 an Traven schrieb.«

»Es stimmt«, antwortet sie, plötzlich ganz ruhig, »sie ist meine Tochter.« Und dann, sehr sachlich: »Er war meine erste und einzige große Liebe.«

Ein kalter Novembermorgen des Jahres 1911. In Danzig gibt der Winter ein Vorspiel; die ersten Schneeschauer jagen durch die Straßen.

Ret Marut und Elfriede Zielke haben probenfrei und beschließen, bis zum Abend im Bett zu bleiben, um Holz und Kohlen zu sparen.

Das bedeutet ein kaltes Frühstück, Milch, Zwieback. Und das bedeutet, daß Marut den ganzen Tag seinen Büchern widmen wird.

Elfriede träumt mit geschlossenen Augen neben ihm und denkt an das Kind, das sie im Frühjahr bekommen wird. Werden sie dann noch zusammen sein?

Marut liegt neben ihr wie ein Fremder und liest. »Was hast du gestern im Postamt gemacht?« fragt sie in die Stille hinein.

»Warum fragst du?« Seitenrascheln. Er blättert um.

»Weil ich dich gesehen habe. Ich bin dir nachgegangen.«

»Du spionierst mir nach?«

»Nein. Ich sah dich auf der Straße, als ich vom Arzt kam. Ich hab' mich gefreut und ich dachte, du würdest dich auch freuen . . . Aber du hast mich nicht gehört und warst verschwunden, ehe ich dich einholen konnte.«

Seitenrascheln. Umblättern.

»Du hast einen Brief abgeholt.«

»Ja, ich habe einen Brief abgeholt.«

»Willst du mir nicht sagen, von wem?«

»Nein.«

»Holst du öfter Briefe vom Postamt?«

»Ja.«

»Wir haben einen Briefkasten ...«

»Manche Briefe sind eben nicht für den Briefkasten! In diesem Haus wohnen zu viele Neugierige.« Er wirft sich auf die andere Seite.

Elfriede beugt sich über ihn. »Gehöre ich auch dazu?«

Marut schaut ins Buch, ohne zu lesen. »Vielleicht.«

Sie wendet sich ab und starrt durch das kleine Fenster in den Schneeregen. Nicht einmal seinen richtigen Namen weiß sie. Fragt sie danach, antwortet er gereizt: »Liebst du den Menschen oder den Namen? Der Name und die Vergangenheit eines Menschen sind doch unwichtig!«

Und erzählt er dann doch einmal etwas von früher, sind es die widersprüchlichsten Geschichten: Er sei auf einem Schiff zur Welt gekommen, seine Mutter habe Selbstmord begangen, als er zwölf war, seine Papiere seien in San Franzisko verbrannt, seine Mutter sei Irin gewesen, sein Vater Engländer; im Theater hingegen erzählt er etwas von einer rumänischen Abstammung; ein anderes Mal: seine Eltern seien Amerikaner.

Nein, sie ist nicht neugierig. Aber wenn man einen Menschen liebt, möchte man ihn kennen, nicht nur seine Geschichten. Seine Lügen tun ihr weh. Warum kann er ihr nicht vertrauen? Hat sie ihm nicht genügend Beweise geliefert, daß es ihr ernst ist mit ihm?

Als sie ihm mit dreiundzwanzig am Theater im sächsischen Crimmitschau begegnete – war sie da nicht bereits so etwas wie ein Star, während er sich die fürchterlichsten Verrisse gefallen lassen mußte? »Erster jugendlicher Held und Liebhaber« – das stand in seinem

Vertrag, auf der Bühne war er's kaum. Nur einen Meter achtundsechzig groß, Spürhundblick, Spürhundnase. Alles andere als eine romantische Erscheinung.

Trotzdem, sie liebte ihn auf den ersten Blick. Diesen ungelenken, nachdenklichen, strengen, immer einsamen, geheimnisvollen Dilettanten. Drei Jahre lang schleppte sie ihn mit sich von Engagement zu Engagement. Pommern, Schlesien, Ostpreußen, Westpreußen, Berlin. Und nun Danzig.

Hier muß er hinnehmen, daß man seinen Namen *Ret* in *Robert* umwandelt. Hier muß er zu allem Unglück auch noch den Part eines Solotänzers übernehmen. Die Presse macht sich lustig über ihn. »Allzuviel schöne Gesten« – das ist noch die zahmste unter den Kritiken.

Sein Regisseur hält ihn für einen heimlichen »Anarchisten und Bombenschmeißer«.

Aber Elfriede Zielke hält zu ihm. Wird er entlassen, dann geht auch sie. Das ist eine deutliche Drohung, und die Direktion nimmt diese Drohung ernst.

Ab 1. 1. 1912 muß sich Elfriede beurlauben lassen. Sie ist zu zierlich. Selbst die üppigsten Kostüme können ihren Zustand nicht mehr verdecken. Marut erzählt ihr, er sei mit einer älteren Frau verheiratet, sei aber bereit, eine zweite Ehe in Gretna Green zu schließen. Elfriede lehnt das ab.

Am 20. März kommt in ihrer Wohnung, Holzgasse 11, ihre Tochter Irene zur Welt. Damals wird noch »zu Hause geboren«; nur eine Hebamme assistiert.

Kindergeschrei und das zersorgte Gesicht seiner Geliebten treiben Marut immer häufiger aus der dumpfen kleinen Wohnung. Elfriede Zielke, von der Geburt geschwächt, muß länger pausieren als gedacht. Die Geldfrage, immer aktuell in diesem Künstlerhaushalt, wird zum fast unlösbaren Problem. Doch schlimmer zerrt an den Nerven des ungleichen Paars, daß ihre Liebe stirbt.

Ein Jahr nach Geburt des Kindes geht Marut für eine monatliche Gage von einhundertsiebzig Mark ans Düsseldorfer Theater. Im Seebad Tangermünde verbringen Marut und Elfriede einen letzten gemeinsamen Sommerurlaub, dann trennen sie sich. Für immer.

Letzter, entscheidender Anlaß: Elfriede Zielke ist einem Mann begegnet, der sie mit Selbstmorddrohungen verfolgt. Als der Erste Weltkrieg ausbricht, kündigt er an: Wenn sie ihn nicht heirate, werde er den feindlichen Scharfschützen »seine Brust darbieten«.

Die Schauspielerin verspricht, ihn zu heiraten. Aber das rettet ihn nicht vor den feindlichen Scharfschützen; er fällt.

Marut argwöhnt, das Kind sei möglicherweise das Kind des Gefallenen und geht endgültig auf Distanz. »Wir werden dann«, schreibt er, »eben gute Freunde sein, was wir nicht konnten, solange wir ein Liebespaar waren.«

Er bietet eine finanzielle Unterstützung an, doch Elfriede verzichtet. Bis 1917 kommt er zu gelegentlichen Besuchen, bis 1918 schreibt er der kleinen Irene Kartengrüße und scheint nun doch allmählich wieder von seiner Vaterschaft überzeugt zu sein.

»Sie wurde ihm nämlich sehr ähnlich. Leider.« Die feine alte Dame mir gegenüber fährt sich durchs kurzgeschnittene weiße Haar, das einmal dunkelblond war und ihr bis zur Taille reichte. »Ich sage: Leider. Denn die Irene ist genauso häßlich geworden wie ihr Vater.«

Ich zeige ihr die Croves-Fotos. Aber die sagen ihr

nichts. Erst mit Torsvans Paßfotos aus der Akte der Bank von Mexiko kann sie Marut identifizieren.

»Und woher die postlagernden Danziger Briefe stammten, haben Sie niemals erfahren?«

»Niemals.«

Ich fahre nach Ost-Berlin, um zu sehen, ob die Ähnlichkeit zwischen Vater und Tochter wirklich so groß ist. Frau Zielke sagte »Leninallee 18«. Aber dort gibt es keine Irene Zielke. Niemand kennt sie, und die Leninallee ist groß.

Ein Volkspolizist in einer Revierstube, die für den Parteienverkehr eigentlich schon geschlossen ist, sucht mir die richtige Hausnummer heraus: 239.

Wenig später weiß ich, daß mir die alte Frau keine Märchen erzählt hat. Ich taxiere das Gesicht der Tochter und sehe, ohne Anthropologe zu sein: Augen, Mund, Nase – alles Marut, alles Torsvan-Croves!

B. Traven – hier ist eine Spur aus deiner Frühzeit, die du nicht verleugnen kannst!

Die Mutter hatte mir die Tür zugeknallt, Tochter Zielke aber ist entzückt. Endlich jemand, der ihr beweist, daß sie ihren Brief an B. Traven zu Recht geschrieben hat!

Ein merkwürdiges Wesen. Einerseits ist etwas Hausbackenes um die unverheiratete Gewerbelehrerin, andererseits geht eine irritierende Hektik und eine krampfig bemühte Intellektualität von ihr aus. Sie spricht hastig. Nervöse rote Flecken treten an ihrem Hals hervor.

Auch sie wollte zunächst zum Theater und begann eine Bühnenausbildung bei der berühmten Maria Moisse. Als ihr das Geld ausging und die große Karriere immer unwahrscheinlicher wurde, wurde sie Stenotypistin, dann Stenolehrerin und schließlich Sprechlehrerin an einer Schauspielschule. Heute lehrt sie an einer Fachschule für angewandte Kunst.

Ich schaue sie an. Sie ist über fünfzig, aber ihre Art zu reden ist manchmal noch so überheizt wie ihre Art von 1948, Briefe zu schreiben.

Damals erfährt sie aus einer Berliner Studentenzeitung, daß sich hinter dem Pseudonym B. Traven möglicherweise »der Schriftsteller Fred Maruth« verberge.

»Sie werden sich vorstellen können, wie mich das erregte ...«, schreibt sie Traven-Entdecker Preczang, behauptet aber fast im gleichen Atemzug, »nichts, nichts« von ihm zu wollen. Außer, daß sich Traven vielleicht ein bißchen für sie interessiert.

»Was zwischen meiner Mutter und ihm vorlag, kann mich absolut nur insoweit interessieren, daß es mir menschlich-psychologisch interessant ist, anders nicht ...«

Preczang antwortet vorsichtig: »Sie schreiben, daß bei einer Buchbesprechung in der Berliner Studentenzeitung hinter dem Namen Traven in Klammern *Fred Maruth* gestanden habe. Das war ganz gewiß nicht von Traven autorisiert und gründet sich nur auf Vermutungen ...« Immerhin, er leitet Irenes Brief an Traven weiter, mit der Beteuerung, es sei ihm völlig gleichgültig, was es mit der angeblichen Tochter auf sich habe.

Traven öffnet den Brief und sieht sich einem unerwartet heftigen Gefühlsausbruch gegenüber. »Du«, so heißt es da beschwörend, »lehne mich ab oder nimm mich an, Du kannst es nicht ändern: ich lebe Dich weiter, Du bist in mir. Nichts will ich, nichts. Doch *ich* werde Dich anerkennen, wer Du, was Du immer seist. Ich sage: auch wenn Du ein Unwürdiger wärst, füge aber hinzu: aber ich kenne ja keinen Unwürdigen. Jeder Mensch ist würdig.

In keiner Weise kannst Du Nachteile haben, wenn Du Dich zu mir bekennst. Denn alles, was *ich* über Marut weiß, aus der früheren Zeit, ist ja außer dem Namen kaum etwas. Du bleibst trotzdem unbekannt. Ob Du verheiratet bist oder warst, ist mir völlig egal. Ich könnte mich zwar sehr für meine Halbgeschwister interessieren, aber ich will sie auf keine Weise schädigen (auch stünde mir ›rechtlich‹ das wohl nicht einmal zu!).

Und wenn ich Dich darum bäte, Deinen Namen als Zusatz-Namen zu führen, so kann mir das vielleicht Vorteile bringen in mancher Hinsicht, aber auch Nachteile, denn ›Sohn‹ eines berühmten Mannes zu sein, ist gefahrvoll, schlecht ... Die Führung Deines Namens kann auch für mich Schädigungen bringen ... denn für die Ärmsten der Welt ehrlich zu kämpfen ist allerorts mit Lebensgefahr verbunden.«

Möglich, daß Traven von dem wirren, pathetischen Brief gar nicht so unangenehm berührt ist, wie er später vorgibt. Elfriede Zielke und Tochter wissen nun also, daß aus dem glücklosen Schauspieler Marut ein berühmter Schriftsteller geworden ist.

Er ist aber fest entschlossen, sein Geheimnis der Öffentlichkeit gegenüber zu wahren; eine Antwort an diese wortreiche Schwärmerin, die sich ein bißchen Ruhm abborgen will, vielleicht auch mehr, kommt daher gar nicht in Frage.

Und so schreibt er an Preczang, »englischer« als sonst:

»Es ist zu erstaunen, welche menge von verschiedenen Weisen und Mitteln von manchen Leuten gebraucht werden, um sich Personen, die einen Namen haben, annähern zu können.

Dies Fräulein ist number neun von illegal Kindern, die einen Fater suchen und sich direct oder auf umweg bei mir in den letzten zehn Jahren angemeldet haben und aus fünf verschiedenen Ländern herkommen...«

Dann verspricht er Preczang, der in schwierigen finanziellen Verhältnissen lebt, ein kleines Geldgeschenk und bittet ihn, weiterhin »Schwindelsachen«, die über seine Person verbreitet werden, zu dementieren.

Irene Zielke gegenüber schlägt er einen wesentlich schärferen Ton an. Er schreibt auf englisch:

»Ich bin nie in Deutschland gewesen, obwohl ich oft eingeladen worden bin, dorthin zu fahren und vorzulesen. Aber das konnte ich nicht, denn meine Deutschkenntnisse sind wirklich nicht der Rede wert.

Ich schreibe meine Bücher und Briefe entweder englisch oder spanisch und lasse sie in die Sprachen übersetzen, für die sie bestimmt sind.«

Er fügt die Behauptung an, die Marut-Geschichte sei von geschäftstüchtigen Journalisten erfunden worden und schließt: »Very truly yours B. Traven«.

Die Sache ist für ihn erledigt, und auch Irene Zielke verzichtet nach dieser rüden Abfuhr auf weitere Briefe. Heute ist nach vielen Jahren der erste Tag, an dem sie wieder von der Geschichte spricht.

Ich erzähle ihr, daß ihre Mutter Ret Marut in den Torsvan-Fotos aus der Akte der Bank von Mexiko wiedererkannt habe. Dann mache ich einige Dutzend Porträtaufnahmen von ihr. Material für ein anthropologisches Gutachten, unter einigermaßen illegalen Bedingungen erworben. Denn: Ich habe keine Fotografiererlaubnis für Ost-Berlin.

Doch alles geht gut. Niemand fragt mich beim Grenzübertritt nach meiner Leica.

SEIT EINIGER ZEIT WILL NIEMAND IN MEINER REDAKTION mehr so recht an *die ganz große Geschichte* glauben. Mein Chef wird ungeduldig, will mich für andere Themen einsetzen. »Gehen Sie doch auf die Straße«, sagt er, »und fragen Sie, wer B. Traven ist. Wer weiß das schon? Wer will es wissen?«

Mir wird ziemlich mies. Immerhin war *er* es, der mir den Auftrag gab: »Finden Sie Traven!« Damals hielt er das für sehr interessant.

»Sie haben einen Traven-Tick. Vergessen Sie die Geschichte!« Er rät es im guten, aber auch ein warnender Unterton ist dabei. So in der Art: Wenn Sie weiter Ihrem Traven hinterherrennen und die andere Arbeit liegenlassen, sind Sie für den *stern* gestorben.

Ich schlucke. Was soll ich sagen?

Daß B. Traven schließlich der mysteriöseste Schriftsteller des 20. Jahrhunderts ist? Daß er immerhin fast den Nobelpreis bekommen hätte? Daß *Time* ihn »ein quälendes Rätsel der modernen Literatur« genannt hat? Daß es für den *stern* sehr blamabel wäre, wenn ihm *Life, Time* oder *Newsweek* die Geschichte wegschnappt?

Nichts sage ich. Nur, daß ich einer Lösung schon sehr nahe bin.

Ein deprimierendes Gespräch. Als ich in meinem Wagen sitze und heimfahre, frage ich mich, ob es nicht tatsächlich besser wäre, diesen Traven in Ruhe zu lassen. Hat er nicht recht, wenn er sagt: »Die Biographie eines schöpferischen Menschen ist ganz und gar unwichtig. Wenn der Mensch in seinen Werken nicht zu erkennen ist, dann ist entweder der Mensch nichts wert oder seine Werke sind nichts wert.«

Also, warum soll ich seine Lebensgeschichte ans Licht zerren? Tue ich seinen Lesern oder irgend jemandem damit einen Gefallen?

Andererseits: Traven zählt zu den Großen, und Große haben Neugier auszuhalten. Das ist der Preis, den sie für ihre Prominenz zu zahlen haben.

Ich bin Reporter, und ich habe noch nie eine gute Geschichte unerledigt liegengelassen. Warum sollte ich gerade jetzt und hier aufgeben?

Ein günstiger Zufall überspielt meine Unsicherheit: Eine Begegnung mit einem Schiffsoffizier, der mir erzählt, sein Frachter werde mit zwölf leeren Kabinen nach Rio fahren, erinnert mich daran, daß ich noch reichlich Jahresurlaub zu verbrauchen habe.

Zweitens erinnert mich dieser Zufall an das »B« im Namen B. Traven; an Bibeljé und seine brasilianische Jagdgeschichte; an seinen brasilianischen Gönner Dr. Eneas Pontes und an das brasilianische Eisenbahnprojekt, von dem Globetrotter Bibeljé seiner Frau erzählte.

Mein Entschluß steht fest: Ich werde versuchen, den Punkt zu finden, an dem Bibeljé und Travens Lebenslinien sich kreuzten. Vielleicht liegt dieser Punkt in Brasilien? Vielleicht findet sich dort zumindest ein Hinweis, wo in aller Welt dieser mysteriöse Treffpunkt sonst noch liegen könnte.

Ich erbitte Urlaub, und mein Chefredakteur läßt mich ziehen; nun offenbar restlos davon überzeugt, daß mir nicht mehr zu helfen ist.

Rio. Ich verlasse das Schiff braungebrannt und voller Optimismus. Dabei habe ich nur drei winzige Anhaltspunkte, die mir bei meiner Suche nach August Bibeljé helfen können: den Namen seines Freundes Pontes, den Namen des Eisenbahnprojektes und den Namen einer Finca, die Bibeljé in seiner Jagderzählung erwähnt. Zunächst läßt mich meine Suche in lauter Luftlöcher fallen. In der Stadtbibliothek von Rio de Janeiro stehen zwar eine Menge Zeitungsbände, die über Bibeljés Eisenbahnprojekt Maceio–Pedra berichten, als ich aber nachlesen will, ob sein Name erwähnt ist, zerbröseln mir die morschen Seiten unter den Händen.

Man gibt mir den Rat, im Zeitungsarchiv der Stadt Recife zu suchen. Das Klima im Norden Brasiliens ist trockener, und Archivmaterial hält sich dort besser. Außerdem, so sagen mir meine Notizen, sollen auch die Zuckerrohrplantagen des Dr. Eneas Pontes in der Nähe von Recife liegen.

Also fliege ich nach Recife in Pernambuco. Eine ansehnliche Hafenstadt. Den Kern bildet ein modernes Geschäftszentrum aus weißen und pastellfarbenen Hochhäusern. Dort nehme ich mir ein Hotelzimmer und suche mir einige Adressen aus dem Telefonbuch. Doch meine Pechsträhne hält an: Das Zuckersyndikat von Recife und auch das Zuckermuseum hat den Namen

Eneas Pontes niemals registriert; Leute gleichen Namens können mir ebenfalls nicht weiterhelfen. Eneas Pontes? Nie gehört!

Da dieser Mann auch mal Rechtsanwalt gewesen sein soll, konsultiere ich die Anwaltskammer. Vergebens.

Vom deutschen Konsulat lasse ich mir eine Liste aller Deutschen geben, die seit vierzig Jahren im Lande leben – niemand von ihnen kennt Pontes oder gar seinen Freund Bibeljé.

Das Zeitungsarchiv der Stadtbibliothek: ebenfalls Fehlanzeige. Beim *Eisenbahnbau* Maceio–Pedro kann August Bibeljé keine entscheidende Rolle gespielt haben. Jedenfalls taucht sein Name in keinem der erhaltenen Berichte auf.

Aber dann habe ich doch ein bißchen Glück – bei der Hafenpolizei von Recife, die in einem turmartigen schmutziggrauen Haus am Rand des Hafengeländes residiert.

Als ich das Büro des obersten Diensthabenden durch eine zwei Meter fünfzig hohe Tür betrete und ihn neben einer pompösen, kirchturmähnlichen Pendeluhr thronen sehe, umgeben von einigen verstaubten Aktenbündeln und Meldebüchern, verspüre ich wenig Hoffnung.

Doch der freundliche, rundliche Beamte erwischt nicht nur das richtige Meldebuch auf Anhieb – er schlägt per Zufall auch gleich die richtige Seite auf: 15. Oktober 1912, Ankunft des Lloyd-Dampfers *Crefeld* in Recife. Auf der Passagierliste: August Bibeljé. Wie üblich führt er sich mit einigen phantastischen Zusätzen ein – diesmal als »Kaufmann«. Auch daß er Junggeselle sei, wie er angibt, entspricht nicht seinen Hamburger Papieren.

Einen Dr. Eneas Pontes aber finde ich auch hier

nicht. So fliege ich nach Maceio, der Nachbarstadt Alagoas. Neunzig Kilometer von hier, so heißt es in Bibeljés Jagdgeschichte, soll die Hazienda eines seiner Freunde liegen.

Auch in Maceio gelingt mir anfangs nicht viel, außer daß ich dem deutschen Konsul von Recife einen kleinen Gefallen erweisen kann. Im Hof einer Eisenhandlung entdecke ich in neun alten Zuckerkisten den Nachlaß des ehemaligen deutschen Vizekonsulats, das 1942, bei Brasiliens Kriegseintritt, aufgelöst worden war.

Leider finde ich in den Kisten nichts über die Leute, derentwegen ich hergereist bin. Von Pontes und Bibeljé auch hier keine Spur.

Die Gegend animiert nur sehr wenig zum Urlaubmachen. Was soll ich hier? Dreht man den Wasserhahn auf, schlägt einem beißender Lysolgeruch entgegen. Die Seife schäumt nicht – so viel Chlor ist im Wasser. Das Hotelzimmer – stickig zum Umfallen. Öffnet man die Fenster, weil die Klimaanlage asthmatisch röchelt, schwirren Legionen von Moskitos ins Zimmer.

Dicke Luft scheint eine Spezialität von Maceio zu sein. Keine Woche vergeht, in der nicht wegen Ehre, Eifersucht und Blutrache geeifert, gerauft, gestochen und geschossen wird.

Jeder reiche Großgrundbesitzer oder Kaufmann, der konkurrenzfähig und am Leben bleiben will, hält sich *Pistoleros,* bezahlte Scharfschützen.

Kürzlich haben sich sogar einige Politiker im Parlament mit Maschinenpistolen beschossen.

Das Klima scheint für derartiges noch immer gut zu sein. Bei meiner Ankunft hat die Bundesregierung die Wahl des neuen Gouverneurs von Alagoas annulliert, angeblich weil während des Wahlkampfes zu viele seiner politischen Gegner ermordet wurden. Vielleicht aber auch, um einen neuen Mann einsetzen zu können, welcher der Regierung von Rio besser ins Konzept paßt.

Ein netter und hilfsbereiter Schweizer Mühlenbaumeister bringt mich schließlich mit zahlreichen Geschäftsleuten in Kontakt. Und nun geht's vorwärts. Binnen kurzem habe ich die Adresse von einem Dutzend näherer Verwandter und Bekannter des Dr. Eneas Pontes. Adressen aus halb Alagoas.

Ich besuche sie alle – die scheuen, neugierigen, freundlichen, behäbigen, charmanten, würdigen, temperamentvollen, grauhaarigen, stoppelbärtigen Señores aus der alten Großgrundbesitzer-Sippe der Pontes. Ich sitze auf ihren weitläufigen überdachten Terrassen und Veranden, und der alte lebenslustige Eneas und sein windiger Freund Augusto Bibeljé feiern Auferstehung.

»Ist das alles?« fragt der Zollbeamte von Recife, als ihm Bibeljé an einem heißen Dezembertag des Jahres 1914 sein winziges Köfferchen präsentiert.

»Wenn ich mehr hätte«, erwidert dieser und klopft dem Uniformierten jovial auf die Schulter, »würde ich nicht auswandern.«

Wie schon 1912 nimmt es Weltenbummler Bibeljé mit der Wahrheit nicht sehr genau. Er ist nicht »ausgewandert«, sondern aus dem französischen Internierungslager Toulon ausgebrochen und befindet sich auf der Flucht vor dem Krieg.

Am folgenden Tag steht er seinem Freund Eneas gegenüber, der angesichts dieses unerwarteten Besuches über das ganze runde Bonvivantgesicht zu strahlen beginnt. Sieben Jahre ist es jetzt her, seitdem sie sich kennengelernt haben. Bibeljé, dem man das Internierungslager anmerkt, sieht schlecht aus; Pontes dafür um so besser.

Das gute Leben, das er hier inmitten seines Clans und seiner großen Besitzungen führt, hat ihn rund werden lassen, hat ihm Doppelkinn und Hängebäckchen beschert.

Ehrengast August bezieht sein großes kühles Zimmer und nimmt das angenehme Leben wieder auf, das er von mehreren ausgedehnten Aufenthalten her gewohnt ist. Dazu gehören: ein eigener Diener und ein eigenes Reitpferd, sein spezieller »Lesebaum«, in dessen Schatten er nachmittags behaglich Lektüre konsumiert. Dazu gehören auch verträumte Siestas und zweistündige Mahlzeiten mit gutem alten Rotwein, die mitunter zu Familienfesten ausufern.

Und dazu gehören vor allem die ausgiebigen Gespräche mit Eneas. Erinnerungen werden wach. Erinnerungen an die Zeit, als die beiden 1909 von Recife nach Paris fuhren und so lange nicht schrieben, daß die Zurückgebliebenen fürchteten, August habe seinen reichen Freund umgebracht.

Eneas Pontes holt die Fotografien all der hübschen Pariserinnen hervor, derentwegen er so oft über den Großen Teich geschippert ist. Eine davon ist ihm 1910 nach Alagoas gefolgt und hat in Maceio das größte und eleganteste Bordell der Stadt eröffnet. Für europäische Geschmäcker freilich primitiv: ein einstöckiges Gebäude aus gekalkten Lehmwänden und leichtem Ziegeldach ohne Plafond.

»Ich werde dich anmelden lassen«, lächelt Pontes und klappt sein Fotoalbum zu. Die letzten Seiten zeigen ein Mädchen, das kurzfristig mit Pontes verheiratet war – ebenfalls Französin, wie bei seinem Geschmack nicht anders zu erwarten. Kurz nach der Hochzeit verließ er sie, um eine längere Vergnügungsreise zu unternehmen. Daraufhin kehrte sie nach Frankreich zurück, und so ist Lebemann Eneas wieder allein.

Er hat nichts dagegen. Er schätzt seine Unabhängigkeit. Zur Zeit gehen ihm große Pläne im Kopf herum, er will eine Zuckerfabrik gründen. August Bibeljé soll ihm dabei helfen.

Jeder im Umkreis von hundert Kilometern ist davon überzeugt, daß niemand besser für Planung und Durchführung solcher Projekte geeignet ist als Augusto, der blonde Deutsche. Niemand hat ihn bis jetzt arbeiten sehen, dafür um so mehr schreiben und nachdenken. Er gilt als Philosoph. Finca-Besitzer leihen ihn sich aus, wenn es gilt, Grenzstreitigkeiten zu schlichten.

Und nun diese Zuckerfabrik! Das ist nach seinem Geschmack! Er fordert Studienmaterial aus den USA an und zieht sich unter seinen Lesebaum zurück. Die Sache braucht Zeit, und Pontes läßt sie ihm. Doch schließlich reißt auch ihm einmal die Geduld, denn Rechnen ist nie die Hauptbegabung seines Freundes gewesen. Bibeljés Vorschläge übersteigen die Möglichkeiten des reichen Mannes um ein Vielfaches.

Kühlere Rechner sorgen dann dafür, daß es mit der Zuckerfabrik überhaupt etwas wird. Die *Usina Peixe* besteht schließlich aus drei langgezogenen niedrigen Gebäuden und einem leuchtturmähnlichen Schlot. Im weiten Umkreis um das Fabrikgelände liegen die Hütten der Arbeiter. Eine feste Straße zum Abtransport der Produktion soll später gebaut werden, vorerst gibt es nur einen Ochsenkarrenpfad.

Das ist nun alles nicht ganz im Sinne des großen August Bibeljé, der um sein Renommee fürchtet und sich etwas Neues überlegen muß, um seinen Ruf als klügster Kopf von Alagoas wiederherzustellen.

Eines Tages überrascht er seinen Gastgeber mit der Eröffnung, er werde einen Schatz heben, einen holländischen Schatz aus dem 16. Jahrhundert.

Pontes zeigt sich ungläubig. »Einen Schatz? Hier?«

Bibeljé verweist auf eine Schatzkarte, die ihm »zugespielt worden sei«. Jetzt, nach wochenlangen Erkundungsritten, habe er das Versteck eindeutig festgestellt.

»Der Schatz liegt im *Posso de Urubu*.«

Pontes lächelt. *Posso de Urubu* heißt *Wasserloch des Geiers* und ist ein Tümpel auf dem Terrain eines befreundeten Finca-Besitzers, nicht weit von der Zuckerfabrik entfernt. Daß Holländer dort einen Schatz hinterlassen haben sollen, hat hier noch niemand gehört.

Aber bitte, Freund Augusto soll seinen Willen haben. Eneas Pontes besorgt ihm die Erlaubnis, dem *Wasserloch des Geiers* auf den Grund zu gehen. Der Eigentümer, Joao Rios, ist sogar dermaßen von Bibeljés Plänen überzeugt, daß er um eine Beteiligung am Gewinn feilscht: von allem, was aus dem *Posso de Urubu* zutage gefördert wird, will er fünfzig Prozent. Bibeljé stimmt zu.

Dann gehen Rios und er an die Arbeit. Diesmal ist es Bibeljé ernst damit. Er arbeitet, daß ihm das Hemd schweißnaß auf dem Rücken klebt.

Zunächst leiten die beiden Schatzsucher einen kleinen Zufluß zum Teich in eine andere Richtung. Dann kommt das Schlimmste: Der Teich muß von zehn Finca-Arbeitern ausgeschöpft werden, mühsam, Eimer für Eimer. Als nach sechs Wochen der Boden des Tümpels zum Vorschein kommt, entdecken sie eine Art Felsentür in Form einer Bahre, in die zwei Krokodilköpfe und eine Kette eingemeißelt sind.

Rios wird gierig und verlangt einen höheren Schatzanteil, Bibeljé beruft sich auf ihre Abmachungen. Als sie gerade mit Fäusten aufeinander losgehen wollen, setzt ein Platzregen ein. Dieser Platzregen weitet sich zu einer kleinen Naturkatastrophe aus – es regnet wie seit Jahren nicht mehr. Vom Hang, unter dem die Männer stehen, schießt plötzlich ein Wasserfall herab, der in wenigen Minuten das *Wasserloch des Geiers* wieder füllt. Viele Wochen qualvoller Arbeit, voller Flüche und Hoffnungen, waren umsonst.

Rios und August trennen sich, ohne sich noch einmal anzusehen. Ohne die Erlaubnis des Finca-Besitzers sind dem Deutschen die Hände gebunden, und der Brasilianer hat Zeit, viel Zeit. Er braucht nur zu warten, bis dieser Deutsche wieder aus dem Lande geht ...

»Wann war das?« frage ich den heutigen Besitzer der Zuckerfabrik *Usina Peixe*.

Er legt seine Stirn in angestrengte Denkfalten, schiebt den kleinen weißen Strohhut mit der schmalen abgegriffenen Krempe ein Stück zurück. »Ich glaube, das war 1919 oder 1920.«

»Und wo blieb August?«

»Das weiß ich nicht; ich denke, er ging nach Europa zurück. Vielleicht auch nicht – es waren ja schlechte Zeiten dort. Pontes hat nie mehr von ihm gehört.«

»Wann ist Pontes gestorben?«

»1940. Krebs. Er war bis zuletzt ein glücklicher Mensch.«

»Hat man nach seinem Tod in seinem Nachlaß Bibeljé-Briefe und Fotos gefunden?«

»Möglich, aber seine Erben haben alles verbrannt. Die waren damals nur an seinem Geld interessiert.«

»Und was ist aus dem Schatz geworden?«

»Rios kam nicht mehr dazu. Ist kurz nach Augustos Abreise gestorben. Wenn da wirklich ein Schatz liegt, dann ist er heute noch da.«

Ich sitze schon in dem Wagen, der mich zum Flughafen von Maceio bringen soll, da fällt mir noch etwas Wichtiges ein: »Hat Bibeljé eigentlich, als er 1914 aus Frankreich kam, eine Verletzung gehabt? Irgend etwas Auffälliges?«

»Ja, am linken Arm. Er hatte eine auffällige Narbe. Die Verletzung hatte er sich am Stacheldraht bei der Flucht aus einem französischen Internierungslager zugezogen.«

Ich winke zum Abschied und gebe dem Fahrer das Zeichen loszufahren. Guter alter Fallen de Droog – hier hast du den endgültigen Beweis, daß du nicht Marut, sondern Bibeljé begraben hast. Nicht B. Traven, sondern nur sein »B«!

Jetzt weiß ich auch, woher die Flüchtlingsszenen in Südfrankreich stammen, die zum Stärksten im *Totenschiff*-Roman gehören: Es sind Bibeljés Erlebnisse nach der Flucht aus Toulon. Nur: Wo und wann hat er sie Traven erzählt?

Ich fliege noch für einen Tag nach Bahia, um den Ingenieur zu sprechen, der die Straße zur Zuckerfabrik entwarf. Leider kann er sich an August Bibeljé nicht erinnern. Ich beschließe, am nächsten Morgen nach Hamburg zurückzufliegen.

Ich sitze im Flugzeug. Bin zufrieden. Ich habe die Lücke zwischen Bibeljés Verschwinden in Paris 1912 und dem Entstehungsjahr des *Totenschiffs* (1924) um acht Jahre verkleinert. Wann Bibeljé sein *Totenschiff*-Erlebnis hatte und wann er es Marut berichtete, das werde ich nun nur noch in den restlichen Jahren zu suchen haben: zwischen 1920 und 1924. Und ich werde das rauskriegen, auch wenn ich inzwischen meinen Job verliere!

Ein Sommermorgen des Jahres 1922. Ein verschlafenes Fischerdorf an der dänischen Küste.

Es ist kein Feiertag. Kein Wrack oder Wal ist angeschwemmt worden. Ein ganz normaler Tag. Dennoch hat sich alles, was Beine hat, am Strand versammelt. Denn jeder will sehen, wie die beiden Verrückten, die hier die Yacht *Thorsvan* gekauft haben, ihre *Amerika-Reise* antreten.

Die beiden – eine hübsche blonde junge Frau und ihr bleicher, etwas älterer, etwas kleinerer Begleiter – haben alle Ratschläge der erfahrenen Fischer in den Wind geschlagen: den Rat, ein größeres Boot, mehr Besatzung, eine andere Route zu nehmen.

Kaltes, hochmütiges Schweigen – das war die einzige Antwort auf alle Warnungen.

Na schön, sollen sie ihren Spaß haben! Die Dorfbewohner blicken mit zusammengekniffenen Augen der Nußschale nach, die da in eine sehr ungewisse Zukunft segelt, drehen sich um und gehen kopfschüttelnd nach Hause.

Am Nachmittag bricht das Gewitter los, das die Männer vorausgesagt haben. Beim Versuch, die Segel mit Fäusten und Zähnen zu bergen, schlägt Marut aufs Deck und verrenkt sich den Arm. Halb besinnungslos vor Schmerz rappelt er sich auf und klammert sich mit der gesunden Hand an ein Tau, während ihm kurz darauf ein Brecher zum zweitenmal die Füße wegreißt.

Der Himmel ist schwarz, nur hin und wieder zuckt das weiße kalte Licht eines Blitzschlags über die gespenstische Szene. Durch das Krachen des Donners, durch die brüllende See, das Knattern der Segel und das Gepolter, das bei jedem Stoß aus der Kajüte dringt, gellen Maruts Warnschreie beim Nahen größerer Brecher. Irene Mermet hört sie nur schwach.

Längst hat sie das Steuer losgelassen und festen Halt gesucht, aber sie spürt, wie ihre Kräfte in diesem mörderischen Auf und Ab nachlassen. Als der Mast bricht und neben ihr auf die Reling schmettert, sind die Stunden des Bootes und seiner Besatzung gezählt.

Irene kämpft sich mit letztem Willen bis zu Marut, klammert sich an ihn und schreit sinnlose Worte in sein blutiges Gesicht. Das wird plötzlich ganz starr. Mit von Salzwasser halbblinden Augen sieht Marut ganz in der Nähe den Schimmer einer Leuchtpatrone.

Eine zweite folgt. Und im Zwielicht tauchen die Umrisse eines Kutters auf. Ein Mann brüllt etwas durch die Wasserhölle, dann klatscht ein Tau aufs Deck.

Irene Mermet begreift sofort. Sie knotet das Seil um Maruts Brust; mit schmerzverzerrtem Gesicht stürzt er sich ins tobende Wasser. Halb tot sinkt er seinen Rettern vor die Füße.

Daß Irene kurz darauf neben ihm kniet, spürt er nicht mehr. Er ist ohnmächtig.

»Erlösung wird kommen den Menschen
durch Tränen und viel Weh und viel Herzeleid.
Erlösung wird kommen durch Fragen und Suchen
und Wandern.
Auf denn, laßt uns gehen in die Irre,
allwo allein die Wahrheit ist, die
Weisheit, die Erlösung und das Leben.
Und da er so gesprochen, ging er von
dannen in ein fernes Land noch am selbigen
Abend.«

Diese Verse des Dichters Khundar gehören zum letzten, was Marut im *Ziegelbrenner* veröffentlicht hat. »Erlösung in einem fernen Land« – er muß hart darum kämpfen. Die *Thorsvan* bringt ihm kein Glück; er und Irene Mermet werden an die Küste des ungeliebten Europa zurückgeworfen. Hat er trotz dieser Niederlage sein Pseudonym *Torsvan* aus dem Namen des Schiffes gebildet?

Fragen, Suchen, Wandern.

Wenige Monate nach dem Untergang der *Thorsvan* steht Marut einem jungen Mann auf einem Bahnsteig des Kölner Hauptbahnhofs gegenüber. »Ich war nicht sicher, ob Sie meine verschlüsselte Karte verstehen würden«, lächelt er. Eine sehr dunkle Sonnenbrille macht ihn fast unkenntlich.

»Oh, keine Sorge«, erwidert der andere. »Ich habe darin Übung.« Er sieht aus wie einer, der aus einem Lazarett geflohen ist: weiß eingebundener Kopf, dürr wie ein Skelett, ein hageres Gesicht wie ein Stück gelbes Leder mit schwarzen Knopfaugen.

Marut trägt seine Koffer allein. Als er sie schwer atmend in der bescheidenen Wohnung seines Gastgebers abstellt, sagt dieser heiter: »Ich vermute, darin steckt die ganze *Ziegelbrenner*-Redaktion.«

Das Gesicht seines Gastes wird düster. »Leider nur ein Hundertstel.« Marut sieht sich um. Überall Skizzenbücher, -blöcke und -blätter; an die Wände gelehnte Bilderstapel; auf der Staffelei ein halbfertiges Gemälde. »Was macht die Kunst?«

»Nicht mehr viel«, antwortet der Mann mit dem Kopfverband. »Der Maler Franz Wilhelm Seiwert muß warten, damit der Mensch Franz Wilhelm Seiwert seine Pflicht tun kann. Die Zeit braucht vor allem Menschen, Maler hat sie genug.«

Ein brünettes Mädchen kommt herein, nickt freundlich und stellt Kaffeegeschirr auf den Tisch. Seiwert, beiläufig: »Meine Freundin Stella.«

Marut begrüßt sie mit altfränkischer Höflichkeit, was seinen Gastgeber offensichtlich sehr belustigt. Er lacht ein bißchen, zuckt dann aber schmerzlich zusammen und greift an seinen Kopf. »Soll ich dir deine Tabletten holen?« fragt das Mädchen. Er nickt und schiebt seine Tasse zurück.

Sein Gast, zu höflich, nach seiner Krankheit zu fragen, möchte das Gespräch auf etwas Angenehmes lenken und lobt Seiwerts Illustrationen zum letzten *Ziegelbrenner*-Heft.

Der winkt ab, schluckt seine Tabletten und sagt dann mit erzwungenem Lächeln: »Wenn mein Kopf wollte – ich könnte noch viel Besseres machen. Es ist nicht nur meine politische Arbeit, die mich nicht malen läßt – es ist auch der Kopf, dieser verfluchte Kopf!«

Irritiert nippt Marut an seiner Kaffeetasse, blickt abwartend von Stella zu Seiwert, von Seiwert zu Stella.

Seiwert, wieder ruhig und mit dem Anflug eines bitteren Lächelns: »Ein Kerl namens Professor Badenheuer hat ihn mir versaut. Er hat mir den Schädel verbrannt, nur um so ein bißchen Ausschlag von der Kopfhaut zu entfernen. Verbrannt mit Röntgenstrahlen! Immer wieder. Ich war ein Kind, konnte mich nicht wehren. Als eine Schwester schließlich protestierte und mich aus der Therapie nahm, war es bereits zu spät. Die Wunde ist nie mehr geheilt. Und wenn man mir eines Tages den Kopf aufmeißelt, wird man wahrscheinlich entdecken, daß mir der Herr Professor einen Röntgenkrebs ins Hirn gebrannt hat.«

Seiwert nimmt ein paar Schluck Wasser, dann sieht er seinen Besucher mit seinen freundlichen Knopfaugen voll an: »Aber vorher will ich den sogenannten Autoritäten noch kräftig auf die Pfoten hauen. Und dazu gehört, daß ich Sie, lieber Marut, vor der Polizei in Sicherheit bringe.«

»Sie sind Marxist, Seiwert. Wie verträgt sich das eigentlich mit Ihrer Haltung als gläubiger Katholik?«

»Katholik? – Das war einmal. Ich war sogar ausgesprochen orthodox; strenggläubige Eltern, bäuerliche Herkunft. Aber als dann 1914 die katholische Kirche die Waffen segnete, da war es mit meinem Glauben sehr plötzlich und sehr gründlich vorbei.«

»Was macht der Anarchistische Freibund?«

»So viel er kann. Er frißt mich mit Haut und Haaren. Mir ist es recht. Es ist gut, dran zu denken, daß wir schon eine ganze Menge Leute rausgebracht haben.«

Marut beugt sich ein wenig vor: »Was heißt das im einzelnen – ›raus‹?«

»Das heißt: nach Rotterdam und von dort nach Übersee; erste Station: unser Büro in Aachen. – Wo haben Sie übrigens Ihre Freundin gelassen?«

»Ich wollte sie nicht mit nach Köln nehmen. Sie ist zu bekannt hier. Wir treffen uns im Ausland. Wann, meinen Sie, könnten wir . . .«

»Haben Sie sich Papiere besorgt?«

Marut nickt.

»Dann«, sagt Seiwert, »kann es schon sehr bald losgehen.«

Ein vornehmes Kölner Kunst- und Antiquitätengeschäft, gut vierzig Jahre später. Ich sitze, umgeben von burmesischen Buddhas und anderen wertvollen Schätzen, mit einigen ehemaligen *Ziegelbrenner*-Lesern zusammen. Der Kunsthändler Aloys Faust hat sie herbestellt. Aus Anarchisten sind joviale, gutbetuchte Bürger geworden. Das Wort führen der Journalist Dr. Hans Schmitt-Rost und der Bildhauer Hans Schmitz.

»Wie lange«, frage ich mit einem kleinen Blick auf meine Notizen, »war Marut in Köln?«

»Drei bis vier Wochen.«

»Und wie ging es weiter?«

»Marut wurde vom Anarchistischen Freibund über Aachen nach Rotterdam gebracht; mit dem Geld von *Onkelchen*, einem reichen Fabrikanten, der unserer Richtung nahestand. Maruts letztes Lebenszeichen war eine Karte, die er 1923 in Rotterdam an seinen Münchner Kampfgenossen Erich Mühsam im Gefängnis schrieb: ›In wenigen Stunden besteige ich ein Schiff nach Mexiko und habe damit aufgehört, für Europa zu existieren. Ret Marut.‹«

»Haben Sie die Karte gesehen?«

»Nein, aber Mühsam hat den Text in irgendeiner Zeitschrift mitgeteilt. Glaube kaum, daß sie noch existiert. Mühsam wurde im KZ umgebracht und sein Besitz beschlagnahmt.«

Dr. Schmitt-Rost sagt: »Als dann das *Totenschiff* herauskam, tippte Seiwert mit dem Finger drauf, nachdem er's zweimal gelesen hatte, und sagte nur: ›Hier, schau mal, den haben wir auch rübergebracht!‹ Seiwert wußte sofort, daß Traven Marut war. Der Stil war eindeutig. Und schließlich – der Weg war vorgezeichnet.«

»Wo ist eigentlich Seiwerts Nachlaß geblieben? Darin müßten doch auch Marut-Briefe sein?«

Seiwert-Freund Schmitz, grimmig: »Müßten, müßten! – Alles verloren! Als er dreiunddreißig starb, hatte er eine Freundin namens Rosa, und die hat aus Angst vor der Polizei alles in den Ofen gesteckt. Ein Vermögen! Unwiederbringlich!«

Für Schmitt-Rost und seine Freunde ist das alles der Auftakt zu einem geselligen Abend. Für mich leider nur ein Interview, das mir neue Arbeit signalisiert. Diesmal in Rotterdam.

Als ich im Flugzeug sitze, mache ich mir keine allzu großen Hoffnungen.

Von Revoluzzer Wollenberg, der mit ihm auf dem Berliner Dachboden hauste, weiß ich, daß Marut mit dem Paß seines Freundes Götz Ohly reiste, diesen Paß aber in Belgien verlor. Er konnte also das Schiff in Rotterdam weder unter dem Namen Marut noch unter dem Namen Ohly besteigen.

Ich weiß nicht den Absendetag der Karte, ich weiß nicht den Namen des Schiffes, ich weiß nicht, ob Marut-Traven als Passagier oder als Mitglied der Mannschaft reiste. Ich weiß nicht, unter welchem Namen er diese Reise machte. Ich weiß nicht, ob Irene Mermet ihn begleitete oder ob sie ihn erst in Mexiko traf.

Als ich in Rotterdam ankomme, bestätigen sich meine Befürchtungen, daß diese Recherche ein Mißerfolg werden wird: 1923 sind 23 Schiffe von Rotterdam nach Tampico gegangen. Die Passagierlisten existieren nicht mehr; außerdem: Wie soll ich unter Zigtausenden von Passagieren den inkognito reisenden Marut-Traven herausfinden?

Meine Suche in Hafenämtern und Seemannsheimen verläuft ebenfalls negativ. Sämtliche Heuerlisten des betreffenden Zeitraums sind im Zweiten Weltkrieg durch Bomben vernichtet worden.

Das Traurigste ist, daß mir auch Tampico nicht helfen kann: 1923 durfte man unregistriert einreisen.

Ich mache mich mit dem Gedanken vertraut, wohl niemals zu erfahren, wie Marut in sein neues Leben als B. Traven über den Atlantik fuhr.

Viel später erfahre ich es dann doch. Durch einen Irrtum. Wie so oft.

Da ruft mich eines Tages der Schriftsteller und Übersetzer Wilhelm Pferdekamp an, der lange Zeit im Landwirtschaftsministerium in Mexiko arbeitete: Er glaube, er sei 1923 mit Traven auf dem Dampfer *Nordfriesland* nach Mexiko gefahren.

Ich besuche ihn in seinem Haus im Ruhrgebiet, und bei dem Gespräch mit dem sympathischen, grauhaarigen Balten, der sich noch immer einen mexikanischen Teint bewahrt zu haben scheint, ergibt es sich, daß er die Werke Travens ganz besonders gründlich studiert hat, besonders das *Totenschiff*.

Das *Totenschiff*, meint er, habe er früher kennengelernt als alle anderen Leser – eben auf der *Nordfries-*

land. Dort befreundete er sich mit zwei Deutschen, die ihm Erlebnisse und Begegnungen erzählten, die später im Roman wiederauftauchten. Auch manche Dialogpassagen des Buches erschienen ihm wie die wortwörtliche Niederschrift dieser Schiffsgespräche.

Ich bitte ihn, mir die beiden Männer zu beschreiben, und erhalte den Steckbrief eines Wolf Langscheidt und seines Freundes Richard, an dessen Nachnamen sich Pferdekamp nicht mehr erinnern kann. Er hält es aber für möglich, daß er sich Torsvan nannte.

»Aber nicht ihn, sondern den Wolf habe ich für einen Schriftsteller gehalten. Er schrieb viel und bezeichnete sich als Journalisten.«

Wieder einmal eine Reise umsonst, denke ich, denn weder die Beschreibung des einen noch des anderen paßt auf Marut.

Aber dann befassen wir uns noch ein Weilchen mit diesem Richard, und je länger wir über ihn reden, um so mehr erinnert er mich an August Bibeljé.

»Woher stammte er?« frage ich schließlich.

»Aus Mecklenburg.«

»Und wo ging er von Bord?«

»In Tampico. Wollte zuerst in ein Krankenhaus und sich dann nach Arbeit umsehen.«

»Hatte er vielleicht eine Geschlechtskrankheit?«

Pferdekamp, erstaunt: »Ja, Tripper. Woher wissen Sie das?«

»Das ist eine lange Geschichte.«

»Erzählen Sie.«

Zur Erklärung erzähle ich ihm also ein bißchen von Bibeljés folgenreichem und unheilbarem erotischen Künstlerpech im Paris des Jahres 1912.

MEINE ARBEIT FÜR DEN STERN GEHT WEITER. ICH JAGE Wirtschaftsverbrecher und mache Kriegsreportagen, alles zur Zufriedenheit des Hauses. Aber meine Gedanken kehren immer wieder zu Traven zurück.

Sein europäisches Vorleben habe ich nun ziemlich komplett beisammen. Ich habe aber immer noch kein Porträt aus dieser Zeit. Daß es der bayerischen Polizei und sogar seiner ehemaligen Geliebten *Schneewittchen* genauso geht, tröstet mich wenig.

Ich überlege: Marut hat alles unternommen, um nicht fotografiert zu werden. Das war beim Stand der Technik nicht schwierig: Schnappschüsse waren kaum möglich.

Also: Zum Fotografen ging er nicht. Aber vielleicht gab es Fälle, in denen das Gegenteil eintrat? Fälle, in denen Fotografen anrückten und Marut stillhalten mußte? Bei einem Gruppenbild. Zum Beispiel – auf der Bühne.

Ich überlege weiter: Aus seiner frühesten Theaterzeit werden keine Fotos zu haben sein, dazu waren seine Theater, Ensembles und Rollen zu unbedeutend. Außerdem befanden sich diese Theater zumeist in den ehemaligen Ostgebieten, heute in der CSSR oder in Polen.

Sehr fraglich, ob da noch Archivmaterial zu holen ist.

Die sicherste Quelle dürfte wohl immer noch der Erinnerungsfundus des Düsseldorfer Schauspielhauses sein, an dem er immerhin fast vier Jahre engagiert war.

Ich fahre nach Düsseldorf, schlage einen Bogen um das Theaterarchiv und gehe zunächst einmal zur Kriminalpolizei.

Der Weg zu den Karteien des Meldeamts führt über Kriminaldirektor Dr. Wehner, ihn muß ich für die Marut-Traven-Geschichte begeistern, sonst bekomme ich Maruts Meldekarte nie.

Ich überzeuge ihn und darf mit Oberamtmann Wulf, dem Leiter des Meldeamts, sichten, forschen und sondieren. Unter den auf Mikrofilm aufgenommenen Beständen ist Marut leider nicht. Aber etwas später erhalte ich dennoch die wichtige Karte – sie war im Keller abgelegt.

Sie wird für mich reproduziert, und nun habe ich endlich alle die Angaben, aufgrund derer Marut sein aufsehenerregend freizügiges Leben in München leben konnte: als Amerikaner, der in Düsseldorf unter den merkwürdigsten Umständen seine englische Staatsbürgerschaft verlor.

Nun ein Foto!

Ich erfahre, daß die Archive des damaligen Bühnenfotografen verbrannt sind. Letzte und größte Hoffnung also: das Archiv der verblichenen, erzberühmten Theaterprinzipalin Louise Dumont.

Archivar Loup, ein freundlicher, außerordentlich hilfsbereiter Mensch, stöbert mit mir das Archiv durch. Wir finden maschinengeschriebene Marut-Briefe an berühmte deutsche Schriftsteller aus einer Zeit, in der Marut offenbar eine Art Hilfsdramaturg war; außerdem eine Reihe von Programmzetteln; aber leider keine Fotos.

Immerhin weiß ich jetzt, in welchen Inszenierungen er aufgetreten ist. Seine Rollen – stets außerordentlich winzig, kümmerlich. 1914 *Chinesischer Musikant* in *Die gelbe Jacke;* ein Jahr vorher Statist in *Schneider Wibbel.* Von beiden Aufführungen finde ich mehrere Aufnahmen, zwei davon im Düsseldorfer Restaurant *Schneider Wibbel.*

Aber das beste und wichtigste Foto verschafft mir der rührige Loup von einer *Peter-Pan*-Premiere aus dem Jahr 1912. Ein Foto von zehn Indianern. Der linke könnte Marut sein.

Ich schicke die Marutschen Theaterbriefe an einen Schriftgutachter, damit der die Unterschrift mit der Traven-Unterschrift der Mexiko-Briefe vergleicht. Das Ergebnis heißt in vorsichtigstem Wissenschaftler-Deutsch: daß die Marut-Unterschriften, die Traven-Unterschriften und die Torsvan-Croves-Unterschriften von derselben Person stammen, »kann nicht ausgeschlossen werden«.

Das Indianerfoto des Düsseldorfer Theaterarchivs geht zusammen mit den anderen Bühnenfotos an den Anthropologen.

Bevor sein Urteil vorliegt, fahre ich mit einer Vergrößerung des Indianerfotos zu *Schneewittchen.* Die alte Dame erkennt mich zuerst nicht; erst allmählich erinnert sie sich an unser früheres Gespräch. Ihr Langzeitgedächtnis funktioniert noch ausgezeichnet, ihr Kurzzeitgedächtnis dagegen nur noch schwach.

So schwer es ihr also wird, mein Gesicht unterzubringen, so prompt erinnert sie sich einer Physiognomie, die ihr vor über fünfzig Jahren einmal vertraut war.

»Das isser!«

Sie gibt es mir schriftlich.

Auch für den Wissenschaftler ist das eine klare Sache. Nach gründlicher Untersuchung der Torsvan-Paßbilder, der Croves-Schnappschüsse und des Indianer-Marut heißt sein Gutachten: »Ich sehe keine Bedenken gegen die Annahme einer Personengleichheit...«

Vorher schon hat er mir meine Leica-Fotos von Schneewittchens Tochter zurückgeschickt. Sein Urteil: »Mit einer fast an Sicherheit grenzenden, nicht unter 99% anzusetzenden Wahrscheinlichkeit ist Torsvan-Croves als der uneheliche Erzeuger von Frau Irene Zielke anzusehen.«

Am 3. Dezember 1966, vier Jahre und drei Monate nach Beginn meiner Traven-Jagd, sitze ich kurz vor ein Uhr mittags in einer Cafeteria an der *Caje Elba* in Mexico City und blicke zum zweitenmal auf die Armbanduhr.

Wird sie kommen?

Wenn sie nicht mitspielt, sind alle Wege zu Traven versperrt. An ihr kann keiner vorbei – an der schönen mysteriösen Rosa Elena.

Es wird Viertel nach eins, zwanzig nach eins, fünfundzwanzig nach eins. Meine Nervosität wächst.

Jetzt nur nicht an das Protesttelegramm denken, das sie – 24 Stunden nach Erscheinen meines ersten Traven-Artikels, als der *stern* in Mexiko noch gar nicht ausgeliefert war – nach Hamburg schickte! Bloß nicht über ihren kühlen Brief nachgrübeln (»Sie waren als Freund hier im Hause . . .«)! Sie muß kommen! Und ich muß sie davon überzeugen, daß man Traven nicht länger verstecken kann, daß die Welt ein Recht hat auf seine Biographie.

Und sie kommt.

Dunkel gekleidet, wie meistens. Goldene Ohrclips;

am Hals eine große goldene Brosche mit dem Bild eines mexikanischen Todesgottes.

Liebenswürdig leite ich ein kleines Vorgeplänkel ein. Sie ist höflich und vorsichtig, lobt meine Bräune, die ich mir auf einer eben beendeten Reise durch Chiapas im offenen Jeep und auf Pferden erworben habe.

Traven beschrieb diesen südlichsten mexikanischen Bundesstaat in seinem Buch *Land des Frühlings;* dort spielen auch die meisten seiner späten Romane. Ein schönes Land, aber ich erwähne meine Exkursion nur wie nebenbei. Rosa Elena erwidert etwas Schmeichelhaftes über »deutsche Gründlichkeit«.

Dann kommt sie zur Sache, beklagt, daß ich »Mißverständnisse« veröffentlicht habe, spricht von Travens Entrüstung. Ich biete ihr meine Hilfe an, Mißverständnisse aufzuklären. »Damit ist Traven ja wohl am meisten geholfen. Geben Sie mir Ihr Material, und ich gebe Ihnen meins. Hier sehen Sie . . .«

Ich zeige ihr einiges aus meinen siebzig grünen Ordnern. Sie zögert, kneift die Augen ein bißchen zusammen, um besser lesen zu können, und entscheidet sich schließlich zu einem Sprung über ihre Zurückhaltung und Eitelkeit hinweg: Sie zieht ihre Brille und liest.

Zuletzt scheint sie doch sehr beeindruckt zu sein und verspricht, ein Gespräch mit Traven zu vermitteln. »Ich werde versuchen«, sagt sie, »ihn dafür zu gewinnen.«

Und dann beginnt das große Warten.

Ich nutze die Zeit zu einem Besuch bei dem Bildhauer Federico Canessi. Canessi ist seit 1924 Travens bester Freund. Ein kleiner, untersetzter Mann mit einem Clownsgesicht, aus dem eine gewaltige Nase hervorsticht. Wenn er lacht, entstehen dort, wo eben noch tiefste Melancholie herrschte, tausend Lachfältchen.

Ein freundlicher alter Herr, der unumwunden zugibt, daß sein Freund ein Vorleben als Marut geführt hat. Er ist auch fest davon überzeugt, daß er seine Romane nicht allein geschrieben hat.

Als ich mich in Canessis Atelier umschaue, entdecke ich eine fast fertige Traven-Büste. Traven ist seit einigen Tagen nicht mehr zu den Sitzungen erschienen. »Es geht ihm nicht gut«, sagt der Bildhauer bedauernd.

Am nächsten Tag besuche ich den Schauspieler und Regisseur Olschewski, Leiter des deutschen Theaters von Santiago de Chile. Auch er ist ein intimer Traven-Freund.

»Haben Sie manchmal mit ihm deutsch gesprochen?«

»Nie. Das heißt: Wenn ich deutsch mit ihm spreche, antwortet er spanisch oder englisch. Hin und wieder nenne ich ihn Marut.«

»Und wie reagiert er darauf?«

»Er lacht.«

Olschewskis Ensemble gastiert zur Zeit in Mexico City. Wir vereinbaren, daß der Theatermann versuchen wird, Traven hinter die Bühne zu locken, um mir Gelegenheit zu geben, Schnappschüsse zu machen. Traven ist trotz seines Alters und seiner geschwächten Gesundheit nach wie vor ein eifriger Theaterbesucher.

Als ich Olschewski zum Abschied die Hand drücke, fragt er mich noch ein paar Dinge über das *Totenschiff*. Ehe ich von Bibeljé erzählen kann, kneift er ein Auge zu und fragt: »Haben Sie den zweiten Traven dazugefunden?«

Ich nicke. »Leider konnte ich ihn nicht sprechen. Er ist tot.«

Und dann kommt der Tag, an dem mir Rosa Elena

eine zweite Audienz gewährt. Diesmal in Travens Haus an der Calle Mississippi 61 – ein dreistöckiges, graugrünes Gebäude mit großen Fenstern, mitten im Zentrum von Mexico City. An der Frontseite flutet der Großstadtverkehr vorüber, im Innern ist es angenehm still und kühl. Die Einrichtung kommt mir sehr bekannt vor, es scheint fast alles von der früheren Wohnung übernommen worden zu sein; vertraut ist mir auch Frau Torsvans Garderobe – wieder einmal ein sehr schickes dunkles Kostüm.

Wir nehmen Platz auf der Terrasse hinter dem Haus. Hier ist es still und friedlich – rote Geranien, Vogelgezwitscher, über allem eine milde Dezembersonne.

Der Herr des Hauses, so erfahre ich als erstes, ist noch immer zu angegriffen, um sich mit mir zu unterhalten. »Nehmen Sie also mit mir vorlieb.« Wieder fällt mir auf, was für ein ausgezeichnetes Englisch sie spricht.

Ohne große Umschweife steuert sie auf eines der Themen zu, die sie am meisten an meinem Artikel geärgert haben – auf das Thema Bibeljé. Zwar leugnet sie nicht mehr, daß Traven Bibeljé kennt, doch möchte sie seine Bedeutung für das Werk ihres Mannes so sehr verharmlosen wie nur möglich.

»Die Frau Meier in Hamburg lügt, wenn sie sagt, Bibeljé habe das *Totenschiff* geschrieben. Die Verbindung war ganz oberflächlich und ganz kurz. Von Freundschaft kann gar keine Rede sein. Sie schreiben, Bibeljé ging nach Spanien. Davon hatte mein Mann keine Ahnung. Sie sehen daran, daß nicht einmal brieflicher Kontakt mehr bestand. Das letzte, was wir von Bibeljé hörten, war: daß er in den frühen dreißiger Jahren an Wieder einen Schnorrbrief schrieb.«

»Ich habe in Zürich herausgefunden, daß Wieders

gesamte Korrespondenz nach seinem Tod an Ihren Mann ging. Dabei müßte ja eigentlich auch dieser Bibeljé-Brief sein ...«

»Ja, das stimmt. Aber er ist bei den Sachen, die ich Ihnen auf keinen Fall zeigen darf. Mein Mann würde das nie erlauben.«

Sonst wird an diesem Tag nichts Wesentliches mehr gesprochen. Ich habe den Eindruck, daß Rosa Elena von Traven zurückgepfiffen wurde, und entscheide mich für vornehme Zurückhaltung, in der Hoffnung auf ein neues, besseres Gespräch. Ein Gespräch mit dem *großen Alten*.

Zum Schluß gebe ich ihr einige Fotos, die eine alte Brücke über die Trave in Schleswig-Holstein zeigen. »Sie haben mir doch mal erzählt, daß Traven diesen Fluß so sehr liebt?«

Sie nickt. »Ja, er besitzt ein Trave-Bild und preist ihre Schönheit so sehr, daß ich schon manchmal dachte, er hätte sich seinen Namen von diesem Fluß genommen.«

»Bitte geben Sie ihm diese Fotos. Ich schenke sie ihm.«

Wieder eine Einladung ins Traven-Haus. Wieder die große Spannung: Wird er sich zeigen? Bleibt er unsichtbar? Hat sie ihm die Fotos gegeben?

Ja, sie hat. »Aber«, so berichtet sie, nicht ohne Verlegenheit, »er sagt, daß er niemals dort oder in der Umgebung gelebt habe.«

Sie scheint offener zu sein heute, möchte Antwort auf Fragen, die sie selbst nicht beantworten kann. Auf Fragen, die sie ihrem Mann stellt, ohne mehr als Schweigen oder Ablehnung zu ernten. Ihre Neugier, die für mich so wichtig ist, macht sie gesprächig. Sie ist nun nicht nur

Travens Horchposten, mit dessen Hilfe der alte Fuchs herausfinden will, was ich über ihn weiß. Sie ist mehr. Fast eine Verbündete, die sich meines Wissens bedienen will, um einen Blick hinter die Stirn dieses großen Schweigers zu werfen.

Sie hat sich alle Exemplare des *Ziegelbrenners* besorgt, erkundigt sich nach Maruts Schwabinger Hausmeister und nach seiner Geliebten Irene Mermet. (»Sie war die einzige Frau, die mein Mann wirklich geliebt hat.«) Auch Rotterdam, die Lebensstation, an der Marut seinen europäischen Namen ablegte, wird nicht geleugnet.

Gleich darauf scheint sie das Geständnis zu reuen. »Schreiben Sie ja nicht, daß Torsvan sein falscher Name ist und daß er in Wirklichkeit Ret Marut heißt. Schreiben Sie einfach: Marut sei einer seiner Künstlernamen gewesen.«

»Warum sollte ich das tun?«

»Die Einwanderungsbehörden sind hier sehr streng, und wenn die glauben, er sei 1923 mit einem falschen Namen in Mexiko eingewandert, muß er vielleicht noch ins Gefängnis.«

Ich muß lachen. »Das erscheint mir aber reichlich unwahrscheinlich. Mexiko hat Ihrem Mann viel zu verdanken. Schließlich gilt er als mexikanischer Nationaldichter.«

»Sicher. Mexiko hat meinem Mann viel zu verdanken. Aber Sie kennen ja die Behörden...«

Ich nutze die gute Stunde und stelle Fragen, die ich vor zwei Tagen noch nicht gewagt hätte: »Das Spiel mit Namen, mit Pseudonymen, ist guter alter Schriftstellerbrauch – aber warum hat Traven auch sonst so oft in seinem Leben gelogen?«

»Er hat gesagt: wenn alle lügen, darf ich es auch. Manchmal gibt er zu, daß er lügt oder gelogen hat. Manchmal streitet er alles ab. Aber ich durchschaue ihn.«

»Woran merken Sie, daß er lügt?«

»Ich sehe es an seinen Augen. Und dann weiß er, daß ich weiß, daß er lügt.«

»Wie alt ist er denn nun wirklich?«

Sie lächelt und spielt mit ihrer Kette. »Sie wissen ja: er ist nicht Torsvan, er ist Marut.«

»Sie meinen also, er ist nicht 1890 geboren, sondern 1882?«

Sie lächelt, spielt mit der Kette und nickt.

»Wann feiern Sie seinen Geburtstag?«

»Am 3. Mai. Sehen Sie, hierzulande schreibt man immer zuerst den Monat, dann den Tag. So wurde sein Geburtsdatum falsch eingetragen: statt 3. 5. schrieb man 5. 3.«

Sie entschuldigt sich für einen Moment und geht die Treppe hinauf, verfolgt von meinen Hoffnungen, der große Geheimnisvolle möge nun endlich ins Rampenlicht treten.

Als sie zurückkommt, sind meine Erwartungen zwar wieder einmal getäuscht, aber sie hat etwas in der Hand, das sofort mein ganzes Interesse beansprucht: aus Flikken genähte Puppen.

»Als Sie neulich von Chiapas sprachen«, lächelt Rosa Elena, »fielen mir diese Puppen ein. Mein Mann hält diese Souvenirs sehr in Ehren. Als ich einige Kinder damit beschenken wollte, wurde er sehr böse. – Werden diese Puppen noch heute gemacht?«

Ich unterziehe das Spielzeug einer näheren Untersuchung und stelle fest: diese Stoffetzen können unmöglich aus Chiapas stammen. Europäische Muster aus den frühen zwanziger Jahren. Unglaublich, daß Traven auf seiner Odyssee auch das in seinen Koffern mitgeschleppt hat!

»Das sind keine Souvenirs«, antworte ich schließlich und gebe die Puppen zurück. »Das sind auch keine Indianerpuppen. Was Sie da gefunden haben, hat Irene Mermet in Berlin genäht und mit Traven auf dem Kurfürstendamm verkauft.«

Einige Sekunden Schweigen. Dann antwortet Rosa Elena mit leiser Stimme: »Jetzt weiß ich auch, warum die einzige Puppe, die er von diesen hier verschenkte, sein Enkelkind bekommen hat. Die Kleine heißt Irene.«

Wir sprechen über Berlin und den Kurfürstendamm. Und dann kommt die Riesenüberraschung.

»Sie wissen viel über meinen Mann«, sagt sie plötzlich, »aber alles wissen Sie auch nicht. Was haben Sie denn inzwischen über seine Eltern herausbekommen?«

»Seine Eltern«, antworte ich und ziehe dabei ein fotokopiertes Blatt aus der Münchner Fahndungsakte, »hießen William und Helene . . .«

»Ja, ganz richtig. William. William the Second. Wilhelm der Zweite.«

Ich bin ein bißchen verdattert. »Meinen Sie etwa . . .?«

»Den deutschen Kaiser. Ja, den meine ich.«

BERLIN 1959.

Ein schwarzer Mercedes, Baujahr 1958, hält vor dem Portal des Hilton-Hotels. Ein Angestellter in Livree und der Chauffeur des Wagens öffnen die Wagenschläge. B. Traven und Rosa Elena steigen aus, begleitet von einem Mitarbeiter der Ufa-Filmproduktion, und betreten die Halle.

Traven, sichtbar erschöpft, läßt sich in einen Sessel sinken und greift nach einer Zeitung. Rosa Elena, assistiert vom Ufa-Mann, füllt den Meldezettel aus und zieht die Pässe aus der Handtasche.

Das Gepäck wird hereingetragen. Rosa Elena nimmt Traven beim Ellbogen.

Er erhebt sich schwerfällig. Verabschiedung vom Ufa-Mann. »Wenn es Ihnen recht ist, morgen elf Uhr.« Der Filmmensch verbeugt sich. Das Paar geht zum Lift.

Am frühen Nachmittag verlassen die beiden das Hotel und spazieren in Richtung Kurfürstendamm. Rosa Elena genießt das bunte Treiben, möchte die Auslagen studieren; Traven zieht sie weiter. Seine Augen, hinter den dicken Gläsern, wandern suchend über die Fassaden, kontrollieren Straßenschilder; sein Zeigefinger deutet nach oben, voraus und zurück. Eine hektische Röte steigt ins Gesicht des alten Mannes. Er spricht unaufhörlich.

Zwei Stunden später. Die Frau neben ihm wirkt erschöpft, doch Traven bemerkt es nicht. Er winkt ein Taxi und beschreibt in etwas umständlichem Deutsch das Fahrtziel: eine bestimmte Ecke vom Grunewald.

Als die beiden aussteigen, ist es später Nachmittag geworden.

Traven verspürt keine Müdigkeit. Die Sonne steht tief, als sie vor dem roten Ziegelsteinturm mit dem Denkmal Wilhelms des Ersten stehen.

»Und dann kam die Eröffnung?«
»Ja«, antwortet Rosa Elena, »dann geschah es. Er sagte: ›Von dem da stamme ich ab.‹«
»Das war alles?«
»Das war alles. Auf meine Fragen ging er nicht ein. Er war plötzlich sehr müde, und wir fuhren sofort ins Hotel.«

Ich sehe sie nachdenklich an. Seit meinen Recherchen über Marut-Travens Rolle in der Münchner Räterepublik bin ich dem damals entstandenen Gerücht nachgegangen und habe dabei viele Anhaltspunkte für die Richtigkeit dieses Verdachtes sammeln können:

Die Zensur schonte ihn; er hatte nie wirkliche Geldsorgen trotz minimaler Einkommen, wurde auf märchenhafte Weise vom Engländer zum Amerikaner gemacht. Und auch als Amerika in den Krieg eintrat nicht behelligt.

Warum widmete Traven seinem Monarchen mehr

Freundlichkeiten als allen anderen Machtausübenden der Kaiserzeit und Weimarer Republik? Ist es so undenkbar, daß Wilhelm II. einen illegitimen Sproß unterstützt, auch wenn er revolutionären Ideen huldigt? Immerhin hat dieser Kaiser einen Mann wie Lenin per Extrazug von Zürich nach Petersburg geschickt und mit 55 Millionen Goldmark die Einführung des Kommunismus bezahlt.

Ich erzähle Rosa Elena, daß ich mittlerweile noch eine ganze Reihe anderer Indizien gefunden habe. Vor allem Travens auffallende Ähnlichkeit mit Kronprinz Wilhelm und die Ähnlichkeit von Travens Tochter mit des Kaisers Tochter Victoria-Louise: Tränensäcke, Apfelbäckchen, Fliehkinn und Hohenzollernnase.

Der Kronprinz wurde am 6. Mai 1882 geboren, Marut aber bereits drei Tage vorher. Nicht auszudenken, was in Deutschland losgewesen wäre, hätte ein findiger Journalist Porträts von Marut gemacht und zusammen mit Fotos vom Kronprinzen in die Öffentlichkeit gebracht!

Verließ Marut sein Danziger Theater vielleicht nicht nur, weil seine Liebe zu *Schneewittchen* gestorben war, sondern auch weil der Kronprinz zu einem Danzig-Besuch angemeldet wurde?

Wieso konnte er nach Düsseldorf schreiben: »Meine Privatverhältnisse erlauben mir, eine sogenannte gute Gage als Nebenpunkt zu betrachten«? Und ist es wirklich nur ein Zufall, daß Travens Postfachnummer in Mexico City dem Geburtsdatum des Kaisers entspricht – »27.01«?

»Haben Sie Beweise für Ihre Behauptung?« frage ich Rosa Elena.

»Ja, einige. Für heute will ich nur erwähnen, daß in

seinem Arbeitszimmer ein großes Bild Wilhelms des Zweiten hängt.«

»Darf ich es sehen?«

»Unmöglich. Er will nicht gestört werden.«

Ich hole tief Luft und frage dann ganz bescheiden: »Würden Sie mir das Zimmer bitte beschreiben?«

Und während sie das tut und ich meine Notizen mache, denke ich zähneknirschend daran, wie die Zeit vergeht, während der, um den sich alles dreht, mich schmunzelnd seine Macht spüren läßt. Er ist über jedes Wort, das ich spreche, informiert; er liegt auf seiner Leseliege im dunklen Hausmantel, hält sich eines seiner Lieblingsbücher dicht vor die kurzsichtigen Augen, krault seinen weißen Pudel und wartet gelassen aufs Sterben, um endgültig ins Reich der Legenden einzugehen.

»Ach, das größte Bild in seinem Zimmer habe ich noch vergessen«, erinnert sich Rosa Elena.

»Was zeigt es?«

Sie sieht mich voll aus ihren großen schönen Indieneraugen an und sagt – durchaus nicht gefühllos für meine Lage –: »Mich!«

Im Hotel notiere ich aus dem Gedächtnis, was sie über Travens Mutter gesagt hat. In Deutschland werde ich dann noch die entsprechende Stelle auf dem Tonband abschreiben.

Viel ist es nicht; vor allem nichts, was nachprüfbar wäre: norwegische Sängerin, Vorname Helene, lange Zeit in London. Das letztere würde mit den Schokoladenpaketen übereinstimmen, die Traven nach England schickte.

Den Nachnamen weiß auch Madame Traven nicht. Sie fürchtet sich, danach zu fragen, weil er dann immer »so wütend« wird.

Als ich heute vorschlug: »Lassen Sie es *mich* mal versuchen!« protestierte sie ganz entsetzt. »Nein, das ist ganz unmöglich. Die Erinnerungen an diese Zeit regen ihn so fürchterlich auf, daß man bei einem schwerkranken Mann das Schlimmste befürchten muß.«

Alles, was sie sonst noch weiß, ist: Travens Mutter heiratete in London und ging nach Indien, wo sie schließlich auch starb.

Ich klappe mein Tagebuch zu und gehe ins Bett. Ziemlich enttäuscht. Ohne das Bild der Mutter kann der Anthropologe Travens Abstammung von den Hohenzollern nicht feststellen.

Und noch etwas drückt mich: Ich habe Rosa Elena versprechen müssen, Traven niemals nach seiner Zeit in Deutschland (und natürlich auch nicht nach seiner Herkunft) zu fragen.

»Sie werden Traven sprechen. Aber er darf nicht wissen, daß Sie Reporter sind. Also geben Sie mir Ihr Ehrenwort, daß Sie ihn nicht ausfragen werden. Sein Trauma ist: Er war ein Revolutionär – und sein Vater war der Kaiser. Schonen Sie ihn! Sprechen Sie mit ihm über Chiapas. Ich werde ihm sagen, daß Sie Schriftsteller und Fotograf sind und diesen Staat mehrmals bereist haben. Er liebt die Leute dort, wollte ihre Lebensverhältnisse bessern ... Schonen Sie ihn. Er ist so ein guter Mensch. Er hat in seinem Leben ungefähr siebentausend Bäume gepflanzt. Lassen Sie ihm seinen Frieden. Ich habe guten Grund zu glauben, daß er sein größtes Werk noch hervorbringen wird, wenn die Welt ihn in Ruhe läßt. Für mich ist es wichtiger, daß er glücklich ist, als für die Welt zu wissen, ob er der Sohn eines Königs oder eines armen Fischers ist. Ich glaube, er würde das letztere vorziehen. Versprechen Sie mir, nicht daran zu rühren. Nur unter dieser Bedingung lernen Sie ihn kennen.«

Als im zweiten Stock Schritte laut werden und sich der Treppe nähern, raunt mir Rosa Elena zu: »Keine Fragen! Er heißt Torsvan, ist mexikanischer Staatsbürger und schreibt unter dem Namen B. Traven. Wenn Sie daran rütteln, spricht er kein Wort.«

Ich werfe ihr einen beruhigenden Blick zu und schaue dann gebannt zur Treppe, wo zuerst ein blauer, dann ein gelber Pantoffel sichtbar wird. Dann der ganze Traven. Ein kleiner, ausgemergelter Mann.

Leicht vorgebeugt kommt er auf uns zu und streckt mir die Hand hin. Seine hellblauen Augen wirken durchdringend, aber ich weiß von seiner Frau, daß er sehr kurzsichtig geworden ist. Trotz dicker Brillengläser sieht er keine zehn Meter weit.

Seine Stimme ist tief und kehlig, seine Sprechweise abgehackt. Sein Englisch hat einen kräftigen deutschen Akzent.

Ich bin aufgeregt wie nie zuvor. Nicht einmal im Kongo, als ich mit einer Gruppe von Söldnern im Urwald von schwarzen Rebellen eingeschlossen wurde, war ich so nervös wie heute.

Da ist er also, mein großer Unbekannter! Der Mann,

den ich vier Jahre lang hinter Masken und Legenden gesucht habe. Der Mann, der mir immer wieder wie ein Phantom entwischte.

Da ist er, der Mann, den ich heute bewunderte, morgen haßte, tags darauf verfluchte und einen Tag später insgeheim beneidete. Der Mann, der mein Reporterglück in Frage stellte und damit auch mein Leben gehörig durcheinanderbrachte. Ich habe ein Duell mit ihm ausgefochten, ein vierjähriges Duell gegen einen Mann im Dunkel.

Seinetwegen bin ich siebzigtausend Kilometer gereist, durch neunzig Orte auf drei Kontinenten, habe fünfzig Jahre Geschichte und einige hundert Zentner Akten studiert und in dieser Zeit fast jede Minute meines Privatlebens in diesen Kampf investiert. Auch eine Menge Geld; nicht nur das Geld meines Verlegers.

Da sitzt der Mann, der fünfmal sein Geburtsdatum geändert hat, dreimal seinen Geburtsort und ein Dutzend Mal seine Lebensgeschichte. Der Mann, der zeitlebens auf der Flucht war. Der Mann, der genau weiß, daß ich das alles weiß.

»Haben Sie schon mal einen *Comiteco* getrunken?« fragt er aus seinem tiefen Sessel heraus.

»Nein, ich kenne nur Tequila und Mescal.«

»Trinken Sie mal einen Comiteco – dann kommen Sie immer wieder nach Mexiko.« Rosa Elena soll davon eine Flasche aus dem Schrank holen.

»Ja, Skipper.«

Sie schenkt ein. »Wissen Sie, unser Haus wird nämlich wie ein Schiff geführt. Er ist der Skipper, der Kapitän. Ich der Steuermann.«

Wenn ich nur wüßte, ob er jemals auf einem Totenschiff war! Und auf welchem!

Wir trinken Comiteco, der wirklich ausgezeichnet ist, und essen dazu etwas Salz und winzige mexikanische Zitronen. Mir fällt auf, daß der *schwerkranke* Traven ganz schön mithält. Seine Schnäpse kippt er auf einen Zug.

Seine Frau sieht ihn zärtlich an und sagt: »Er ist trotz seines Alters immer noch ein Mann, ein richtiger Mann.«

Traven lächelt, obwohl er unmöglich verstanden haben kann. Man muß in sein Hörgerät sprechen, wenn er am Gespräch teilnehmen will.

»Meine Frau«, sagt er mit seiner kehligen Stimme, »erzählte mir, daß Sie in Chiapas waren.«

Ich nicke.

»Erzählen Sie.«

Einen Moment zögere ich, dann sehe ich ihm in die Augen und beuge mich zu seinem Hörgerät: »Ich soll Sie grüßen.«

Rosa Elena hebt beschwörend die Hand. Aber der alte Mann grinst mich freundlich an durch seine funkelnden Brillengläser und wiederholt:

»Erzählen Sie.«

Ich wollte versuchen – so wie ich es im Fall Bibeljé in Brasilien versucht hatte – Leute zu finden, die sich an Traven erinnerten. Und ich wollte diesen Leuten meine Marut-Fotos zeigen, um Augenzeugen für meine Überzeugung zu sammeln, daß Traven früher mal Marut hieß.

Erst wenn ich diese Aussagen hatte, wollte ich zu Traven fahren.

Mein Reiseführer ist Travens Buch *Land des Frühlings*, das einzige unter seinen Büchern, in dem er sich nicht hinter einer Romanfigur verbirgt, sondern als Traven auftritt.

Allerdings gibt er sich auch hier ganz schön geheimnisvoll und hält mit präzisen Angaben hinter dem Berg. »Eine Stadt«, »eine Finca«, »meine Wohnung außerhalb der Stadt« – das sind Ortsangaben, die einen Reporter zur Verzweiflung treiben.

Wo sucht man? Und wo sucht man die Leute, mit denen er zusammenkam? Die anonymen Finca-Besitzer, Lehrer und Beamten, deren Identität in diesem Buch grundsätzlich im mysteriösen Halbdunkel gelassen wird ...

Ich frage mich zum hundertstenmal, wo ich anfangen soll.

Immerhin – als ich Mexico City mit einem Mietwagen über eine der südlichen Ausfallstraßen verlasse, kann ich zwei Pluspunkte verbuchen: Neben mir sitzt der clevere Raymundo Schulz, mit dem ich bereits in Acapulco gearbeitet habe; zweitens habe ich einen ersten heißen Tip.

Er stammt von dem Ostberliner Schriftsteller Professor Ludwig Renn, der lange Zeit in Mexiko lebte und in einem Essay behauptete, Travens Identität zu kennen, ohne nähere Angaben zu machen.

Mit viel Geduld habe ich ihn dazu bringen können, seinen Geheimtip auszuplaudern, an den er – trotz aller Marut- und Torsvan-Gerüchte – noch immer glaubt. Sein Traven heißt Lothar Schlamme und ist Plantagenbesitzer in Chiapas.

Natürlich halte ich nicht allzuviel von dieser Version, sehe aber doch die Möglichkeit, daß dieser Schlamme so eine Art Bibeljé in Travens Leben gewesen sein könnte. Und so bin ich jetzt unterwegs nach Chiapas.

Wir fahren auf dem Interamerican Highway über Oaxaca bis Tehuantepec und übernachten in einem Hotel außerhalb der Stadt. Nach den angenehm kühlen Nächten im hochgelegenen Mexico City macht uns die tropische Schwüle zu schaffen.

Zerschlagen kriechen wir am nächsten Morgen wieder in den gemieteten *Bel Air*. An der Landesgrenze nach Chiapas gibt es einen längeren Aufenthalt. Polizei. Wir müssen unsere Pässe abgeben und werden quer durch den Ort zur Kommandantur gelotst. Dort endlich kriegen wir – dank eines Briefs des Fremdenverkehrsamts von Mexico City – einen Passierschein. Die mexikanische Regierung sieht es nicht gern, wenn Journalisten die ärmeren Regionen des Landes aufsuchen.

Wir fahren weiter. Ich lege meine Notizen beiseite und genieße die Landschaft, denn hier wird Mexiko von Kilometer zu Kilometer exotischer: langgestreckte Gutsherrnpaläste, malerische Torbögen, schöne Gitter und Tore, Palmen, üppige Parks, Zäune aus Stangenkakteen, Plantagen, Zuckermühlen, Maultier- und Ochsenkarawanen, auf den Dächern Scharen von Geiern, die auf ihr Mittagessen warten – überfahrene Hunde und Esel.

Mehr als einmal gerät Raymundo in die Gefahr, ihnen Futter zu liefern. Er muß höllisch aufpassen, daß ihm nichts in den Weg läuft.

Bei Las Cruces biegen wir von der Hauptstraße ab und fahren auf einer ungepflasterten Landstraße, die der Regen aufgeweicht hat, bis Huixtla.

Hier in der Nähe hat ein Deutscher, den ich in einer Bar in Mexico City kurz kennenlernte, seine Finca. Ich möchte ihn besuchen, um ihn ein bißchen über die Deutschen zu interviewen, die in dieser Ecke der Welt leben, und mich dann von Finca zu Finca nach diesem mysteriösen Schlamme durchzufragen.

Wir erkundigen uns in der nächsten Kneipe, ob jemand »Señor Giesemann« kennt, müssen aber hören, daß es jetzt, bei einbrechender Nacht, fast unmöglich ist, zur Giesemann-Farm zu fahren. »Schlechte Straße, Señores. Sehr schlecht.«

So übernachten wir in Huixtla, mitten im Schauermärchen umwobenen Tapachula-Distrikt. Das Hotel ist schlecht, und Raymundo Schulz erzählt mir am nächsten Morgen, daß er die ganze Nacht von Massengräbern geträumt hat.

Daß wir in einer Banditengegend sind, wird uns klar, als wir nach dem Frühstück einen Jeep für die Fahrt zur Finca mieten wollen. Wir sollen dreihundert Pesos zahlen. Das sind über hundert Mark. So liebenswürdig wie nur möglich lehnen wir das Angebot ab. Zum Glück.

Denn zehn Minuten später hält Giesemanns Jeep vor unserm Hotel. Der Fahrer verstaut unser Gepäck, und schon rasen wir mit abenteuerlicher Geschwindigkeit in die Berge.

Unglaublich, wie hierzulande die geheimen Nachrichtendienste funktionieren: Am Abend hatten wir uns über Giesemann erkundigt, am nächsten Morgen wußten es bereits sämtliche Plantagenbesitzer im Umkreis von hundert Kilometern.

Nach halsbrecherischer Fahrt, bei der wir uns im Geiste mehrmals zerschmettert im Abgrund liegen sahen, stehen wir schließlich auf der Giesemannschen Terrasse, die von riesigen Palmen überragt wird. Das Ehepaar Giesemann – beide um die sechzig – begrüßt uns mit der überwältigenden Gastfreundschaft des Landes.

Raymundo und ich genießen die Kühle. Es ist Juli, doch hier oben weht ein angenehmes Mailüftchen. Heiter plätschert unsere Unterhaltung, meist über Hamburg, die Stadt, die Giesemanns vor dreißig Jahren verlassen haben, um im Busch ihr Glück zu machen. Dann kommt die Rede auf meinen Job, und ich bringe den Namen Schlamme ins Spiel.

Frau Giesemann sieht mich überrascht an. »Sie suchen . . .?«

»Lothar Schlamme. Er soll Traven sein.«

Das Ehepaar amüsiert sich. »Schauen Sie mal – dort drüben ...« Ich folge ihrem Zeigefinger. »Die Finca da, dort hat er gewohnt.«

Ich freue mich über diesen angenehmen Zufall. »Und wo wohnt er jetzt?«

»Er ist tot. Einige Jahre schon. Aber das Haus ist unverändert.«

Der Lokalaugenschein enttäuscht mich ein bißchen, denn da ist eigentlich nichts Aufregendes zu sehen. Ein durch und durch unpersönliches Haus. Die drei Dutzend Bücher im Wohnzimmer zeigen, daß hier nur ein literarisch sehr uninteressierter Mensch gelebt haben kann – kein Mann vom Kaliber eines Bibeljé oder gar eines Traven. Übrigens finde ich unter den Büchern keinen einzigen Traven-Titel. »Ist er das?« Ich weise auf die Fotografie, die über dem Bücherbord hängt.

»Ja, das ist er.« Ein weiches, schmales Gesicht mit sanften Augen hinter runden Brillengläsern, das Kinn merkwürdig streng gekerbt – ein Detail, das zu diesem Typ nicht recht passen will.

»Woran starb er?«

»Kehlkopfkrebs.«

»Hat man Manuskripte in seinem Nachlaß gefunden?«

»Keine Zeile.«

»Wie kam es dann eigentlich zu dem Verdacht, er könnte Traven sein?«

Giesemann lächelt: »Ich glaube, das war vor allem ein Stück Mathematik.«

Mexico City 1939. In Europa ist der Zweite Weltkrieg ausgebrochen, und Mexiko bietet zahlreichen Hitler-Gegnern Asyl. Die Deutschen unter ihnen treffen sich vor allem im antifaschistischen *Heinrich Heine Club,* einem politisch-literarischen Zirkel.

Ein Randthema entwickelt sich dort, ungeachtet der großen Zeitfragen, bei Emigranten und alteingesessenen Mexiko-Deutschen zum Lieblingsthema: das Thema Traven.

Zunächst heißt die Frage nur: »Wer ist Ihrer Meinung nach Traven?« Aber bald schon heißt es im Heine-Club nur noch: »Wer *von uns* könnte es sein?« Kaum jemand zweifelt daran, daß der berühmte, geheimnisvolle Autor ein Mexiko-Deutscher ist.

Die außerordentliche Vertrautheit mit Chiapas in Travens Büchern läßt den Kreis der Verdächtigen zusammenschmelzen, und schließlich richtet sich der Hauptverdacht gegen Lothar Schlamme, Jahrgang 1885, Finca-Besitzer im südlichsten Chiapas.

Gegen diese Theorie spricht zwar, daß Schlamme, Sohn eines jüdischen Geschäftsmannes und in Guatemala aufgewachsen, Deutschland nur vom Hörensagen kennt und Spanisch der deutschen Sprache vorzieht. Außerdem hat ihn noch niemand schreiben gesehen, auch nicht zu der Zeit, als er im Dienst eines Schweizer Farmers stand, und das waren die Jahre, in denen Travens wichtigste Romane erschienen.

Das alles spricht gegen Schlamme, dennoch wird er im Klub bald nur noch Traven genannt – zuerst heimlich, dann auch ganz offiziell.

Seine Dementis werden lächelnd übergangen. Den Klubmitgliedern erscheint der Fall sonnenklar. Führt er nicht das Leben eines typischen Dichters? Ist er nicht das Urbild eines verbummelten Genies?

Er kleidet sich leger, fast schlampig, ist ständig von Spielschulden und Geschlechtskrankheiten geplagt und brilliert als begabter Erzähler, wenn er sein Lieblingsthema berührt: seine Bekanntschaft mit Trotzki.

Er ist mit einer Indianerin verheiratet; außerdem tut er genau das, was man von Traven erwartet – er dementiert. All das genügt.

Schlamme resigniert. Und gegen Ende seines Lebens scheint es sogar, als sei ihm diese Legende ans Herz gewachsen.

»Hat er je über einen Traven-Stoff gesprochen?«

»Niemals. Übrigens kam er kurz vor seinem Tod ein bißchen aus der Mode. Viele von uns tippten statt dessen auf einen Mann in San Cristobal Las Casas.«

»Lebt er noch?«

»Er lebt. Fahren Sie nach San Cristobal und fragen Sie nach Don José Weber.«

Wir überholen lange Reihen von *Carretas* – Ochsenkarren, die lange weiße Staubfahnen in den Himmel wehen lassen, tauchen in das Dunkel des halbtropischen Bergwaldes, fahren an Flüssen entlang, in denen Indianerfrauen ihre Kleider waschen, und gelangen schließlich auf die rotgrüne Hochfläche von San Cristobal.

Mittendrin, in einem ausgebrannten Krater: die weiße Stadt San Cristobal Las Casas, überragt von einer zweitürmigen Hügelkirche. Ein paradiesischer Anblick.

Ein paar Millionen Pesos, denke ich, und ich würde hier ein Sanatorium bauen.

San Cristobal ist einer der wenigen Orte, die Traven in seinem Buch *Land des Frühlings* wirklich nennt. Er war hier. Aber dreißig Jahre haben seine Spuren verwischt.

Alle?

Gleich am ersten Tag besuche ich den alten Lehrer Don José Weber. Er ist einer von den Deutschen, die nur für wenige Jahre nach Mexiko kommen wollten und dann hängengeblieben sind.

Er zeigt durchs offene Fenster über die Dächer und Türme der Stadt. »Hier möchte ich sterben.«

»Sind Sie Traven?« frage ich lächelnd, nachdem er seine kleine Privatvorlesung über San Cristobal beendet hat.

»Leider nein. Ich kann es nicht sein. Als ich 1927 nach Mexiko kam, waren Travens erste Mexiko-Bücher schon geschrieben.«

»Und wann hat man Sie zum erstenmal für Traven gehalten?«

»Ein Verlag schrieb mir, man wolle alles, was ich unter dem Namen B. Traven veröffentlicht habe, ins Spanische übersetzen und bat mich um die Erlaubnis.«

Er lächelt: »Ich muß Ihnen aber sagen, daß es in Chiapas nichts Besonderes ist, für Traven gehalten zu werden. Wenn man Deutscher ist, ein gewisses Alter und einige fortschrittliche Ansichten hat und dazu vielleicht ab und zu ein Buch liest – das genügt schon.«

»Haben Sie für Traven gearbeitet?«

»Nein. Ich kenne ihn nicht.«

»Aber Sie wissen einiges über ihn...«

»Nur das, was ich von ihm gelesen habe.« Sein Blick verrät biederste, lauterste, herzlichste Redlichkeit. Ein Schulmann, wie er sonst nur in Erinnerungsbüchern vorkommt.

Von den Türmen der Stadt hallt das Abendläuten ins

Zimmer. Wir schweigen. Dann sagt er leise: »Der Hauptverdächtige heißt übrigens Torsvan.«

»Ich weiß. Ich kann Ihnen Paßfotos von ihm zeigen.«

Neugierig beugt er sich über die Bilder. »Interessant. Aber ich kann ihn nicht identifizieren. Als er hier war, lebte ich noch nicht in San Cristobal. Das wenige, was ich weiß, will ich Ihnen gern erzählen.«

Sommer 1926. Seit Tagen bereitet sich San Cristobal Las Casas auf interessante Gäste vor. Aber als diese Besucher dann wirklich eintreffen, haben sie bereits viel von ihrem Glanz eingebüßt.

Der prominente mexikanische Archäologe Enrique J. Palacios und die Mitglieder seines Forschungsteams, die mit großen Plänen für eine Chiapas-Expedition ankamen, denken schon wieder ans Umkehren.

Seit ihrer Abreise aus Mexico City haben sie so viele Abschiedsfeste gefeiert, daß die Expeditionskasse fast leer ist. Es ist nicht einmal genug Geld übrig, um Pferde kaufen zu können.

Daraufhin wird das Unternehmen in Las Casas kurzerhand abgebrochen. Zwei oder drei der Teilnehmer setzen sich ab und ziehen – jeder für sich – auf eigene Faust in den Busch.

Einer von diesen Einzelgängern nennt sich Torsvan und gibt als Nationalität »Norweger« an. Einen Paß hat er nicht, nur ein Empfehlungsschreiben des Landwirtschaftsministeriums, das ihn der Expeditionsleitung als Fotografen empfohlen hat.

Ein merkwürdiger Bursche, der sich gern abseits hält und viel mit Indianern spricht. Torsvan geht – nur von einem indianischen Treiber, Amador Panyagua, begleitet, monatelang in den Busch. Aber auch wenn er gelegentlich einige Tage oder Wochen in der Stadt verbringt, um sich zu erholen und seine Ausrüstung zu ergänzen, ist er unnahbar.

Seine Konversation beschränkt sich auf Fragen, die Land und Leute betreffen. Den meisten Europäern steht er ablehnend gegenüber, da sie seiner Meinung nach zu sehr in Grüppchen und Kolonien leben und keine Augen für die Schönheiten Mexikos haben.

»Lange hielt er's unter ihnen nicht aus – dann war er wieder im Busch oder auf einer Finca.«

Ich lege eine neue Kassette in meinen Recorder. »Welche Fincas waren das?«

»Am liebsten war ihm die Finca *El Real,* die damals einer Familie Bulnes gehörte.«

»Gibt es dort noch irgendwelche Leute, die sich an sein Gesicht erinnern?«

»Mindestens zwei. Bulnes' Tochter und sein Schwiegersohn. Vielleicht auch noch jemand von den Angestellten.«

»Und wem könnte ich hier in der Stadt meine Fotos zeigen?«

»Am besten Blom, dem Archäologen. Aber der ist gestorben. Vor wenigen Tagen erst. Übrigens auch einer von denen, die für Traven gehalten wurden.«

»Vor wenigen Tagen?« Mir wird plötzlich sehr mies.

»Sie haben Pech«, antwortet Weber voll Mitgefühl. »Aber seine Frau lebt noch – Gertrude Düby.«

»Kann ich mit ihr sprechen?«

»Selbstverständlich können Sie das.« Weber setzt sich an seinen Schreibtisch, schreibt ein paar Zeilen auf ein Blatt Papier und schickt einen Jungen damit zu Bloms Haus.

Nach einer halben Stunde ist der Bursche zurück. Die Düby ist verreist.

Raymundo und ich nützen die Wartezeit, um uns in der Stadt umzusehen.

Eine Stadt wie viele andere hierzulande. Mittelpunkt ist die Plaza – der quadratische Stadtplatz, auf dem sich fast das gesamte öffentliche Leben abspielt. Ich schätze die Größe dieses Platzes auf 60 000 Quadratmeter, was in Mexiko keine Seltenheit ist. Auch weitaus kleinere Orte haben solch gigantische Versammlungs- und Bummelplätze, Boden ist in diesem Land reichlich vorhanden. Die Innenstadt in altspanischer Architektur ist sehr reizvoll; besonders der alte Bischofspalast und die Häuser und Palais im Kolonialstil mit ihren verkommenen, aber stilrein erhaltenen Fassaden.

Traven ist 1926 und in den Jahren danach ein paar hundertmal dran vorbeigegangen.

Damals lebten hier etwa 14 000 Einwohner, und zwar: dreißig Europäer, dreitausend Mexikaner, zweitausend Tzotzil-Indianer und neuntausend Mischlinge. Seitdem ist die Stadt nur mäßig gewachsen, und auch das Tempo scheint sich nicht wesentlich geändert zu haben. Noch immer ist San Cristobal zweihundert Kilometer vom nächsten Bahnhof entfernt.

Morgens kommen einige hundert Indianer von den Bergen, hocken sich auf die Plaza und verkaufen ihre Waren – Fleisch, Früchte, Gemüse. Blieben diese Güter aus – es wäre nicht einfach, die Stadt an ein anderes Versorgungsnetz anzuschließen.

»Ich habe noch nie so viele Indianer auf einem Haufen gesehen«, sage ich, während wir uns durch den Markttrubel schieben.

»Ich auch nicht«, gesteht Raymundo.

»Traven hat sich mal ausgemalt, wie es wäre, wenn die Indianer aus allen umliegenden Dörfern die Stadt umzingelten und aushungerten. Aber wenn man sich diese sanften Indio-Bauern ansieht, sind so kriegerische Absichten eigentlich nicht zu befürchten.«

Wir setzen uns in ein Straßenrestaurant und betrachten das bunte Gewimmel aus der Entfernung.

»Haben diese unterschiedlichen Hüte und Umhänge eigentlich alle eine spezielle Bedeutung? Oder ist da auch schon viel Mode dabei?«

»Mode?« Raymundo scheint fast ein bißchen gekränkt zu sein. »Mode gibt's hier nicht. An den Hüten und Zarapas liest man die Stammeszugehörigkeit ab. Es gibt Hunderte verschiedener Stämme. Und keinem einzigen würde es einfallen, die Hüte zu tauschen.«

»Na, dann erklären Sie mir mal ein bißchen diese – Stammeszugehörigkeiten.«

Raymundo Schulz zeigt guten Willen, scheint auf diesem Gebiet allerdings auch nicht sehr beschlagen zu sein. Er kommt hoffnungslos ins Stottern. Der Kellner naht mit der Speisekarte und erlöst ihn.

Nach dem Essen gehen wir an die Arbeit.

Wir klettern den Hügel zur Kirche *San Cristobal auf dem Berge* hinauf. Das letzte Wegstück besteht aus einer sehr steilen und holprigen Steintreppe.

Seit verschiedene Revolutionen der katholischen Kirche hierzulande Rechte und Vermögen beschnitten haben, verfallen zahlreiche sakrale Prunkbauten. Mexiko, das alte, ewige, heidnische Mexiko wächst drüber weg.

Auch *San Cristobal auf dem Berge,* das Wahrzeichen der Stadt, zu Ehren eines indianerfreundlichen spanischen Bischofs errichtet, geht der Auflösung entgegen. An den Kirchenmauern weiden Ziegen und Esel.

Wir genießen die einmalig schöne Aussicht auf das gewaltige, fruchtbare Tal, das von tausend bis zweitausendsiebenhundert Meter hohen, dicht bewaldeten Kraterrändern gesäumt wird.

Unter uns liegt die weiße Stadt – der weite Platz, die hellroten gleichförmigen Dächer, die dunklen Palmenbüschel.

Wo ist da die *mexikanische Hölle,* die so oft in Abenteurerromanen geschildert wird? Skorpione, Zecken, Moskitos, Hitze, Durst, Malaria und Gelbfieber – San Cristobal weiß nichts davon.

San Cristobal kennt nur reine Tannen- und Fichtenwälderluft, wohltuenden Regen (nicht zuviel, nicht zuwenig) und immergrüne Wiesen und Weiden. Weihnachten blühen hier die Rosen, und im Januar erntet man Tomaten und grüne Bohnen.

Ehe ich mich in unrealisierbare Träume vom einfachen, glücklichen Leben verliere, richte ich mit plötzlicher Entschlossenheit mein Fernglas her. Höchste Zeit, mit der Arbeit anzufangen ...

Fast zwei Stunden lang suche ich Dach für Dach, Haus für Haus, Hof für Hof ab. Ich suche einen Innenhof, den ich in Travens Chiapas-Bericht gesehen habe. Einen Innenhof mit sehr ungewöhnlichen Säulen.

Von diesem Hof hängt für mich eine ganze Menge ab, denn er bildet fast den einzigen Hinweis, mit dessen Hilfe ich vielleicht einen Augenzeugen finden kann.

Alle anderen Fotos des Buches zeigen Indianerdörfer und ihre Bewohner oder nicht näher bezeichnetes Gemäuer in Provinzstädten. Ohne Ortsangaben sind diese Fotos für mich wertlos.

Aber dieser Säulenhof von San Cristobal, den könnte man finden. Vorausgesetzt, daß es ihn noch gibt ...

Ich suche, bis mir die Augen tränen. Nach zwei Stunden geben wir's auf und fahren mit einem Taxi zu José Weber.

Weber hat einen Besucher bei sich. Einen jungen Indio.

»Na, haben Sie sich gut amüsiert?«

»Teils, teils. Ich habe die Stadt nach einem Patio abgesucht, leider ohne Erfolg. Fünfzig Höfe lassen sich vom Hügel aus einsehen. Aber der, den ich suche, ist nicht dabei.«

»Würden Sie ihn bitte beschreiben?«

Ich zeige ihm und seinem Gast das Foto im Traven-Buch mit der nichtssagenden Bildunterschrift: »Der friedliche Patio oder Innenhof eines Bürgerhauses in San Cristobal Las Casas. Im Hintergrund ein steinerner Türrahmen, in den Indianer gegenwärtiger Zeit selbsterdachte Ornamente eingekerbt haben.«

»Hm, schade. Kenne ich nicht.« Er wendet sich zu seinem Besucher. »Du vielleicht?«

Der Indianer bittet um das Buch und denkt mit gerunzelter Stirne nach. Als er es zurückgibt, strahlt er über das ganze Gesicht. »Ich kenne den Patio. Er gehört zum Haus des Señor Heß.« Das Restliche kann mir Raymundo nicht übersetzen. Es ist indianisch.

Don José staunt. »Wie bitte?« Er läßt sich das Buch noch einmal aufschlagen. »Wirklich, du hast recht! Wissen Sie –« er klappt das Buch zu, »Manuel spricht nicht viel Spanisch. Er hat mir soeben in seinem Dialekt erklärt, daß er dort vor langer Zeit einmal Holz abgeladen hat. Eine Schande, daß ich nicht selbst drauf gekommen bin. Eine Schande. Der Patio gehört nämlich meinem alten Freund Heß. Torsvan war dort oft zu Besuch.«

Später sitzen wir – der Professor, Raymundo und ich – im Innenhof des Hauses Heß und betrachten die schlanken Säulen wie wertvolle Ausgrabungen.

Der Hausherr hat um ein paar Minuten Geduld bitten lassen, und so kann uns Weber mit leiser Stimme ungestört eine knappgefaßte Familiengeschichte soufflieren: Der »gesuchte Heß«, nämlich der, welcher 1926 Traven oft bei sich zu Gast hatte, lebt nicht mehr. Hausherr ist mittlerweile sein Sohn.

»Als Junge ist er einmal vom Dach gesprungen und hat sich dabei beide Beine gebrochen. Man ließ ihn zu lange in Gips liegen. Er blieb gelähmt. Sie werden sehen, er ist ein netter Mensch. Nett und witzig.«

»Kennt er Traven persönlich?«

»Nein, nur aus den Erzählungen seines Vaters.«

Als Heß jun. wenig später im Rollstuhl neben uns sitzt, stellen wir fest, daß er wirklich ein amüsanter Bursche ist, mit dem es sich gut lachen läßt, auch wenn ich von dem, was er sagt, kaum etwas verstehe. Denn Heß spricht nur Spanisch, obwohl seine Familie aus Hamburg stammt. Manches übersetzen mir Schulz und Weber. Das andere errate ich aus Gestik und Mimik.

Heß, mit seinen guten Augen hinter einer würdigen, dunklen Hornbrille, brilliert als Fabulierer so virtuos, daß auch Professor Weber, der ihn auf der Schulbank hatte und seine Geschichten bestimmt schon einige hundert Male gehört hat, ihm zuhört, als sei's zum erstenmal.

An einem Sommermorgen des Jahres 1926 spaziert der alte Dr. Heß, Rechtsanwalt und Ehrenbürger von San Cristobal, wie üblich zur Plaza – nicht um einzukaufen, sondern um Bekannte zu treffen. Mehr noch in der Hoffnung, einen der Fremden zu erspähen, die sich als Touristen gelegentlich in diese Stadt verirren.

Das geschieht selten, aber an diesem Morgen hat er Glück. Er trifft einen Ausländer, der sich mit dem Namen Torsvan vorstellt und angibt, Norweger zu sein. Dem Charme des fröhlichen Advokaten gelingt es, den einsilbigen Mann in ein längeres Gespräch zu verwikkeln. Man spricht deutsch.

Geschickt pendelt sich Heß genau auf das Gebiet ein, das den Fremden interessiert – auf Rechtsfälle, die den Konflikt zwischen weißer Oberschicht und dem indianischen Proletariat berühren. Er spricht davon aus der Sicht des überzeugten Kolonialisten, ohne das sozialpolitische Engagement aus den Fragen seines Gesprächspartners herauszuhören. In erster Linie geht es Heß darum, dieses neue Gesicht an seinen Mittagstisch zu bringen, um ein bißchen Abwechslung zu haben. Torsvan nimmt die Einladung dankend an. Weitere Einladungen folgen, und der Gastgeber ist geschmeichelt, daß der stille Gast eifrig zu Papier und Bleistift greift, um sich Notizen zu machen.

Schließlich diktiert Rechtsanwalt Heß einige der am häufigsten erzählten Geschichten seiner Tochter Helwina in die Schreibmaschine – die einzige, die damals in San Cristobal existiert.

Dieses Material nimmt Torsvan alias Traven mit und verwertet es in seinen Chiapas-Romanen, ohne sich – aus guten Gründen übrigens – noch einmal im Hause Heß blicken zu lassen.

»Ich kenne das, wie gesagt nur aus den Erzählungen meines Vaters, denn ich lag damals in einer Klinik in Mexico City. Anschließend lebte ich in einem Internat.«

»Hat Ihnen Ihr Vater erzählt, in welcher Sprache sie sich unterhielten?«

Weber übersetzt.

»Das hat er mir nie gesagt, weil ich ihn nie danach gefragt habe. Aber ich bin überzeugt, daß sie deutsch sprachen. Mein Vater konnte gut Spanisch, sprach mit Deutschen jedoch grundsätzlich deutsch.«

»Hat er denn diesen Herrn Torsvan für einen Deutschen gehalten?«

»Ich glaube, ja.«

»Und welche Geschichten wurden zwischen Torsvan und Ihrem Vater so besprochen?«

»Mein Vater sagte mir, er hätte *diesem Traven* eine Menge Schnickschnack erzählt, und der hätte das Zeug geglaubt und später in seinen Büchern verwertet. Ich meine aber, daß er mit seiner Bemerkung nur seine Enttäuschung kaschieren wollte.«

»Welche Enttäuschung?«

»Die Enttäuschung über den Verlust seines Materials. Jahrelang hatte er davon geträumt und gesprochen, Bücher zu schreiben und alle möglichen Leute gebeten, ihm dabei zu helfen. Dann kam Traven und hat diese Bücher unter eigenem Namen veröffentlicht – *Rebellion der Gehenkten, Regierung, Karren* usw.«

»Beruhten diese Romane auf Begebenheiten, die Ihnen bekannt waren?«

»Ich habe sogar eine Reihe von Formulierungen meines Vaters wiedererkannt.«

Die Abendkühle sinkt in den buntgekachelten, palmengeschmückten Hof. Heß junior fröstelt in seinem dünnen Sporthemd, und Raymundo Schulz blickt sehnsüchtig auf seine Armbanduhr. Offenbar hat er eine Verabredung.

Ich stecke meinen Notizblock ein. »Vielen Dank für das Gespräch. Übrigens – wie reagierte Ihr Vater, als er das alles in Travens Büchern wiederfand?«

»Natürlich ärgerte er sich. Besonders, als er sich als Kapitalist Sägemüller in der *Rebellion* wiedersah. ›Da habe ich ihm so viel Material geschenkt!‹ sagte er manchmal. ›Und der Kerl hat die Frechheit, mich als Ausbeuter hinzustellen!‹«

»Vielleicht stimmt das«, denke ich auf dem Heimweg. »Aber dann hätte Traven nicht nur das ›B‹ von Bibeljé in seinen Namen nehmen müssen, sondern auch das ›H‹ von Heß.«

Teestunde in einem der feinsten Häuser von San Cristobal.

Auf den Dielen indianische Teppiche. An den Wänden indianische Web- und Wirkware, indianische Malerei, indianische Keramik, indianische Schnitzerei.

Ringsum indianische Jagdszenen, indianische Liebesszenen, indianische Götter.

Eine Mischung aus Boutique und Museum. Und mittendrin die Gebieterin über diese Herrlichkeit – Gertrude Düby, weiß gepudert, in schwarzer Spitze. Ihr Haus *Casa del Jaguar* ist zum Zentrum des örtlichen Fremdenverkehrsgewerbes geworden. Tourismus gibt es im modernen Sinne in dieser Stadt erst, seitdem *sie* hier ist.

Eine fabelhafte Frau. Kluges Gesicht, dezentes Make-up. Grande Dame, verwegene Reiterin und Intellektuelle in einer Person. Als Journalistin in ihrem Heimatland Österreich begann sie, heiratete im spanischen Krieg einen rotspanischen Kommissar und floh nach der Niederlage der Kommunisten ins tolerante Mexiko.

Dort, in San Cristobal, gründete sie ihr mexikanisches Studienzentrum mit dem Geld eines versoffenen Genies, des dänischen Archäologen Frans Blom, mit dem sie mittlerweile zusammen lebte.

Über ihn reden wir. Über seine Suche nach versunkenen Mayastädten und über seine geliebten Indianer.

»War er Traven?« frage ich über meine Teetasse hinweg.

Die Witwe schüttelt den Kopf. »Ich habe jede Ecke dieses Staates durchstöbert, ohne einen Menschen zu finden, der es sein könnte. – Außer einem...«

»Nämlich?«

»Einem gewissen Croves. Er war unser Gast, nachdem wir den Film *Die Rebellion der Gehenkten* gesehen hatten, und trug sich als Croves ins Gästebuch ein. Aber nach allem, was wir von ihm wußten, glaubten wir ihm seinen Namen nicht. Beim Abschied sagte mein Mann: ›Es freut mich, Herr Traven, daß Sie uns besucht haben!‹ und schrieb ›Traven‹ in Klammern hinter Croves' Gästebuch-Eintrag.«

»Und wie reagierte er?«

»Er hat sich furchtbar geärgert. Wir sahen ihn nie wieder.«

Die Großstadt versteckt einen Mann wie Traven ohne weiteres. Aber wie gelingt es ihm immer wieder, im Busch unterzutauchen und heil wieder herauszukommen?

Woher nimmt ein Mann wie er, ein Literat, die Fähigkeit, dort zu überleben?

Gewiß, er hat seine Treiber. Aber die können ihn mitten ins Unglück treiben, wenn er nichts von ihrer Arbeit weiß. Doch Traven kennt sich aus.

Er weiß, wieviel Gewicht Maultiere annehmen, ohne zu bocken. Er weiß, welches Tier zuerst bepackt werden kann (weil es geduldig genug ist, zu warten, bis sich die Karawane in Bewegung setzt) und welches zuletzt beladen werden muß (weil es mit seiner Last sofort losstürmt).

Er weiß, welche Mulis sich hinwerfen, um sich von ihrem Gepäck zu befreien, und er weiß, wie man sie daran hindert.

Er weiß, wie Lasttiere, die sich abgesetzt haben, gesucht und wieder eingefangen werden können. Und er weiß, wie die Ladung, die sich mittlerweile gelöst hat, wieder neu sortiert und besser verteilt werden muß.

Er weiß, welche Pflanzen eine Flüssigkeit enthalten, die man trinken kann, und er weiß, welche Bäche man meiden muß, weil sie arsenhaltiges Wasser enthalten.

Er weiß das von den Indianern, und zwar vor allem von den Indianern, die ihn auf seinen Reisen begleiten. Von seinen »Burschen«, wie er – ganz preußisch-militärisch – in seinem Buch *Land des Frühlings* sagt.

José Weber, der alte Schulmeister von San Cristobal, hat aus einem entlegenen Winkel seines Gedächtnisses den Namen eines solchen »Burschen«, der Traven zeitweise begleitete, hervorgekramt, und ich verlasse eiligst die Stadt, um diesen Mann aufzutreiben.

Amador Panyagua in Ocosingo.

Der »Bursche«, der Traven im *Frühlings*-Buch begleitet, heißt zwar Felipe. Aber das hat bei der Vorliebe dieses Autors für Versteckspiele nicht viel zu sagen.

»Eine liebe und gutmütige Seele« – viel mehr erfährt man in dem Buch nicht über die Person von Travens Begleiter. Er ist Tzotzil-Indianer und kann nur seinen Vornamen schreiben . . .

Das sind zwar nicht besonders viele Anhaltspunkte. Aber wir werden versuchen, ihn zu finden.

Am frühen Morgen fahren Schulz und ich mit einem Mietwagen nach Comitan und starten von dort mit einer einmotorigen Maschine nach Ocosingo.

Vierzig Minuten später rollen wir über die Landewiese der kleinen Stadt.

Es ist sehr warm, am Himmel zeigen sich Gewitterwolken. Ich bin müde, und Raymundo scheint außerordentlich gereizt zu sein.

Auf der Plaza fragen wir nach Torsvans Indianer Amador Panyagua und erfahren, daß er außerhalb von Ocosingo eine Maisfarm besitzt. Man verweist uns an seine Tochter, die mit ihrem unehelichen Kind in der Stadt lebt.

Das hübsche Mädchen erzählt uns, daß wir Amador knapp verpaßt haben. Es ist kaum eine halbe Stunde her, daß er zurück zu seiner Ranch geritten ist.

Ich schicke einen Jungen auf einem Klepper als reitenden Boten hinterher. Dann quartieren wir uns im einzigen Hotel des Ortes ein.

Früher war das eine reiche Stadt – damals, als hier noch der Holzhandel florierte. Doch seitdem das Geschäft schlecht wurde, gibt es nur noch knappe dreitausend Einwohner.

Die jungen Männer verlassen Ocosingo, um sich irgendwo Arbeit zu suchen. Meist heiraten sie auswärts.

Und so gibt es sehr viele heiratslustige Mädchen hier, die uns grüppchenweise in Augenschein nehmen. Die Plaza kommt uns vor wie ein einziger großer Präsentierteller. Raymundo fühlt sich wie auf einem Heiratsmarkt.

Gegen Abend gehen wir in ein größeres Restaurant,

wo wir uns mit Amador Panyagua treffen wollen. Und wir haben Glück: Der Junge auf dem Klepper hat ihn eingeholt, und Panyagua ist auf der Stelle umgekehrt, um uns zu sprechen.

Er ist still und verwirrt. Ein kleiner gebeugter Mann mit einem Knautschgesicht und rührend traurigen Hundeaugen. Traven hat ihn in seinem Buch als hübschen Burschen geschildert, aber das ist lange her.

Wir erzählen dem 68jährigen barfüßigen Opa, der verschüchtert, mit dem Hut auf dem Schoß, vor uns sitzt, daß wir Freunde von Torsvan sind. Sofort hellt sich sein Blick auf.

»Torsvan? – Oh, den habe ich wie meinen Vater geliebt! Er war so gut zu mir wie sonst kein Mensch.«
»Wie hat er Sie genannt – Felipe oder Amador?«
»Amador.«
»Und sagte er, woher er kam?«
»Ja, aus den USA.«
»Wie lange waren Sie mit ihm zusammen?«

Amador lächelt verzückt. »Viele Jahre. Immer von Mai bis September. Das war die schönste Zeit meines Lebens.«

Amadors Gedächtnis hat große Löcher. Dennoch sind da einige Szenen, die er schildert, als hätte er sie erst gestern erlebt.

Szenen vom einfachen, nie ungefährlichen Leben im Busch. Szenen vom echten, abenteuerlichen Reisen – durch dorniges Gesträuch, durch Lehm, über Geröll, durch Flüsse, über kalte Höhen und durch tropisches Flachland, hinauf, hinunter. Durch glühende Hitze und sintflutartige Regengüsse.

Über gleitende Berghänge und geborstene Brücken,

durch Sümpfe, Abgründe und Buschlabyrinthe, aus denen man sich nur unter Zurücklassung von Gepäck und Tragtieren retten kann.

Dazu sind noch die kleinen, alltäglichen, aber zermürbenden Schikanen zu ertragen, wie: Dürre und Krankheit, giftiges Obst, Wasser, dem man nicht ansieht, daß es Typhusbazillen enthält; gelegentlich vielleicht auch noch der Besuch herumstreifender Pumas, Berglöwen, die Appetit auf Maultierfleisch haben.

Kein bequemes Leben und dennoch – Traven lebt auf diesen Reisen nicht wie ein Indianer.

Amador hat eine Menge Zeug zu verwalten: Travens Hängematte in Luxusausführung, doppelt so teuer wie ein bequemes Bett; sein Moskitonetz; ein eng zusammenklappbares amerikanisches Feldbett mit einer doppelten Garnitur feinster Bettwäsche; drei schwere Kameras mit Ersatzteilen und Filmen; seine Schreibmaschine; Blechkoffer mit Karten und Büchern und vieles andere.

Während Traven mit Lederweste und Hängetasche in hohen Lederstiefeln links und rechts des Buschpfads auf Motivsuche ist, muß Amador seine schwer bepackten Mulis bei Laune halten. Abends wird er zum Tierarzt, kühlt Schwellungen, salbt Wunden. Außerdem muß er Sättel und Gurte einfetten und flicken. Er tut das pünktlich und gewissenhaft.

Täglich drohen in der unermeßlichen Einsamkeit neue Gefahren: Wolkenbrüche, die Bergrutsche verursachen, oder Kartenfehler, die einen verhängnisvollen Irrweg in wasserloses Gebiet auslösen. Einmal begegnen sie einem Puma und stehen so lange erstarrt und reglos, bis es dem Raubtier zu langweilig wird und es das Weite sucht.

Die Waffen sind meistens beim Gepäck, Traven riskiert es, unbewaffnet auf ein Raubtier zu stoßen, aus dem einfachen Grund, weil ihm beim Fotografieren oder bei archäologischen, geologischen oder botanischen Studien Waffen zu schwer sind.

Treffen sie auf ein Lehmhütten-Dorf, sind sie froh, wenn sie ihre Vorräte mit einigen Kilo Mais, Reis und Bohnen auffüllen können. Gelegentlich gibt dann Traven in der Holzhütte, die sich Postamt nennt, ein paar Briefe auf.

Immer versucht er, umgeben von räudigen Hunden und dürren, hochbeinigen, struppigen Schweinen, ein paar Aufnahmen von den Dorfbewohnern zu machen. Das aber ist gar nicht so einfach und kostet viel gute Worte, viel Lachen, viele Zigaretten ...

Kameras haben, so glauben die Indianer, den bösen Blick und verbreiten Krankheit. Blitzlichtpulver gar gilt als eine Erfindung der Hölle.

Kommen sie dann auf eine Finca, können sie zwar – meist gegen Bezahlung – einigermaßen bequem wohnen, doch nicht immer sicher.

Es gibt Fincas und Haziendas, in die man so manchen Reisenden einkehren, aber nie wieder herauskommen sah ...

Traven hält sich zwar für einen guten Menschenkenner, dennoch verläßt er sich auch auf den Instinkt seines Begleiters, wenn er entscheidet, ob er einkehrt oder weiterzieht. Nachts schläft Amador neben Travens Hängematte oder neben seinem Feldbett.

»Denn«, so erklärt Panyagua stolz, »ich war nicht nur sein Treiber, sondern sein Assistent.«

»Was schrieb er auf seiner Maschine?«

»Jede Nacht schrieb er auf, was wir erlebten.«

»In welcher Sprache?«

»Ich glaube, Spanisch. Außerdem machte er nachts Tieraufnahmen mit Blitzlichtpulver.«

»Hat er Ihnen erzählt, daß er Bücher schreibt?«

»Nein.«

»Wie sagten Sie zu ihm?«

»Señor Ingenieur.«

»Hat er Ihnen von seinen Reisen erzählt, die er außerhalb von Chiapas machte?«

Amador bedeckt sein trauriges Hundegesicht mit den Händen und denkt nach. »Nein, nicht daß ich wüßte.«

»Erwähnte er Tampico?«

»Ja, von Tampico sprach er gern. Einmal waren wir auch bei den Lacandonen, die heute noch nackt sind und keine Kleider kennen. Er spielte ihnen Platten auf dem Grammophon vor.«

»Und was taten die Indianer?« fragt Raymundo.

»Zuerst hörten sie ein bißchen zu, aber nach ein paar Minuten wurde es ihnen zu langweilig.«

»Fragen Sie ihn mal, ob er sich erinnert, was auf der Schreibmaschine stand. *Remington* oder so.«

Amadors Triefaugenblick geht demütig zwischen uns hin und her. Er sieht aus wie ein weinerlicher Schulknabe, der nicht weiß, ob er etwas falsch gemacht hat. »*Remington?* Nein, daran kann ich mich nicht erinnern.«

»Wem hat er Briefe geschrieben?«

Amador denkt nach. Eine Adresse will ihm jedoch nicht einfallen.

»Und wie war die Arbeit bei ihm?«

»Ich machte das Essen und hielt die Ausrüstung in Ordnung. Dafür bekam ich fünf Pesos die Woche.«

Zwei Pesos waren damals soviel wie ein Dollar. Auf

den Plantagen verdienten die Arbeiter zwei Pesos in einer Woche.

»Offenbar«, sage ich zu Schulz auf deutsch, »hat Traven seine Mitarbeiter besonders großzügig entlohnt.«

Amador hat von ihm beispielsweise zum Abschied zweihundert Pesos Heiratsgeld bekommen. Er hätte auch eine ordentliche Berufsausbildung bezahlt haben können. Doch da er heiraten wollte, lehnte Amador dieses Angebot ab; er wollte Ocosingo nicht verlassen. Beim Abschied weinte er.

»Stimmt es, daß Sie vorher in einem Holzfäller-Camp gearbeitet haben?« fragt Raymundo Schulz. (Wir haben diese Information von Professor Weber.)

»Ja, das stimmt.« Der traurige kleine Mann nippt an seinem Kaffeeglas, offenbar ohne zu merken, daß sein Getränk längst kalt geworden ist. Sieben Jahre lang hat er in den Camps von Centares und Pico de Oro arbeiten müssen.

Behandelt wurden die Arbeiter ihrer Leistung entsprechend. Waren sie fleißig, wurden sie gut behandelt; waren sie es nicht, bekamen sie mit einer siebenschwänzigen Lederpeitsche fünfzig Hiebe auf den Rücken. Auf die blutigen Striemen wurde Salz gestreut.

Wer zu fliehen versuchte und wieder eingefangen wurde, bekam hundert Hiebe und mußte Ketten an den Füßen tragen, während er arbeitete.

»In Mexico City habe ich den Film *Rebellion der Gehängten* gesehen. Haben Sie erlebt, daß ein Arbeiter an den Armen aufgehängt wurde, bis er ohnmächtig wurde?«

Amador schüttelt den Kopf.

Als ich ihm Torsvans Paßfotos zeige, bricht er vor

Rührung in Tränen aus. Auch auf den Marut-Fotos erkennt er Traven sofort.

Ich drücke ihm fünfzig Pesos in die Hand, für die er sich überschwenglich bedankt. Zufrieden klettert er auf seinen Gaul und reitet nach Haus.

Am nächsten Tag erwartet er uns auf der Plaza und führt uns zum Haus seiner Tante, der fünfundsiebzigjährigen Ernestine Gonzales, oberhalb der Stadt. Bei ihr hat Traven einige Zeit gewohnt.

Ich bewundere ihr faszinierendes, hexenhaftes Gesicht mit den wirren, weißgelben Haarsträhnen, und mache während des einleitenden Frage-und-Antwort-Spiels einige Schnappschüsse von ihr.

Ihr Bericht ist ein bißchen anders als der von Amador Panyagua, denn sie behauptet, daß Traven schon 1920 in Ocosingo aufgetaucht sei – also lange vor Tampico.

Sie hatte damals ein Restaurant, und »Señor Torsvan« kam jeden Mittag zum Essen. Bis nachts um zwei tippte er in seinem Zimmer auf der Schreibmaschine oder entwickelte Filme.

Ich habe einigen Grund, ihren Angaben zu mißtrauen.

Unter anderem behauptet sie nämlich, er sei – obwohl er selten Geld hatte – mit sieben Pferden angekommen.

Einmal soll er hundert Pesos gespendet haben. Dafür sollte ein Museum gebaut werden, in dem er seine Maya-Ausgrabungen aufheben wollte. »Doch leider«, sagt die Alte mit grimmigem Gesicht. »Das Geld wurde von der Stadt unterschlagen.«

»Hat er Ihnen erzählt, woher er kam?«

»Er war Amerikaner und kam aus Mexico City, wenn er hier wohnte. Seine Mutter lebte in London. Jedes Jahr kaufte er sechs Kilo Schokolade in meinem Geschäft, weil sie so gut war, und schickte sie an seine Mutter.«

»Hat er Ihnen einmal ein Foto seiner Mutter gezeigt?«

»Ja. Ich fand sie sehr alt.«

»Und was tat er so den ganzen Tag? War er immer in seinem Zimmer?«

»Nein. Oft ging er in der Stadt herum, besonders gern zur Schule. Da hat er sich immer mit den Lehrern und Kindern unterhalten. Oft hat er auch mit armen Leuten gesprochen. Wenn er jemanden in Lumpen sah, gab er etwas Geld her.«

»Und wohin gingen seine Briefe?«

»Die meisten nach Mexico City. Viele davon ans Erziehungsministerium.«

Als die alte Frau sich zu wiederholen beginnt, bitte ich sie, mir Travens Zimmer zu zeigen.

Als sie's tut, bricht sie in Tränen aus. »Wissen Sie«, sagt sie und sieht sich in dem kahlen, schmalen Raum um, dessen Fensterläden wegen der drückenden Hitze geschlossen sind, »mein sehnlichster Wunsch ist, daß ich noch einmal ein Bild von ihm sehe.«

Ich zeige ihr die Fotos. Dabei erkennt sie nur das Paßfoto aus dem Jahr 1930; auf allen anderen ist er ihr »zu jung«.

Auf der Plaza kassiert Amador, wie vereinbart, weitere hundert Pesos und nimmt gerührt von uns Abschied.

Letzte Station in Chiapas: Wir landen mit einem kleinen Flugzeug auf der Wiese neben der Finca *El Real;* Traven soll hier angeblich Stammgast gewesen sein. Ein wertvoller Tip von Schulmeister Weber.

Gutsherr José Tarano Vega und seine Frau Elisa begrüßen uns auf der Landewiese, direkt neben den Bungalows, und fragen sofort, wie viele Wochen wir bleiben können.

Raymundo übersetzt, daß wir leider nur ein paar Stunden bleiben können, worauf die rundliche Madame Bulnes schleunigst Kaffee kocht.

Ich sehe mich um und finde alles sehr bescheiden und einfach. Zwei langgestreckte Bungalows – im rechten Winkel aneinandergebaut – bilden den *Gutshof,* von einem mächtigen Mangobaum überschattet. In einiger Entfernung liegen mehrere Nebengebäude aus roten Mahagoniplanken.

Mahagoniholz ist hier kein Luxus, sondern so selbstverständlich wie bei uns Buche oder Fichte. Holzhandel ist das Hauptgeschäft der Finca *El Real.*

Don Pepe – wie unser Gastgeber hier allgemein genannt wird – gefällt mir.

Ein massiger Mann, gutmütig und gemütlich. Graues Kraushaar auf dem mächtigen Schädel, kleine lustige Augen.

Er stammt aus Asturien, wo er in jungen Jahren im Bergwerk gearbeitet hat. Ich finde, das sieht man ihm auch an.

Als er zu Don Enrique Bulnes, dem Vater seiner Frau, hierher nach *El Real* kam, war der Besitz alt und unrentabel. Pepe, der Mann mit den listig-lustigen Augen, den Bärenkräften und dem ausgeruhten Kopf, brachte das Geschäft wieder in die Höhe.

Und dann kam das Jahr 1927. Irgendwann im Sommer tauchte ein dürrer Gringo auf mit einem dürren alten Pferd. Er war allein und hatte kaum Geld. Er nannte sich Torsvan.

Wie es hier üblich ist, durfte er bleiben, solange er wollte. Und er durfte wegreiten, wann er wollte. Er verschwand, ohne sein Ziel anzugeben.

Das war nichts Ungewöhnliches, denn *El Real* diente einer Menge merkwürdiger Leute als Ausgangspunkt für Buschexpeditionen. Manche kamen wieder, manche nicht.

Señor Torsvan kam wieder – in seiner Begleitung Amador Panyagua.

»Und dieser Bursche« – Don Pepe, der Jüngere, verliert für einen Moment seine heitere Grundstimmung – »ist schuld, daß Traven so schreckliche Sachen über Mexiko geschrieben hat ... Diese Schauermärchen über unsere Holzfäller-Camps. Er hat ihm lauter Schnickschnack erzählt.«

Ich ziehe meine Fotos aus der Tasche und lege sie auf den Tisch. Don Pepe und seine Frau erkennen Traven sofort, und zwar sowohl auf den Torsvan- als auch auf den Marut-Fotos.

Anschließend zeigen sie mir im Wohnzimmer ein gerahmtes Familienfoto, das »Señor Torsvan« 1931 von den Bewohnern der Farm aufgenommen hat. Damals fanden das alle reizend von ihm.

Um so größer war die Verwunderung über die Geschichten, die wenig später – unter dem Namen Traven – in die Druckpressen gingen. Geschichten über Holz-Finca-Besitzer ...

Ein Stammgast des Hauses protestierte in einem Zeitungsessay und warf sich zum Retter der Familienehre auf und klagte B. Traven an, er vergelte die Gastfreundschaft dieser ehrenwerten Familie mit Lügen.

Traven antwortete unter einem Pseudonym in seinen »B.-Traven-Mitteilungen«:

»B. Traven ist niemals in *El Real* gewesen, ist also der Familie Bulnes nie begegnet.«

Das alles ist mehr als dreissig Jahre her, aber Traven erlebt es mit, als sei es erst gestern gewesen.

»Das, woran man sich nicht erinnert, braucht man ja nicht zu beichten. Weder hier noch anderswo!« hat er einmal geschrieben. Nicht nur geschrieben – er hat es gelebt.

Aber heute *will* er sich erinnern, das steht ihm deutlich ins Gesicht geschrieben. Er sitzt da und ist völlig hingegeben; den Kopf schräg geneigt, um das Hörgerät besser in Position zu bringen; den Mund leicht geöffnet, hin und wieder zu einem Lächeln verzogen.

Immer wieder fragt er nach Einzelheiten, will wissen, wie es Amador in seiner Ehe ergangen ist; ob Ernestine noch diese fabelhafte Schokolade verkauft; wie es heute auf den Fincas aussieht, in denen er Gast war; und ob die Schule von Ocosingo noch steht.

Dann erzählt er selber von Chiapas und wirft unbekümmert seine Namen durcheinander.

Seine Frau wird unruhig, rückt die Flasche ein wenig beiseite und fragt, ob wir nicht hungrig seien.

Kurz nach acht fahren wir in Travens weißem Chevrolet 66, Kennzeichen »266 NS«, zum Restaurant

Bellinghausen, das vor Jahren von einem Deutschen gegründet wurde. Ein Feinschmeckerlokal. Es könnte genausogut in Frankfurt oder Düsseldorf stehen. Man muß sich nur die indianischen Gesichter der Kellner wegdenken.

Für mexikanische Verhältnisse sind wir reichlich früh dran, doch das Restaurant ist bereits fast voll. Stammgast Torsvan und Gattin freilich bekommen einen der reservierten Ecktische. Niemand dreht sich um, niemand tuschelt, als der Bestsellerautor, von seiner Frau geführt, durch die schmalen Gänge tappt.

Wir bestellen. Traven möchte einen Huachenango, einen Fisch aus dem Golf von Mexiko. Ich schließe mich an. Rosa Elena, offenbar wieder einmal ganz auf Kalorienschrumpf eingestellt, wählt gegrillte Lammkotelettchen. Dazu gibt es ausgezeichnetes mexikanisches Bier in Krügen.

Wir sind schweigsam geworden, und es dauert ein Weilchen, bis unsere Unterhaltung wieder in Schwung kommt.

Während des Essens sprechen wir über kulturelle Aktualitäten, vor allem übers Theater.

Auch über Politik. Rosa Elena hat dem Alten einige meiner Kongo-Reportagen gezeigt, Geschichten von den Aufständen, und Traven spricht bitter und resigniert über das Elend, »das der Mensch dem Menschen antut«.

Wenn er mich anspricht, sage ich »Mr. Traven« zu ihm. Er protestiert nicht. Er stellt sich. Für einige Momente sind wir uns so nah wie zwei Duellanten, die sich nach fairem Zweikampf die Hand reichen.

Als ich ihn frage, warum er so lange ein Geheimnis aus seiner Person gemacht habe, schmunzelt er: »Es gibt kein Geheimnis um B. Traven. Das Geheimnis haben erst die Journalisten fabriziert.«

Später überläßt er immer häufiger mir und seiner Frau die Führung des Gesprächs, wirkt abwesend, stiert Viertelstunden lang vor sich hin.

Rosa Elena mahnt zum Aufbruch.

Draußen, auf der Calle Londres, fragt er mich plötzlich: »Sind die Bierkeller in München immer noch so wichtig für die deutsche Politik?«

Ich setze zu einer Antwort an. Doch Frau Traven unterbindet das Thema, indem sie mir die Hand reicht. »Er ist müde. Vergessen Sie nicht: Er ist ein alter Mann.«

Wenige Tage später arrangiere ich ein Fernsehinterview mit Rosa Elena. Traven ist nicht bereit, vor einer Kamera zu erscheinen. Ich halte mich im Hintergrund, bin diesmal nur Zuschauer, denn das Interview machen andere.

Alles läuft wie am Schnürchen, und Rosa Elena zuckt mit keiner Wimper, als sie ihr Statement in dem Satz gipfeln läßt: »Mein Mann ist der einzige Traven!«

Ich sitze hinter den Kulissen und muß lächeln. Der einzige? Auf jeden Fall der größte. Wenn Bibeljé, Heß, Esperanza und andere nicht schon tot wären und reden könnten und wollten – das Interview wäre möglicherweise anders gelaufen.

Hinterher kommt sie zu mir und beschwört mich noch einmal, nichts über den Namen Marut zu veröffentlichen. Sie spielt mit offenen Karten, sagt, sie fürchte, man könne ihr amtlich die Erbschaft streitig machen. Ich beruhige sie, bringe noch einmal den Hinweis auf Travens Sonderstellung in Mexiko. Das tröstet sie ein bißchen.

Wenig später erfahre ich, daß Traven eine Vorstellung des Theaters *Bellas Artes* besuchen wird. Ich postiere einen Kameramann auf dem Vorplatz, getarnt in einem Weihnachtsmann aus Pappe, in den Gucklöcher geschnitten sind.

Als der große alte Mann – auf Frau und Stieftochter gestützt – das Theater verläßt, kommt der Fernsehmann zum Schuß. Ihm gelingen die ersten Filmaufnahmen, die je von B. Traven gemacht wurden.

Es sind auch die letzten.

Sein Ende ist schmerzlich. Prostatakrebs. Am 26. März 1969 beendet morgens um halb sieben eine Herzlähmung seine Leiden. Traven stirbt in seinem Haus in Mexico City.

Im *Ziegelbrenner* hat er sich gewünscht, daß keiner von seinem letzten Atemzug erfährt. Dieser Wunsch bleibt unerfüllt. Mexikos Zeitungen und die Zeitungen der ganzen Welt sind voll mit Berichten. In fast allen hat er mehrere Namen, in Mexiko heißt er *Traven Torsvan* und *B. Traven*.

Einige Zeitungen bilden die klapprige Remington-Schreibmaschine ab, mit der er sich Weltruhm erwarb. Auch als er stirbt, steht sie dicht neben seinem Bett.

Zwei Tage später: Rosa Elena, sehr bleich und abgemagert, gibt eine Pressekonferenz in Mexico City und erklärt vor aller Welt: »B. Traven war Ret Marut.«

Die Totenfeier findet in Ocosingo in Chiapas statt, denn Traven hat es so gewollt. Indianer von den umliegenden Dörfern kommen, durch die Nachricht gelockt, in Scharen von den Hängen herab; Raketen knattern in den blauen Himmel; Gitarren, Harfen und Trommeln spielen zu Ehren des Toten, von dem die Indianer nur wissen, daß er sehr berühmt sein soll.

Daß er für sie kämpfte, wissen sie nicht.

Und mitten in dem bunten Trachtengewimmel, sehr verloren – das Häufchen der Trauernden in Schwarz: die Witwe, die Stieftöchter, der Pater, der Schulmeister, drei Nonnen und Bildhauer Canessi, der Freund.

Den Ehrengästen werden *tameles chipanecos* gereicht, Schweinefleisch-Häppchen mit süßen Pflaumen auf frischen Bananenblättern. Die Schulkinder von Ocosingo bekommen zwei Tage Ferien.

Tags darauf kreist eine kleine Sportmaschine über dem Ort. Im Innern sitzen die Witwe und Canessi, zwischen sich die Urne mit Travens Asche. Der Pilot öffnet die Luke, und Canessi greift nach dem Gefäß, um den Inhalt über die Dächer wehen zu lassen.

Aber der weinende Mann ist zu schwach dazu, die Hände versagen ihm ihren Dienst. Auch Rosa Elena wird von heftigem Schluchzen geschüttelt.

So greift ein junger mexikanischer Fernsehreporter, der sie begleitet, nach der Urne und erfüllt Travens letzten Wunsch. Die Asche weht über Ocosingo, wenig später über die Wipfel des Buschs von Chiapas. Die letzten Aschenreste sinken auf die Wälder der Lacandonen.

Traven ist tot. Aber sein Leben behext die Menschen weiter.

Wenige Wochen nach dieser Totenfeier bekomme ich einen Brief von einem Privatgelehrten. Er hat gehört, »daß ich mich für B. Traven interessiere« und bittet um ein Gespräch.

Ich notiere mir die Adresse und besuche ihn.

Ein junger Mann tritt mir entgegen – kein Hochschulprofessor, sondern ein literaturbeflissener Amateur – und überreicht mir in seiner Wohnküche ein umfangreiches Manuskript, mit der Bemerkung: das Rätsel Traven sei nun für alle Zeiten gelöst.

Mit den Methoden des Stilvergleichs und der Motivforschung habe er bewiesen, daß sich hinter dem Namen B. Traven niemand anderer als der berühmte russisch-amerikanische Schriftsteller Nabokov verberge.

»Lesen Sie Zeitung?« frage ich.

»Nein. Dazu habe ich leider keine Zeit.«

»Das erklärt alles.«

Behutsam lege ich sein Manuskript zurück auf den Küchentisch, wickle es in das Packpapier, aus dem er es genommen hat, binde die Schnur darum und mache einen dicken Knoten.

Und dann fange ich an, eine sehr lange und sehr komplizierte Geschichte zu erzählen.

Will Berthold

OPERATION FÜHRER HAUPT QUARTIER

Schon mehrmals hat Berthold bewiesen, daß er in seinem Literaturgenre Bestseller schreiben kann, in dem bisher die Engländer erfolgsgewohnt sind: die Zeit des Dritten Reiches und seine Hintergründe gaben ihm den Rahmen für »Lebensborn«, »Malmedy« und »Division Brandenburg« oder für seine Dokumentarberichte »Der große Treck« und »Getreu bis in den Tod«.
»Operation Führerhauptquartier« schildert den ausgeklügelten Plan der Engländer, Hitler zu beseitigen.

Roman
400 Seiten

Blanvalet